百年重塑山河

星球研究所 著

HI I'M CHINA

这里是中国2

中信出版集团 | 北京

图书在版编目（CIP）数据

这里是中国. 2 / 星球研究所著. -- 北京 : 中信出版社, 2021.7（2025.10重印）
ISBN 978-7-5217-3122-4

Ⅰ. ①这… Ⅱ. ①星… Ⅲ. ①地理—中国—普及读物 Ⅳ. ①K92-49

中国版本图书馆CIP数据核字(2021)第081601号

这里是中国2

著　　者：星球研究所
出版发行：中信出版集团股份有限公司
（北京市朝阳区东三环北路27号嘉铭中心 邮编 100020）
承 印 者：北京尚唐印刷包装有限公司

开　　本：889mm×1194mm 1/16　　印　　张：34.25　　字　　数：384千字
版　　次：2021年7月第1版　　印　　次：2025年10月第23次印刷
审 图 号：GS（2021）2432号
书　　号：ISBN 978-7-5217-3122-4
定　　价：198.00元

我们曾有无与伦比的辉煌
我们也曾面临残破的国土

100 多年来
我们建设它，改造它，美化它
让子子孙孙拥有更好的生存空间

— 特别鸣谢 —

为本书提供影像作品的
全体机构和摄影师们！

目录

100 年 建设改变中国 001

连接

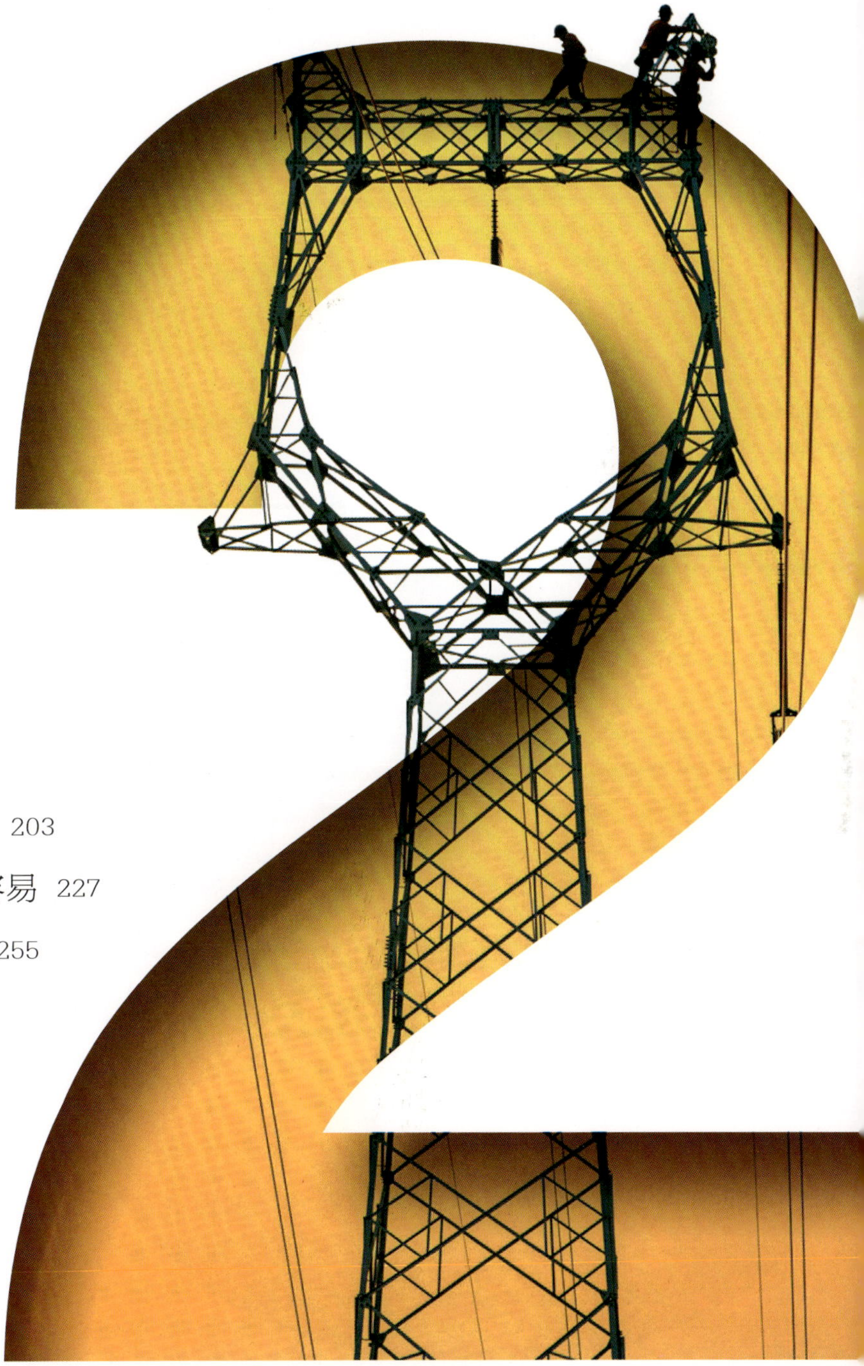

重组

家园

梦想

推荐序 1

用科普，讲好中国故事

作为一名科学家，我非常高兴星球研究所继《这里是中国》后，推出第二部地理科普作品——《这里是中国 2》。新书聚焦近代 100 年来中国的地理变迁，讲了一个让我深有感触的话题——百年重塑山河，建设改变中国。

我出生于苦难岁月，经历过国家受侵略时的颠沛流离。同时作为一名科技工作者，我见证了国家站起来、富起来和强起来，深知“百年重塑山河，建设改变中国”两句话的分量与意涵。

在我读书和成长的时代，也就是 20 世纪 50 年代，国家号召：“年轻的学子们，你们要去唤醒沉睡的高山，让它们献出无尽的宝藏。”这句话深深打动了我及那个时代的人，我们立志要为国家的工业化添砖加瓦，为建设新中国奉献青春。

在我所从事的航天领域，我直接参与和见证了中国探月工程和深空探测工程走过的不凡之路。1958 年，我将目光转向太空，开始为中国开展月球探测做准备。经过 35 年的准备，1994 年，我们开始做中国探月工程的论证，这一论证又历经 10 年。2004 年，我国正式开展月球探测工程，并将其命名为“嫦娥工程”。到今天，中国探月工程已实现了“绕”“落”“回”三步走战略，走出了一条自力更生、自主创新的道路。我相信，在自主创新的道路上，我们有能力飞得更远。

“百年重塑山河，建设改变中国”不是空话，而是实实在在地发生在近代以来的 100 年里，是我们这片土地上的故事。它值得向每一个中国人讲述，也与每一个中国人息息相关。航天强国，是建设改变中国的一方面。通过《这里是中国 2》，我们可以对百年中国地理变迁、建设改变中国有更全面、更深入的理解。

习近平总书记提出：“科技创新、科学普及是实现创新发展的两翼，要把科学普及放在与科技创新同等重要的位置。”我坚信，两翼齐飞，中国必将腾飞。做好科学研究是我的天职，提高广大公众的科学素质也是我义不容辞的责任。所以，我乐意向公众推荐好的科普作品，也希望星球研究所继续脚踏实地，创作出更多、更好的科普作品，讲好中国故事。

中国科学院院士

欧阳自远

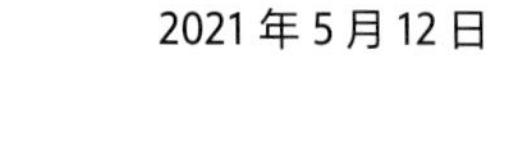

2021 年 5 月 12 日

推荐序 2

重塑一片山河，改变一个国家

看到这本《这里是中国 2》，我的内心是激动的。

因为在这本书中，星球研究所创作团队以图文并茂的形式，展示了中国近现代 100 年的巨大变化，涉及交通、能源、水利、生态、航天等诸多方面。文字深入浅出，饱含作者团队对这片土地的热爱。

作为一名毕生从事测绘遥感事业的工作者，我应该是现代中国建设成就的一名特殊见证者，因为我的工作一直是从空天地观察我们的伟大祖国。在这片土地上发生的太多变化，都会被我们的航空摄影设备和卫星遥感忠实记录。可以说，近代以来的 100 年，是我们的国家建设变化最大的时期：从没有一根钢轨，到铁路、公路纵横四方；从没有一盏电灯，到 14 亿人全民通电；西气东输、南水北调、月球探测、登陆火星、载人航天、北斗导航等诸多激动人心的重大工程逐一实现。

100 年有多久？100 年会发生什么？100 年间，我们做了什么？

我想我们大家的答案会是：

100 年，我们重塑了一片山河；

100 年，我们振兴了一个民族；

100 年，我们改变了一个国家。

能把这 100 年的发展与变化系统地、科学地、通俗易懂地展现出来，是一件非常值得鼓励的事。因为我们不仅要了解中国的自然山川，也要了解中国的灿烂文明，更要了解我们的父辈和我们共同为之奋斗的现代中国。

正值全国人民欢庆中国共产党成立 100 周年之际，我们要共同来讲好现代中国的建设之美，讲好现代中国的家园之美。希望星球研究所能不断做下去，创作出更多美好的作品。

中国科学院院士、中国工程院院士
李德仁

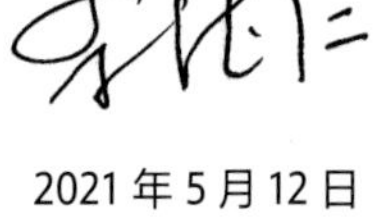

2021 年 5 月 12 日

序

从三大时间尺度看中国地理

历时近两年，《这里是中国 2》终于和大家见面了。

在上一本书中，我们带领大家从空间上理解中国地理，以三级阶梯为主线，展现中国从西到东、从荒原到人间的地理环境变化。而从这一本开始，我们将带领大家从时间尺度理解中国地理。

我们可以用三个时间尺度来理解中国地理。

第一个时间尺度，是 6500 万年来的中国。6500 万年来，印度洋板块与欧亚板块的碰撞，形成了中国的三级阶梯，塑造了华夏的山山水水。这是数亿年来，蓝色星球上最重要的造山事件。我们因此拥有全球最多的极高山，拥有全球最大的中低纬度冰川活动中心，拥有全球典型的季风气候，拥有作为亚洲大江大河源头的亚洲水塔。这样极致的华夏山水，值得我们去探索，去发现，去记录。

第二个时间尺度，是 1 万年来的中国。1 万年来，从农业起源开始，我们创造了蓝色星球上最灿烂的文明之一。我们改造地表，建设农田、村镇、城市，那些宏大的文明遗迹，至今在这片土地上存留和延续。这样灿烂的中华文明，值得我们去探索，去发现，去记录。

第三个时间尺度，是 100 多年来的中国。100 多年来，从清朝末年开始修建铁路、公路，到现代中国正在经历蓝色星球上最大规模的地表塑造。包括各种连接全国的基础设施，如铁路、公路、桥梁、港口等，各种前所未有的超级工程，如南水北调、西气东输、三峡工程等，还有最大规模的城市崛起。我们正在经历这一过程，见证这一过程。这样巨变的现代中国，值得我们去探索，去发现，去记录。

三个时间尺度，三个宏大的主题——华夏山水、中华文明、现代中国——构成了一个从自然到文明、从传统到现代的丰富多彩的中国，也构成了我们“这里是中国”系列接下来三本书的主题。

今年是中国共产党成立 100 周年，以此为契机，我们优先从 100 年的时间尺度开始，为你呈现现代中国的地理面貌。

100 年来的中国，发生了什么？我们每一个人，都是见证者，对此都有着各自不同的理解。而本书将打造一种全新的架构，一定会让你对现代中国拥有全新的认知。它分为四个部分，包括连接、重组、家园、梦想。你将会看到中国是如何一步步跨越大江大河、跨越高山峡谷、跨越海峡海湾，将这个庞大的国家连成一体的；你将看到中国是如何实现前所未有的资源大范围调动重组的；你将看到中国正在为恢复青山绿水、恢复美好家园而做的各种努力；而在最后一章，你将看到我们不仅重塑了地表，还在仰望星空的道路上不断奋进。

此外，这次也将同样给你带来极致的视觉体验。185 位摄影师和 16 家机构的 267 幅摄影作品、星球研究所设计师和地图师精心准备的 80 张制图，尤其是 4 张最长可达 1.6 米的拉页，将展现一个“长长的中国”。

请和我们一起继续那个梦想：

　　有一天，我们要将中国的雪山看遍。

　　有一天，我们要将中国的江河看遍。

　　有一天，我们要将中国的城市看遍。

　　…………

这里的“我们”，也包括你。

星球研究所所长
耿华军

2021 年 5 月 1 日

100年

建设改变中国

100 多年来

我们的国家发生了前所未有的变化

以至于我们无法再用传统的视角看待中国地理

超大型的城市构成了新的“山岳”

纵横的路网构成了新的“河流”

能源、矿产、水资源等进行着大范围的调动与重组

这是蓝色星球上前所未有的地表塑造

兰新高铁行驶在祁连山下 / 摄影 章力凡

2014 年，兰新高铁全线建成通车，连接了甘肃、青海、新疆等西北省区。2017 年，随着徐兰高铁全线通车，兰新高铁与全国高铁网络相连，二者构成一条东西向高铁通道。

三峡水电站发电机组 / 摄影 宋金戈

水轮发电机组是水电站的核心设备，电源电站装有 2 台 5 万千瓦水轮发电机组，在三峡大坝左岸和右岸后部的电站厂房内，共装有 26 台 70 万千瓦的水轮发电机组，在右岸地下电站厂房内，还装有 6 台 70 万千瓦的水轮发电机组，总装机容量共 2250 万千瓦。70 万千瓦的机组曾是世界上单机容量最大的水轮发电机组。目前白鹤滩水电站的水轮发电机组已经达到 100 万千瓦。

指导，加快创建世界一流示范企业！

COSL
海洋石油 943

“海洋石油 943”钻井平台 / 摄影 李彦昭 · 中国海油
“海洋石油 943”自升式钻井平台正在惠州 26-6 区块进行钻探作业，该油气田是珠江口盆地自营勘探最大的油气田。

古典和现代融合的北京 / 摄影 张自荣

从西周燕都算起，北京建城已有三千多年。经过历朝历代的建设，以及今天的发展，北京已是一座古典与现代相融合的大都市，是全国的政治中心、文化中心和国际交往中心。图上红墙黄瓦的故宫与鳞次栉比的 CBD（中央商务区）高楼，在同一空间下见证着不同的时代。

阿尔泰山脉
准噶尔盆地
天山山脉
塔里木盆地
阿尔金山
柴达木盆地
祁连山
贺兰山
昆仑山脉
青藏高原
唐古拉山
巴颜喀拉山
冈底斯山
喜马拉雅山脉
横断山
四川盆地
云贵高原

壹 缘起

100 多年前的中国陷入黑暗，而当我们努力走出黑暗，开始利用现代力量建设我们的国家时，我们面对的不仅仅是贫穷与落后，还有破碎的山河。

960 多万平方千米的陆地国土看似面积广大，山地与丘陵却占 60% 以上。四大高原、四大盆地和三大平原镶嵌在纵横交错的山地中，形成各自独立的地理单元，彼此连接困难。

左图　中国地形图

在中国辽阔的大地上，有雄伟的高原、起伏的山岭、广阔的平原、低缓的丘陵，还有四周群山环抱、中间低平的盆地。这些形态各异的地形，以山脉为骨架，交错分布。其中，山区面积占到全国总面积的 2/3，这是中国地形的显著特征。

巨大的青藏高原约占我国陆地面积的 1/4，是世界上海拔最高的高原。黄土高原土壤质地疏松，沟壑纵横，墚峁众多。云贵高原遍布石灰岩，强烈的溶蚀作用致使地上地下千疮百孔。此外，沙漠戈壁广布西北，高山峡谷遍布西南，在相对平坦的东部，大江大河多自西向东流淌，缺少纵贯南北的天然航道。

交通阻隔之外，资源的分布也极不均衡。能源、矿产主要分布在生态相对脆弱的地区，远离经济发达、人口密集的主要消费区。

以我国最重要的一次能源[1]煤炭为例，山西、内蒙古、陕西、新疆、贵州五省区的储量[2]，居然占全国的 3/4 以上，而上海、广东、广西、江苏、浙江、湖南、湖北则少有煤炭资源分布。我国水资源的 4/5 以上分布在南方，北方却不足 1/5，再加上降水和径流的年际、年内巨大变化，使我国成为世界上旱涝灾害发生最频繁的国家之一。

再者，历经数千年的开发，我国还面临着严重的环境危机。1949 年新中国成立时，我国的森林覆盖率约为 11.4%。当时，几乎所有耕地的土壤养分都被大幅消耗，尤其是氮，土地盐碱化、沙化严重，以致环境史学家马立博（Robert B. Marks）在其代表作《中国环境史》中写道：

> 中国共产党所继承的，是一个严重退化的自然环境。

交通阻隔，资源分布不均，环境恶化……我们该如何重整山河？

1. 一次能源，即直接来自自然界、未经加工转化的能源。
2. 在煤炭资源术语中，储量是指可供建井的资源储量扣除矿井设计损失和采矿损失的资源量。

右上图　青藏高原群峰林立 / 摄影　刘彦斌

图上为南迦巴瓦峰（右侧）和加拉白垒峰（左侧）。南迦巴瓦峰位于喜马拉雅山脉东端，海拔 7782 米。加拉白垒峰与南迦巴瓦峰隔江相对，却属于念青唐古拉山脉。

右中图　沟壑纵横的黄土高原 / 摄影　任世明

黄土高原位于太行山以西、乌鞘岭以东、秦岭以北、长城以南，是世界上最大的黄土堆积区。这里土质疏松，流水的侵蚀作用非常明显。

右下图　广西平乐喀斯特地貌下的农田与村庄 / 摄影　陆宇堃

喀斯特地貌又称岩溶地貌，中国西南地区充沛的降水与广泛分布的可溶性石灰岩，让这里有着极为丰富的喀斯特地貌景观。

贰 连接

第一个关键就是连接。即使跨越大江大河，跨越高山峡谷，跨越海峡海湾，也要把这个庞大的国家连成一体。

下图　云南、四川、贵州三省交界处 / 摄影 柴峻峰

长江上游支流赤水河流经云南镇雄、四川叙永和贵州毕节交界处时，切割出一条河谷，阻隔了三省的交通，形成鸡鸣三省之地。

19 世纪末 20 世纪初，铁路和公路相继在中国起步[1]，但是二者都面临一个相当大的挑战，即如何跨越众多的江河。1906 年，从北京到汉口的京汉铁路建成。1936 年，从广州到武昌的粤汉铁路通车。一北一南两条铁路在武汉相聚，却只能隔着滚滚长江相望。虽然在此前后，松花江、钱塘江、黄河及一些城市河道上已建起一批近现代桥梁，但长江的天险一直未能突破。其间的 1913 年、1929 年、1936 年、1946 年，茅以升、梅旸春等桥梁专家 4 次提出建桥方案，都无果而终。

新中国成立后的 1950 年，梅旸春再次组织专家讨论建桥方案。经过数年筹备，1955 年，大桥终于作为国家“一五”计划的重点工程开始动工建设，1957 年正式建成通车，这便是有着“万里长江第一桥”之称的武汉长江大桥。一桥飞架南北，连接京汉和粤汉两条铁路，这才有了我国第一条纵贯南北的铁路大动脉——京广铁路。之后，重庆第一座长江大桥——白沙沱长江大桥于 1959 年建成[2]，南京第一座长江大桥——南京长江大桥于 1968 年建成。

截至 2020 年年底，长江干线共拥有 111 座跨江大桥，再加上十余条过江隧道，已形成 120 多条过江通道，平均 23 千米就有一条，真可谓“天堑变通途”[3]。

---

1. 近代，我国的铁路发展先于公路。1865 年，英商杜兰德在北京宣武门修建了一条长约 0.5 千米的小铁路，后因遭到反对而被拆除。1876 年，英商在上海建成一条长约 14.5 千米的铁路，运营约一年后被拆除。1878 年，为适应开平煤炭外运的需要，清政府自筹资金，建成唐胥铁路。我国近代公路的建设始于 20 世纪初，1906 年，我国第一条公路在广西的友谊关至龙州成功修建。

2. 2019 年 4 月 24 日，白沙沱长江大桥正式停用。在其下游 100 米处，新白沙沱长江大桥在 2018 年 1 月接起老桥的使命。

3. 根据国家发改委 2020 年发布的《长江干线过江通道布局规划（2020—2035 年）》，长江干线是指从云南水富至长江入海口的江段，全长 2838 千米，是目前世界上运量最大、运输最繁忙的内河水运通道，也是长江经济带生态环境保护的核心廊道。根据该规划，到 2035 年将建成过江通道 240 座左右。

右页图　俯瞰“武汉半岛”和长江桥梁 / 摄影　肖森炜

武汉是座江城，长江贯通而过。在这张从汉阳方向拍摄的图片上，长江从画面右侧奔流而来，再从画面左侧离开武汉，武昌被长江环绕，形似半岛。江面上十多座桥梁连接起长江两岸的武汉三镇。截至 2020 年 11 月，武汉建成的长江大桥有 11 座。目前在建的有双柳长江大桥，在规划中的有光谷长江大桥。

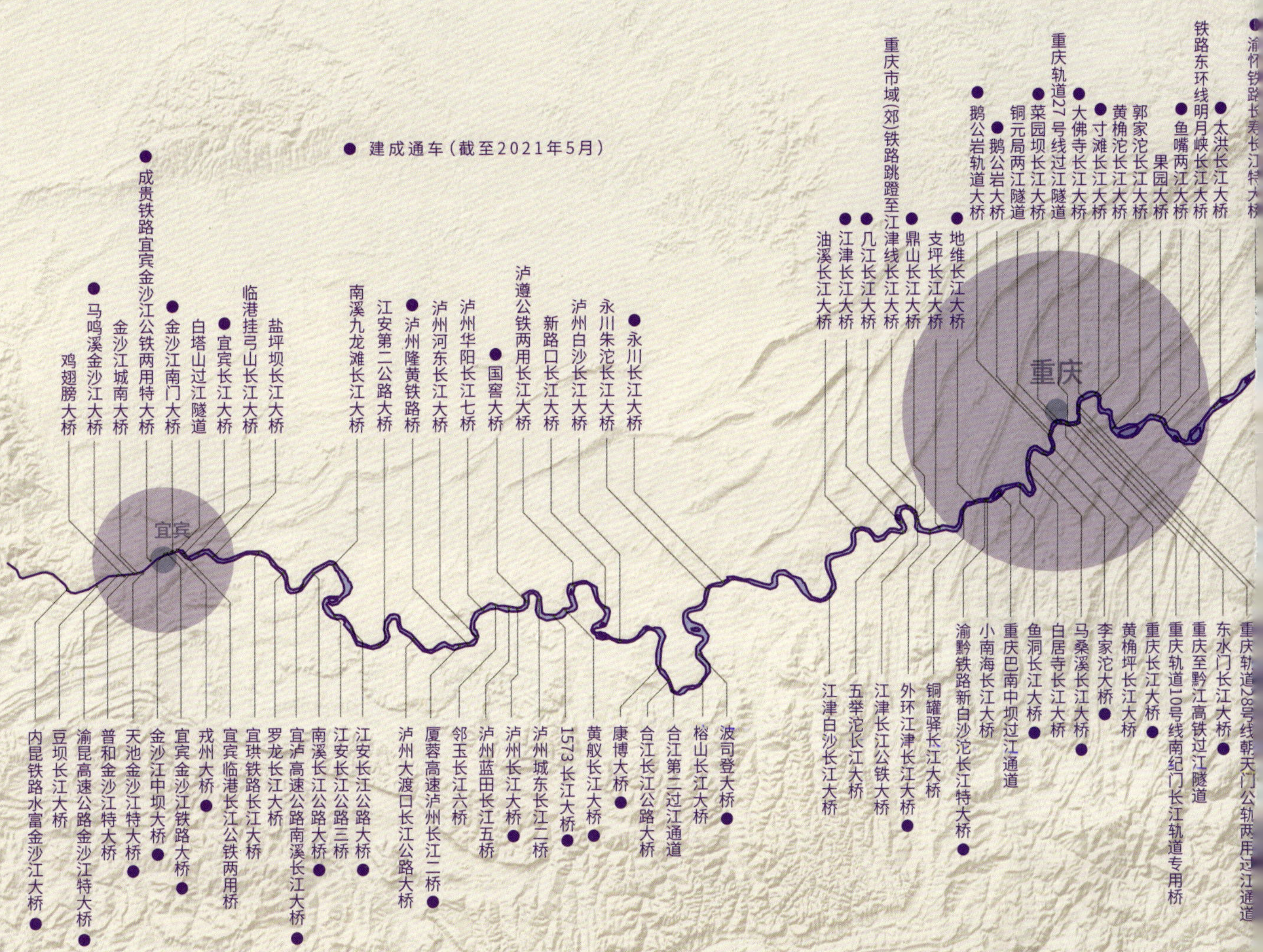

长江干线过江通道规划布局

长江干线过江通道连接长江两岸，是沟通我国南北交通的重要纽带，通道形式主要有桥梁和隧道。截至2021年5月，长江干线建成通车的过江通道为124座。到2035年，规划布局的长江干线过江通道将达到279座，其中四川省45座、重庆市76座、湖北省69座、安徽省32座、江苏省41座、上海市5座、滇川界1座、鄂湘界2座、鄂赣界6座、赣皖界2座。

杨泗港长江大桥
武汉白沙洲大桥
沌口长江大桥
军山长江大桥

鹦鹉洲长江大桥

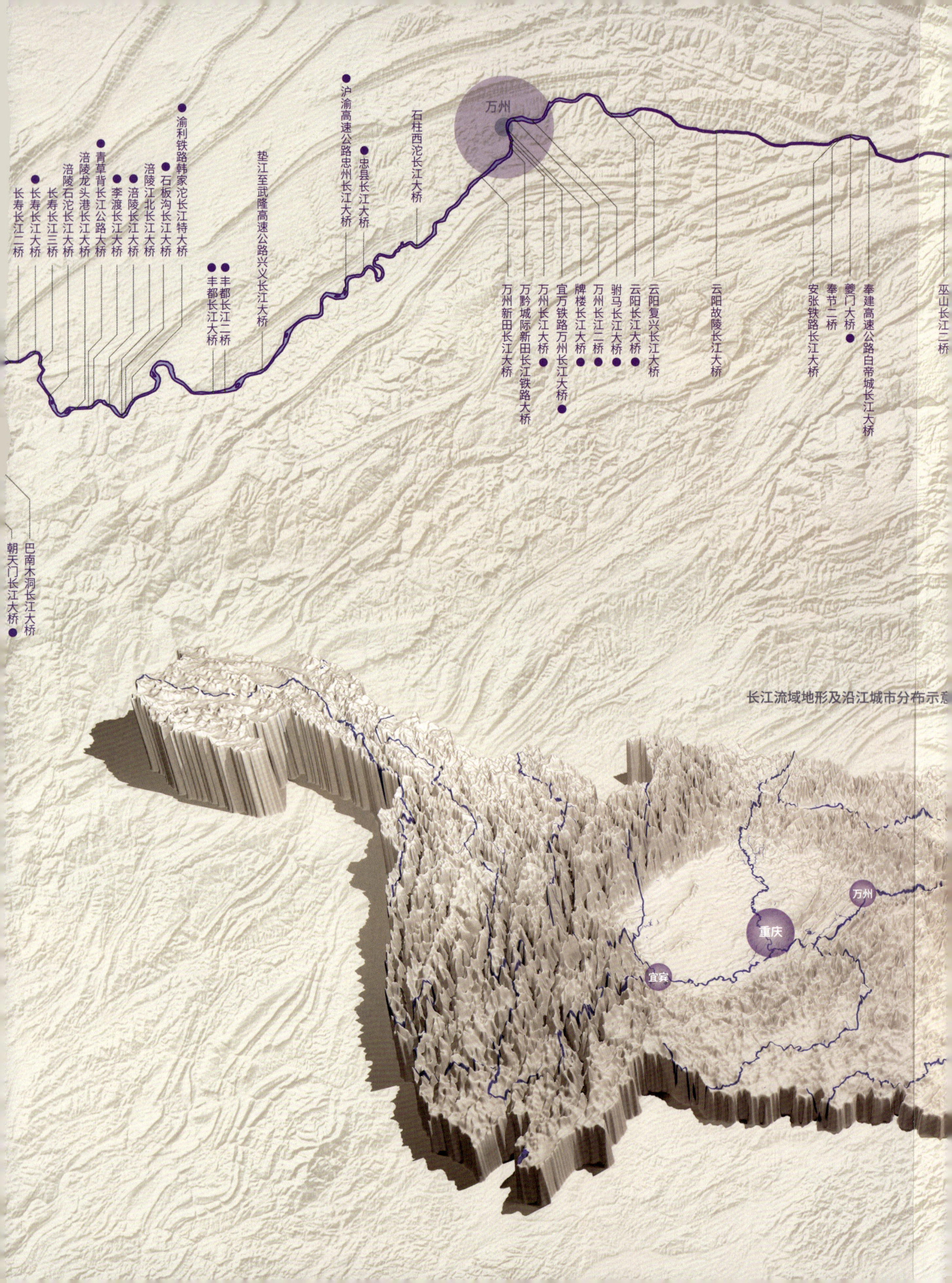

长江流域地形及沿江城市分布示意

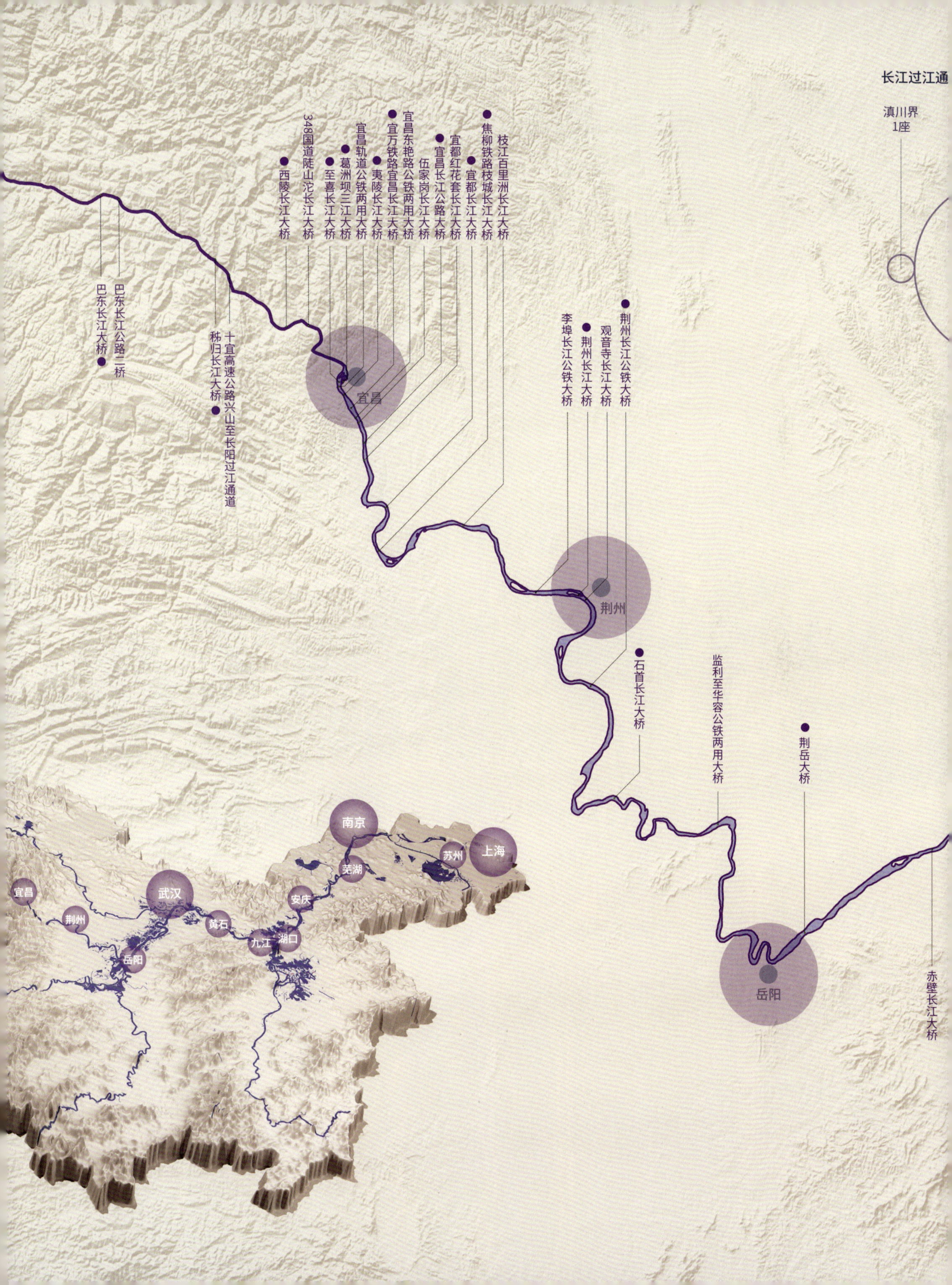
长江过江通
滇川界
1座
巴东长江大桥
巴东长江公路二桥
秭归长江大桥
十宜高速公路兴山至长阳过江通道
西陵长江大桥
348国道陡山沱长江大桥
至喜长江大桥
葛洲坝三江大桥
宜昌轨道公铁两用大桥
夷陵长江大桥
宜万铁路宜昌长江大桥
宜昌东艳路公铁两用大桥
伍家岗长江大桥
宜昌长江公路大桥
宜都红花套长江大桥
宜都长江大桥
焦柳铁路枝城长江大桥
枝江百里洲长江大桥
宜昌
李埠长江公铁大桥
荆州长江大桥
观音寺长江大桥
荆州长江公铁大桥
荆州
石首长江大桥
监利至华容公铁两用大桥
荆岳大桥
岳阳
赤壁长江大桥
宜昌
荆州
岳阳
武汉
黄石
九江
湖口
安庆
芜湖
南京
苏州
上海

武汉长江大桥

道分省数量分布

长江过江

与沿线人口密度分布趋势

武汉长江二桥
二七长江大桥
武汉天兴洲长江大桥
青山长江大桥

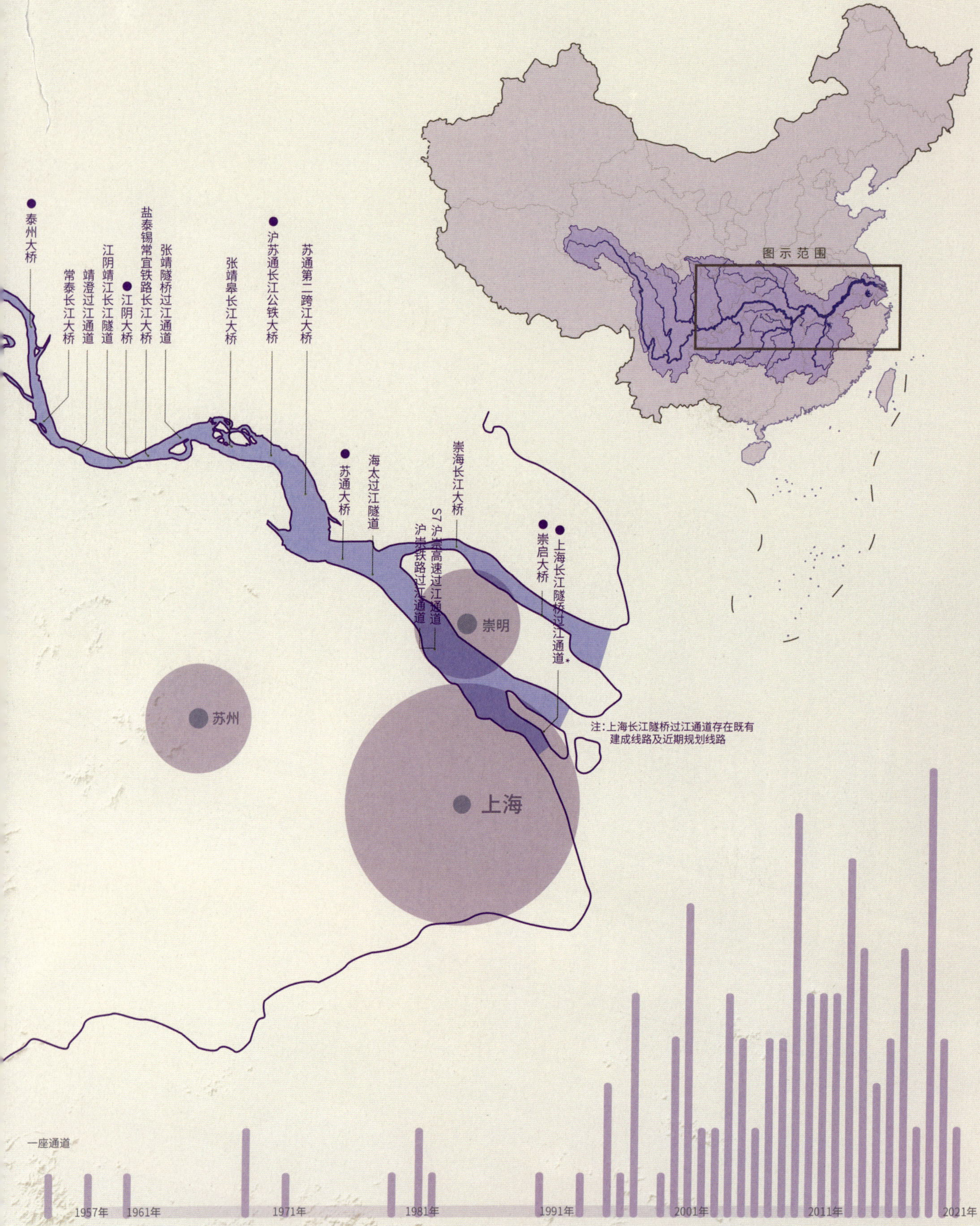

长江过江通道各年建成数量示意

019

我国东部的河流多在平地蜿蜒，而西部的河流却大量穿行在高峡深谷之中。1901 年，法国殖民者组织修建从云南昆明到越南海防的滇越铁路，80% 的线路穿梭于崇山峻岭之中，其中跨越四岔河谷的人字桥最为惊险。河谷两侧峭壁直立，桥面至谷底高达 102 米。在修建过程中，全由人工开凿坚石，形成基座，桥体大小部件总重 200 多吨，均依靠人扛马驮运至现场。至大桥完工，共造成 800 多名工人丧生，可见跨越峡谷之难。

然而，随着中国桥梁建造技术的进步，当 1999 年我国决定进行西部大开发时，中国人跨越峡谷的能力已经不可同日而语。

2012 年建成通车的湖南矮寨大桥，跨越沅江支流德夯河，峡谷相对高差达 500 米[1]，仅处理桥塔下方的一个大型溶洞，就要灌注一万余立方米的混凝土，主缆和钢桁梁则要在三四百米高的空中架设，单件吊装重达 240 吨。即便如此艰难，在大桥施工过程中，也没有发生一起重大安全事故，以“零伤亡”的成绩交出一份完美答卷，为世界瞩目。而 2016 年建成的贵州北盘江第一桥，桥面到江面的垂直距离达 565 米，已是滇越铁路人字桥的 5 倍有余，至今仍是世界第一高桥[2]。

---

1. 桥面到峡谷谷底高差达 355 米。
2. 此处高度是指桥梁建筑高度，即桥上行车路面（或轨顶）标高至桥跨结构最下缘的距离。

下图　滇越铁路人字桥 / 摄影　舒骏逸

滇越铁路人字桥即五家寨铁路桥，位于云南屏边苗族自治县，是滇越铁路的标志性建筑。人字桥于 1908 年开工，架设在相距 67 米左右的峭壁之间，下面是 100 米深的峡谷。

杭瑞高速北盘江第一桥 / 摄影 高博

该桥位于云南宣威与贵州水城之间的尼珠河上，全长 1341 米，桥面到谷底高度达 565 米，被誉为“世界第一高桥”。

连接全中国，我们不仅要跨越江河峡谷，还要穿越座座大山。1887 年，台湾首任巡抚刘铭传主持修建从基隆到新竹的铁路，清军筑路官兵用粗笨的工具，耗时 30 个月才打通全长仅有 235 米的我国第一条铁路隧道——狮球岭隧道。

到 20 世纪 60 年代，新中国修建了穿越太行山的驿马岭隧道，其长度已突破 7 千米。20 世纪 80 年代，穿越岭南山地的大瑶山隧道，开始大量采用重型机械作业，长度已突破 14 千米。

到 2020 年年底，我国已建成 11 座长度超过 20 千米的特长铁路隧道，公路与铁路隧道合计 3.8 万条，总长达 4.2 万千米，相当于沿着地球赤道绕了一圈。

放眼全国，昆仑山、祁连山、天山、横断山、秦岭、吕梁山、太行山、燕山、雪峰山、武夷山、武陵山、南岭等一众山脉，已全都被大小隧道贯穿，山两侧不再有阻隔。

就这样，跨越大江大河，跨越高山峡谷，跨越海湾海峡，连接岛屿岛礁，穿越沙漠戈壁，穿越高原冻土，终于形成了

一个连接全国的交通网络，这一网络包括 519.81 万千米的公路网（其中高速公路网 16.1 万千米）和 14.6 万千米的铁路网（其中高速铁路网 3.8 万千米）。这个网络还以巨大的魄力兼顾东西部平衡，打通城乡。它就像毛细血管一样延伸至边疆，延伸至各个村庄。

此外，12.77 万千米的内河航道通航里程，以及 2.2 万个港口泊位，连接着全国主要水系和口岸。241 个民用航空机场又织成了一张天空之网。

上图　雅叶高速穿过泸定隧道 / 摄影　姜曦

雅叶高速是四川雅安到新疆叶城的高速，在泸定大渡河附近，它要穿过多个隧道、桥梁。图上从右至左，依次是新二郎山隧道口泸定出口、泸定隧道、大渡河兴康特大桥和沙湾隧道。

2000年 168万千米

中国公路大网

新中国成立以来，特别是改革开放以来，我国形成了广覆盖的公路网，一个干支衔接、四通八达的公路网已经形成。到 2020 年末，全国公路总里程已达 519.81 万千米。

注：港澳台数据暂缺。

1995年 115.7万千米

1990年 102.8万千米

1985年 94.2万千米

1980年 88.8万千米

1975年 78.4万千米

1970年 63.7万千米

1960年 52万千米

1965年 51.5万千米

注：国家统计局统计数据显示1960年至1965年公路总里程有所下降，因而1965年的刻度在1960年之下。

1955年 16.7万千米

1949年 8万千米

1949年以来
中国公路总里程变化（每刻度代表一年中公路里程增长量）

2005年 334.5万千米
(2005年起公路里程包括村道)
国家高速
普通国道
省道
哈尔滨
长春
沈阳
北京
天津
石家庄
济南
郑州
合肥
南京
上海
武汉
杭州
南昌
长沙
福州
台北
广州
香港
澳门
南宁
海口
2010年
400.8万千米
2015年
457.7万千米
2020年 519.8万千米
(数据源自:2020年交通统计公报)

中国铁路大网

中国铁路始建于清朝末年，经过一个多世纪的建设和发展，截至 2020 年，全国铁路营业里程达 14.6 万千米，其中高速铁路总里程达 3.8 万千米，位居世界第一。到 2035 年，全国铁路网运营里程预计达 20 万千米左右，其中高铁约 7 万千米。

注：港澳台数据暂缺。

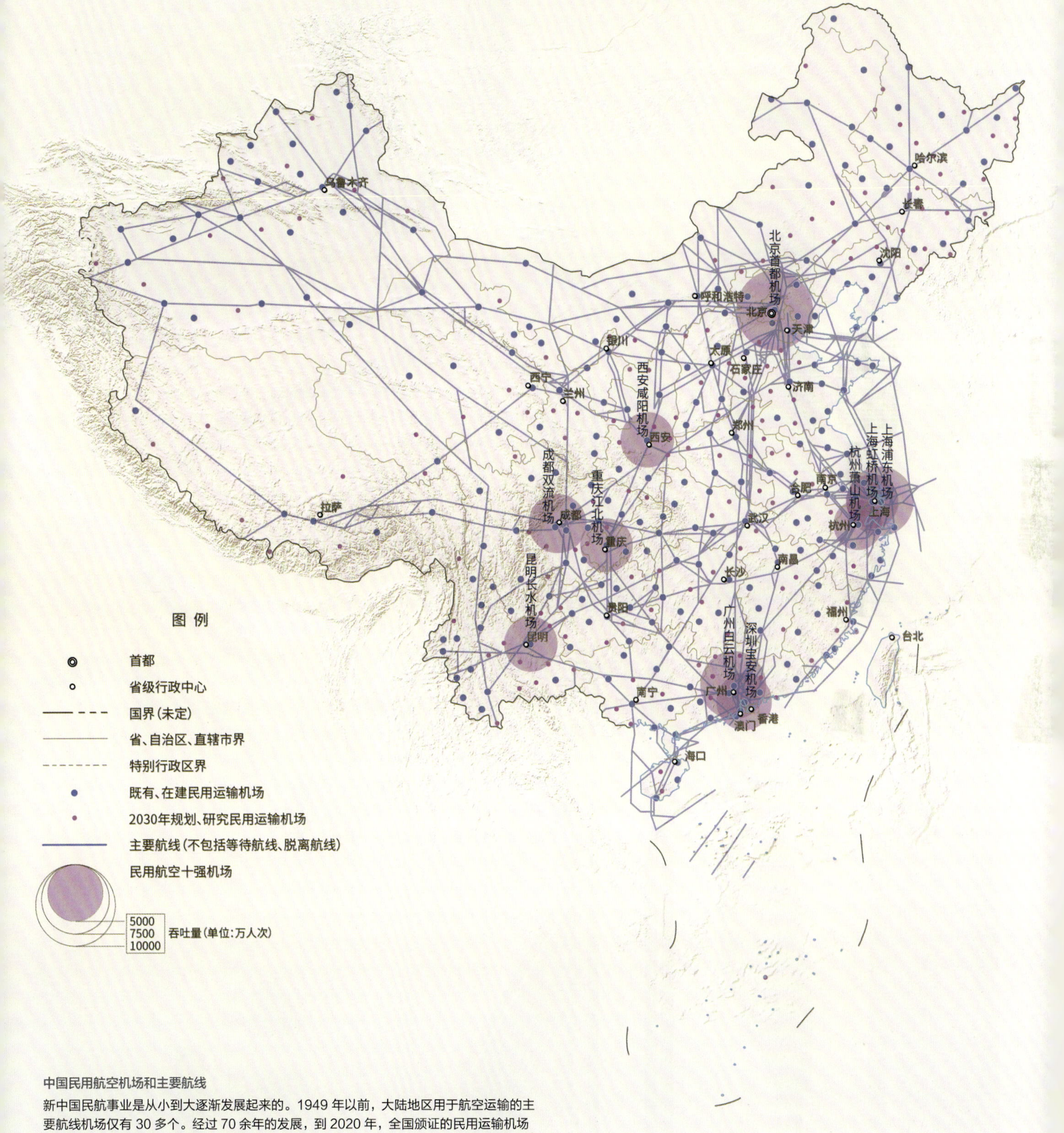

中国民用航空机场和主要航线

新中国民航事业是从小到大逐渐发展起来的。1949 年以前，大陆地区用于航空运输的主要航线机场仅有 30 多个。经过 70 余年的发展，到 2020 年，全国颁证的民用运输机场达 241 个。而根据《国家综合立体交通网规划纲要》，到 2035 年，国家民用运输机场预计达 400 个左右。

注：港澳台数据暂缺。

一个高密度连接的国家，

一个高强度连接的国家，

一个高质量连接的国家，可以拥有更多可能性。

因为，它可以大范围地重组资源。

北京大兴国际机场全景 / 摄影 陈肖

北京大兴国际机场形如展翅的凤凰，2019 年 9 月 25 日开始通航运营。其定位为大型国际航空枢纽，满足年旅客吞吐量一亿人次需求，已是中国的新国门。

叁 重组

被全面连接的中国，每年可以完成 176 亿人次的营业性客运运输、1279 亿人次的城市客运运输及 462 亿吨的货物运输。[1] 相当于全国 14 亿人，每人每年乘坐铁路、民航、公交等 104 次，每人每年分得 33 吨的货物。庞大数字的背后，是对全国各类资源的大范围调配重组。

1. 数据源自交通运输部发布的《2019 年交通运输行业发展统计公报》。

中国人口分布图

我国人口空间分布的东西差异十分明显，一些地区形成人口分布的“山峰”。根据第七次全国人口普查的数据，我国东部地区人口占到 39.93%，中部地区占 25.83%，西部地区占 27.12%，东北地区占 6.98%，人口向经济发达区域、城市群进一步集聚的趋势明显。

注：港澳台数据暂缺。

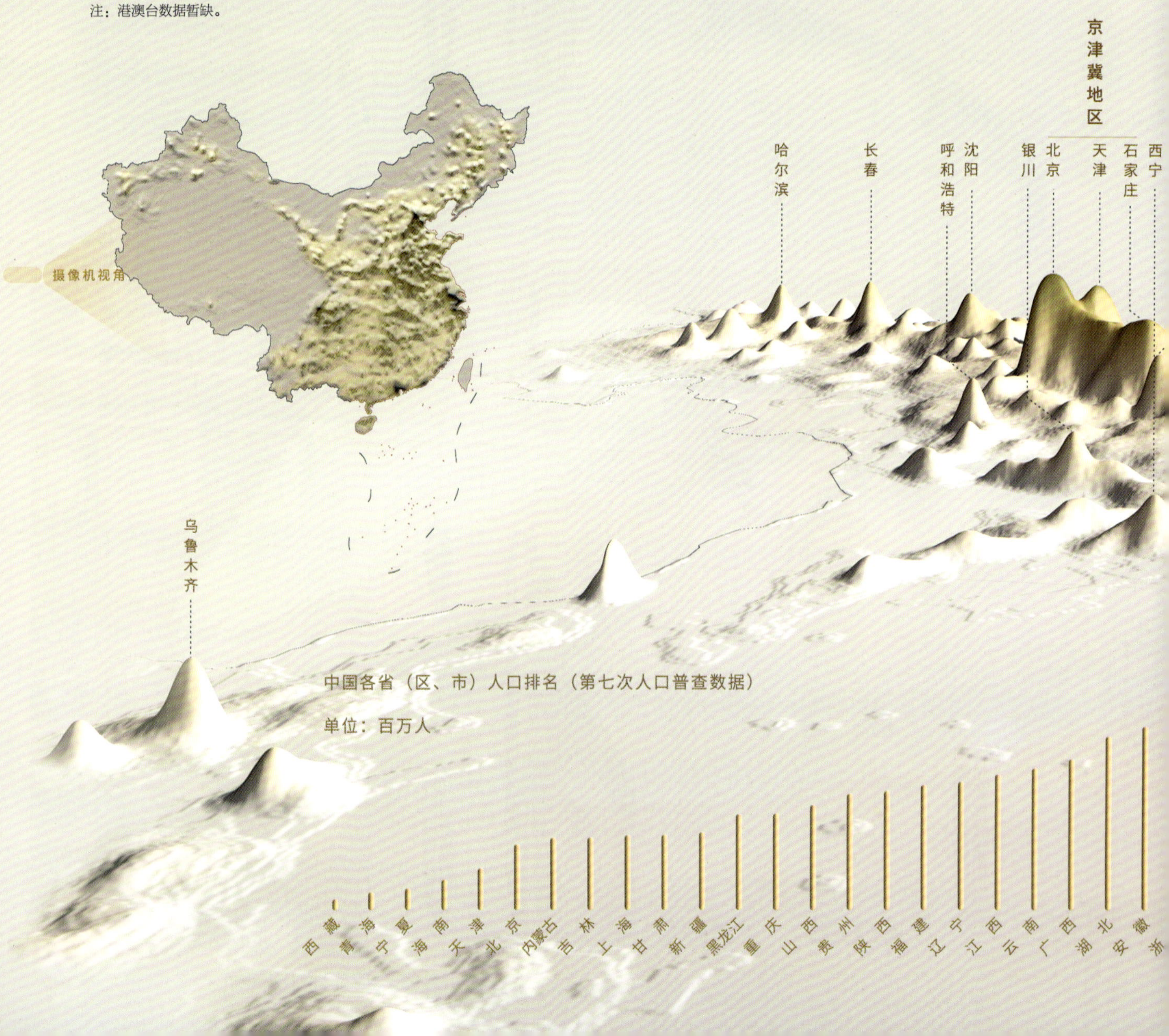

首先是人口资源的重组。人口不断向东部沿海地区聚集，向大中城市聚集。聚集的人口带来了这颗星球上最大规模的城镇化，包括 7 个城区常住人口超 1000 万的超大城市，以及 14 个城区常住人口超 500 万的特大城市。[1]

人口的聚集会带来显著的规模效应，既能节约有限的国土空间，又能带来公共服务水平的提升，并催生更大的市场。人们在这里能够获得更好的医疗资源、教育资源和文化资源，并找到更多的商业机会。各个城市、各个区域又分别形成各自的优势产业群，再通过便捷的交通网络与全国乃至全球进行物资交流。长沙的大型机械、唐山的钢铁、重庆的笔记本电脑、郑州的智能手机、深圳的电子产品、大连的船舶制造等，都是在当地形成的产业集群典型案例，它们不断向海内外输送着优势产品。

1. 根据国务院 2014 年 11 月 20 日发布的《国务院关于调整城市规模划分标准的通知》，城区常住人口 100 万以上 500 万以下的为大城市，500 万以上 1000 万以下的为特大城市，1000 万以上的为超大城市。根据国家统计局发布的《经济社会发展统计图表：第七次全国人口普查超大、特大城市人口基本情况》，2020 年，上海、北京、深圳、重庆、广州、成都及天津 7 座城市的城区常住人口在 1000 万以上，武汉、东莞、西安、杭州、佛山、南京、沈阳、青岛、济南、长沙、哈尔滨、郑州、昆明、大连等 14 座城市的城区常住人口为 500 万至 1000 万。

在农业领域，水利设施以及各类农业技术的应用促进了北方粮食产量提升，南方的土地则被更多地用来种植经济作物，并进行非农业开发，从而在今天形成北粮南运的格局。与此对应的是，南方丰富的水果又大量北运，形成南果北上的供应特点。在矿产领域，山西、内蒙古、陕西、新疆、贵州等省区的煤炭不断被运往东部、南部地区，这便是北煤南运或西煤东运。

此外，还有更多的资源重组发生在更大的领域。

2000 年，贵州乌江干流上的洪家渡水电站开工建设，标志着我国开始系统性地利用西部电力资源，并向东部输送。在西南地区，高差巨大的地势让这里的江河急剧下切，使其蕴藏极其丰富的水电资源。而在西北和北方地区，丰富的煤炭资源也并不需要全部进行远距离运输，人们在煤矿附近直接建设火力发电站，再将电力向外输送，这便是西电东送。得以实现西电东送的基础设施，是全国统一的电力网络。截至 2019 年，我国 330 千伏及以上的输电线路长达 30.2 万千米，构成了世界上规模最大的互联互通的大电网。

水电资源之外，还有一种资源也在国土上进行着调配重组。2002 年，一条全长 4200 千米的管道工程开工，它要把直径约 1 米的管道从新疆一直铺到上海，途经 10 个省（区、市），穿越大小河流 1500 多条。管道中输送的正是西部富集、东部短缺的天然气，这便是西气东输一线工程。

左页图　河西走廊农村机械化收割场面 / 摄影 刘忠文
甘肃河西走廊，狭小的农田在全面推行机械化收割。新的农业机械、技术的使用，促进了粮食产量的提升，保障着我国的粮食安全。

上图　广西贵港百香果田与水稻田 / 摄影 傅鼎
广西贵港的百香果田与水稻田在大地上如一组拼贴画。南方因地制宜种植经济作物，让人们的餐桌、果篮日益丰富。

之后，川气东送工程、西气东输二线工程、中缅油气管道、西气东输三线工程、中国—中亚天然气管道、中俄东线天然气管道等相继开工建设。到 2019 年，我国已经形成一个长度超过 8.7 万千米的全国性天然气主干管道网络，每年可将数千亿立方米的天然气，从我国西部及俄罗斯、中亚等地输送到全国各地。

同样在 2002 年，南水北调工程正式开工。它将用数十年时间，在我国大地上建设东、中、西三条大型水道，每年可将 400 多亿立方米的水流，从富水的南方调往干渴的北方。这样的跨流域调水不只南水北调一个工程，我国已经建成或在建的还包括河北与天津之间的引滦入津、山东的引黄济青、陕西的引汉济渭、甘肃的引大济秦、安徽的引江济淮等调水工程。

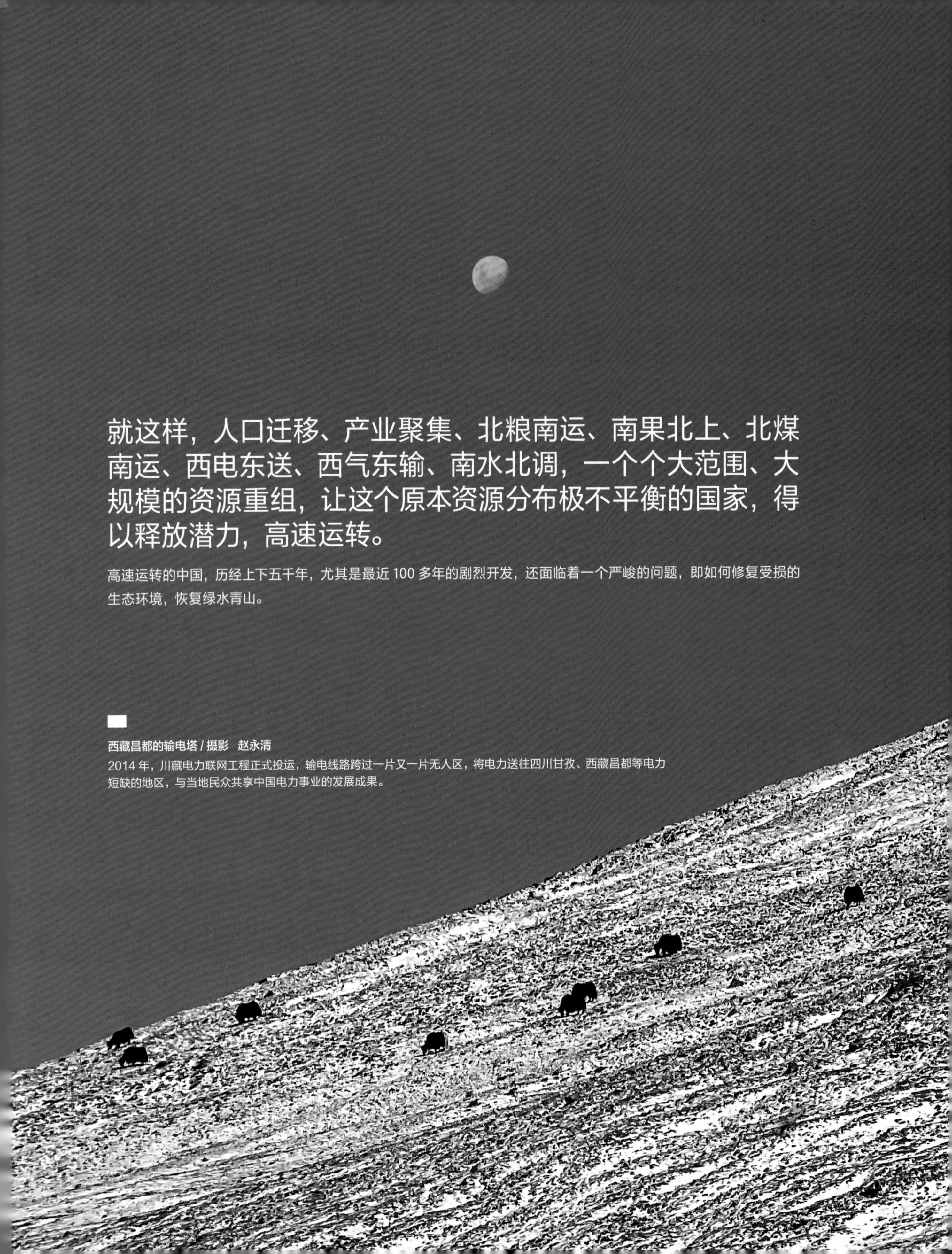

就这样，人口迁移、产业聚集、北粮南运、南果北上、北煤南运、西电东送、西气东输、南水北调，一个个大范围、大规模的资源重组，让这个原本资源分布极不平衡的国家，得以释放潜力，高速运转。

高速运转的中国，历经上下五千年，尤其是最近 100 多年的剧烈开发，还面临着一个严峻的问题，即如何修复受损的生态环境，恢复绿水青山。

西藏昌都的输电塔 / 摄影　赵永清

2014 年，川藏电力联网工程正式投运，输电线路跨过一片又一片无人区，将电力送往四川甘孜、西藏昌都等电力短缺的地区，与当地民众共享中国电力事业的发展成果。

肆 修复

1978 年，一项超级工程与改革开放同期启动。它没有钢铁洪流，主角是一棵棵看似柔弱却充满生命力的草木。它至今仍未完成，其规划工期长达 73 年，直到 2050 年才能收官。它雄心勃勃，要在西北、华北、东北的 13 个省区市和新疆生产建设兵团实现防风固沙、水土保持等生态修复。它就是迄今世界上最大的林业生态工程——三北防护林体系建设工程。

虽然三北防护林工程在实施之初走过弯路，比如乔木灌木比例设置不合理、林木抚育不及时，造成工程前期成林率偏低，但仍然大幅改善了三北地区的生态环境。区域内水土流失面积减少了 66% 以上，科尔沁沙地、毛乌素沙地、河套平原等地的沙化土地得以减少，生态状况明显好转。

此后，我国又先后实施了长江中上游防护林体系建设工程、沿海防护林体系建设工程、岩溶地区石漠化综合治理工程、天然林保护工程、退耕还林还草工程、京津风沙源治理工程等一系列生态工程。这些工程平均每年种出 1.25 个深圳市面积的森林，全国的森林覆盖率从 1949 年的约 11.4% 增加到 2020 年的 23.6%，新增森林面积与内蒙古自治区面积相当。

经过一系列的整治，生态恶化了千年的黄土高原已是满目绿色，水土流失情况显著好转。仅革命圣地延安，在 1999 年到 2015 年，累计的退耕还林面积就高达 1070 万亩左右。这也让泛滥千年的黄河年均输沙量骤降 90% 以上，就连曾经因黄河泥沙不断而扩大的黄河三角洲，也开始以年均 2.53 平方千米的速度在萎缩。黄河水清如许，真是时移世易，沧海桑田。

左上图　甘肃白银段黄河鹯（zhān）阴古渡处 / 摄影　王生晖

鹯阴古渡是两汉时期的繁忙渡口，悠悠千年，如今农田和防护林点缀两岸的绿意，涵养黄河上游水土。黄河流域的生态环境治理，大大减轻了黄河中上游地区严重的水土流失，黄河年均输沙量大幅度减少，“黄河清”的时间越来越长。

左下图　广西北海红树林生态海岸 / 摄影　梁杰

红树林是生长在热带、亚热带海岸潮间带滩涂上的木本植物群落，有“海岸卫士”“防浪先锋”之称，它对保护海洋生物多样性、固岸护堤、净化海水和空气有着重要的作用。

除了国土绿化，我们还需要保卫蓝天。大气污染成因的复杂性，注定了对抗雾霾必须是一场持续的全民运动。数百万户家庭通过“煤改气”或“煤改电”，结束了烧散煤的历史，变化的背后又是西气东输、西电东送等一系列工程的支撑。全国所有煤电机组均安装了废气处理设施，并淘汰了落后的煤炭产能。在农村，大量秸秆变身为肥料、饲料，以取代直接焚烧。在城市，轨道交通占比几乎成倍增长，大量城市对燃油汽车实行限购、限行。2020 年，全国新能源汽车的年产销量连续 6 年世界第一，累计销售 550 万辆。

经过一系列的行动，以曾经雾霾最严重的北京为例，2020 年北京全年四分之三的时间为优良天，而全国 337 个地级及以上城市平均优良天数比例更是达到 87%。

在我国，还有为实现“碧水”而进行的水环境治理工程。以长江为例，长江流域干支流沿岸铁腕治江，大力关停或转迁化工企业，水质迅速改善，水质优良（Ⅰ～Ⅲ类）断面比例为 83.4%，劣Ⅴ类断面比例为 0.6%。[1] 还有为保护土壤而进行的净土保卫战，这包括禁止洋垃圾入境、实施重金属减排等诸多举措。

1. 数据来自生态环境部 2021 年 1 月 16 日通报的 2020 年 1—12 月全国地表水、环境空气质量状况。

右上图和右下图　西安高新区雾霾天和蓝天对比 / 摄影　王警

随着经济的迅速发展，污染物排放量也在快速增长，雾霾天气越来越频繁，治理雾霾、保卫蓝天成为新的挑战。

西安高新
西安高新

在这片国土之上，我们不仅要改善人类的生存空间，还要实现与其他物种和谐相处。截至 2019 年年底，全国共建立 1.18 万个各类保护地，保护面积占全国陆地国土面积的 18%，管辖海域面积的 4.1%。建成东北虎豹国家公园、祁连山国家公园、三江源国家公园、大熊猫国家公园等 10 处国家公园体制试点，总面积约 22 万平方千米，比东部许多省份的面积还大。[1]

绿化、蓝天、碧水、净土及各类保护地，是我们为修复生态环境所做努力中的一部分。

1. 数据来自生态环境部发布的《2019 年全国生态环境质量简况》。

可可西里荒野中渺小的藏羚羊群 / 摄影　秦晖

2018 年 7 月 7 日，早晨 8 点左右，一缕阳光洒在远处的草地上，把羊群和草地照得金黄。可可西里国家级自然保护区位于青海玉树西部，生活着藏羚羊、藏野驴等珍稀野生动物。为了获得更好的生态环境，人们开始探索建设国家公园，它将为我们保护生态环境提供新的解决方案。

伍 新征程

就这样，连接、重组、修复，使我们打破了国土原有的环境限制。

我们创造了新的“高山”，即世界上最大规模的城市群。

我们创造了新的“河流”，即世界上最高效的交通网络。

我们也努力修复了生态环境，启动了世界上最大规模的生态行动。

我们曾经落后，但我们重塑了山河。

当地理上的“穷根”被斩断，我们也由此完成了世界上惠及人口最多的脱贫攻坚战。我们的 GDP（国内生产总值）由数百亿增长到 2020 年的 101 万亿。

这是蓝色星球上最伟大的地表塑造。

右图　梧桐山附近看深圳林立的高楼 / 摄影 龚强

经过 40 余年的改革开放和发展，深圳从一个落后农业县迅速发展成为现代化、国际化的大都市，建成区面积从 3.8 平方千米增加到 1000 余平方千米，人口由 1979 年的 31 万人增长到 2020 年的 1756 万人，创造了世界工业化、城市化、现代化发展的奇迹。图上三座最高的建筑，从左至右，分别是平安国际金融中心、地王大厦和京基 100 大厦。

PICC

回望这 100 年，我们的中学历史教材曾向一代又一代的少年诉说：

> 中国人民是带着八国联军侵占清朝都城北京的民族耻辱进入 20 世纪的。（北师大版《历史》八年级上册）

觉醒的人们逐渐意识到：

> 央求和哀号自然无用，救国的办法，只能改造和强大自己的国家。（杨奎松《“中间地带”的革命：国际大背景下看中共成功之道》）

也由此，一代又一代的建设者用智慧与汗水在重塑山河。

1905 年，詹天佑在清末混乱的时局中，开始主持修建中国人自行设计、建造、运营的第一条铁路。

1959 年，苏联撤走所有专家之后，梅旸春开始带领中国年轻一代的桥梁工程师，修建长江上第一座中国人自行设计、建造的公铁两用桥梁。

1960 年，中国最大的油田正迎来大会战，铁人王进喜在危急时刻跳进泥浆池，用身体搅拌水泥浆。

1972 年，河南辉县郭亮村村民，开始在太行山绝壁上人工开凿挂壁公路。

上图　太行山王莽岭昆山挂壁隧道 / 摄影 张子玉
昆山挂壁公路位于山西省陵川县，是太行山 7 条挂壁公路中最为惊险的一条。

今天的我们，仍处在建设国家的浪潮之中。

根据 2021 年 2 月党中央、国务院印发的《国家综合立体交通网规划纲要》，到 2035 年，我国铁路里程将达到 20 万千米左右，比 2020 年增加 5.4 万千米；高铁里程将达到 7 万千米，比 2020 年增加 3.2 万千米；国家高速公路将增长至 16 万千米，比 2020 年增加 4.7 万千米；民用运输机场将达到 400 个，比 2020 年增加 159 个。

根据 2020 年 6 月国家发改委、自然资源部联合印发的《全国重要生态系统保护和修复重大工程总体规划（2021—2035 年）》，到 2035 年，我国的森林覆盖率将达到 26%，相当于种出一个面积接近广西的森林，75% 以上的可治理沙化土地将得到治理，海洋生态恶化的状况将得到全面扭转，濒危野生动植物及其栖息地将得到全面保护。

京张铁路穿过秋季的水关长城 / 摄影 姚金辉

京张铁路建成于 1909 年，是中国第一条完全自主设计、建造、运营的铁路，其设计师詹天佑被誉为“中国铁路之父”。

我们曾有无与伦比的辉煌，
我们也曾面临一片残破的国土。
如今，我们建设它，改造它，美化它，
让子子孙孙拥有更好的生存空间。

港珠澳大桥航拍 / 摄影 吴亦丹

2017 年 9 月 21 日傍晚，从香港返回北京的航班上航拍港珠澳大桥。港珠澳大桥全长 55 千米，是目前最长的跨海大桥。它包含桥梁、海底隧道、人工岛等设施，将香港、珠海、澳门连接在一起，是连接珠江口两岸的重要通道之一。

1 连接

铁路 | 铁骨中国的炼成

桥梁 | 进击的中国跨度

隧道 | 中国人的穿山之路

进藏之路 | 此路只应天上有

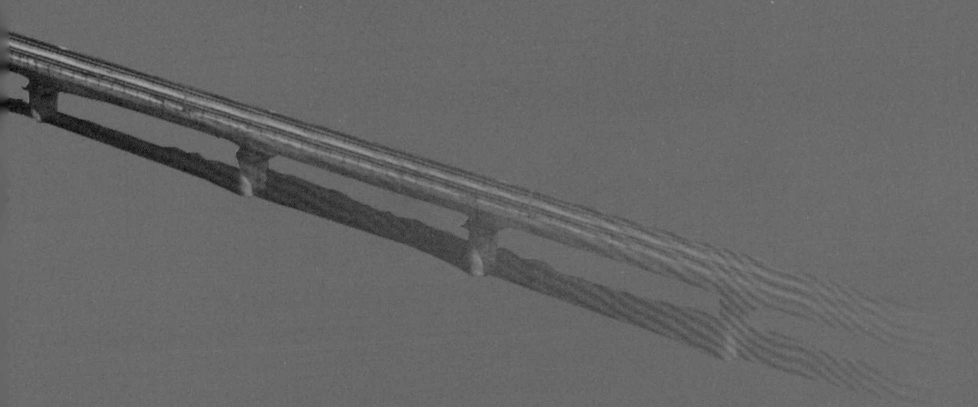

①1

铁路

铁骨中国的炼成

今天的中国

从内陆到海洋

从荒漠到雨林

从都市到乡村

纵横交错的铁路

构成一张四通八达的钢铁网络

到 2020 年年末

中国铁路营业总里程已达 14.63 万千米

高铁营业总里程达 3.8 万千米[1]

是世界上唯一高铁成网运行的国家

回望历史

中国铁路从一片空白发展至今

是一段 140 余年的往事沉浮

1. 数据来源：国家铁路局《2020 年铁道统计公报》。

左图 青藏铁路经过昆仑山／摄影 陈方翔

青藏铁路起于青海西宁，止于西藏拉萨。其中西宁至格尔木段在 20 世纪 80 年代建成通车，而格尔木至拉萨段在 2006 年 7 月 1 日正式建成通车。建成后，青藏铁路成为世界上海拔最高和最长的高原铁路。

壹 第一张网

时间回到 1877 年。这一年，清政府拆除了英国人擅自修筑的吴淞铁路，中国的铁路里程重归于零。而在当时，世界铁路里程早已超过 20 万千米。

不过，没人能阻挡历史的洪流。在拆除吴淞铁路的 4 年后，为满足实业对煤炭的需求，清政府自行出资，建成 9.3 千米长的唐胥铁路[1]。这便是中国铁路落后而寒酸的起点。

随后，西方列强通过不平等条约攫取在华经济和军事利益，其中就包括修筑铁路的“路权”。

1903 年，沙俄在东北建成中东铁路，其主线西起满洲里，东至绥芬河，支线连通哈尔滨、沈阳和大连。中东铁路呈 T 形，一横一纵，贯穿东北大地，全长超过 2400 千米。与此同时，唐胥铁路不断延展，里程从 9.3 千米增至 1000 余千米，打通山海关内外，连接北京和沈阳，成为老京哈铁路[2]的一部分。

中东铁路和老京哈铁路构成了今天京津冀—东北铁路通道的雏形，东北铁路网络以此为骨架，逐渐铺开。

到民国末年，东北的铁路里程已占全国的 40%，为黑土地奠定了社会和经济发展的重要交通基础。

1. 唐胥铁路为唐山至胥各庄的一条铁路，胥各庄如今是唐山市丰南区下辖的一个街道。
2. 新京哈线不再绕行天津和唐胥铁路段，而是经通州、狼窝铺、滦县，到达秦皇岛。这一段也称京秦铁路。

右图　雪后的哈尔滨南站车辆段 / 摄影 全思明

哈尔滨因中东铁路的修建而立市、兴起，位于由滨洲、滨绥、哈大铁路构成的 T 形铁路网的交会点，是中国东北地区重要的铁路枢纽。

民国时期，在国民政府定都南京之前，位于南方的上海、武汉和广州已是商贸繁荣之地，水路航运发达，但与北方缺乏铁路交通联络。于是在华东地区，上海至南京的沪宁铁路及南京至天津的津浦铁路[1]先后建成通车。

在华中和华南地区，由于资金紧张、沿线地势复杂，加之局势动荡，广州至武昌的粤汉铁路只能分段修筑，时修时停，直到 1936 年才建成。加之北京至汉口的京汉铁路，纵贯南北的铁路交通线雏形初现。随后，湘桂铁路在粤汉铁路旁延伸出来，从湖南直通广西。

然而遗憾的是，长江在当时是不可逾越的天堑，京汉一粤汉和沪宁一津浦两组铁路均被长江阻断，南北铁路无法直接连通。新中国成立后，武汉长江大桥和南京长江大桥先后建成通车，京广和京沪两条南北铁路交通干线才得以完整地呈现在世人面前。而第三条南北铁路干线的贯通，则待到几十年之后。它北起首都北京，南抵香港九龙，全线几乎平行于京广铁路，但其不似京广铁路喧闹和繁华，只经过一座省会城市——南昌，这便是京九铁路。

京沪、京广、京九三条南北铁路干线构成了京津冀连通长三角、珠三角的主要铁路骨架，将我国南北紧密相连。

新中国成立之初，百业待兴。为发展经济，巩固国防，一条条铁路穿过崇山峻岭，深入戈壁，不断向边疆延伸。1952 年，成都至重庆的成渝铁路全线通车。这是四川境内的第一条铁路，也是新中国成立后修建的第一条铁路。随后的数十年，中国铁路多次“大战西南”。成渝、成昆、川黔和贵昆四线建成通车，它们将成都、重庆、贵阳、昆明四个西南重镇连为一体。此外，还有西康铁路（陕西西安至陕西安康）穿越秦岭，内昆铁路[2]（四川内江至云南昆明）爬升高度达 1300 米……一个个铁路工程奇迹，令人叹为观止。

在这些工程奇迹中，成昆铁路尤以地质条件恶劣著称。其沿途地质情况复杂，地震、塌方、泥石流屡见不鲜，沿线堪称“地质博物馆”。因此在成昆铁路的修建过程中，选线方案的争论十分激烈。其中，中线方案里程最短、施工最易，备受苏联专家推崇。然而，为了打通沿线的煤炭和钢铁产业基地，连接更多少数民族地区，成昆铁路最终开启“困难模式”，选择了里程最长、地势最险峻的西线方案。全线共架设 991 座桥梁，打通 427 条隧道，在这条“根本不能修筑铁路”的路线上，开辟出一条穿山越岭之路。

1.“浦”指位于南京长江北岸的浦口站。

2. 1952 年，内昆铁路的勘测设计工作开始。1956 年 2 月，内昆铁路正式开工。1960 年建成内江至安边段。1965 年，内昆线梅花山至昆明段并入贵昆线西段并建成通车。至此，内昆铁路南北两段建成，只剩下最艰险的中段待建。1998 年 6 月，内昆线新建铁路全线开工。2001 年 9 月 19 日，内昆铁路全线铺通。

左页上图　武汉长江大桥 / 摄影 喻承虎

武汉长江大桥横卧于汉阳龟山和武昌蛇山之间的长江江面之上，是长江上的第一座铁路、公路两用桥，因此被称为“万里长江第一桥”。

左页下图　成昆铁路法拉展线 / 摄影 李昌华

新中国成立后，中国铁路迎来大发展。由于当时隧道修建技术的限制，成昆铁路通过西南山区的大山时，主要靠修筑展线，让列车盘旋爬升，“爬”过大山。

在东南地区，同样有一条可名留青史的山区铁路。它穿越武夷山区，直指东南沿海的厦门，一度是福建连接外省的唯一铁路通道，这便是鹰厦铁路。

在西北地区，我国的第一条沙漠铁路在 1958 年建成通车。它 3 次跨过黄河，从腾格里沙漠东南边缘穿过，驰骋在包头和兰州之间，是为包兰铁路。沿包兰铁路向东，经京张铁路可抵达北京。“中国铁路之父”詹天佑的故事在这里流传了百余年，让这条铁路声名远播。曾经因为造价和工期限制被詹天佑忍痛放弃的京张铁路替代方案，也终于在半个世纪后变为现实，成为北京至张家口的第二条通道，是为丰沙铁路。

而沿包兰铁路向西，还有靠近中蒙国界，横穿沙漠戈壁的临哈铁路（内蒙古巴彦淖尔市临河站至新疆哈密东站）；在海拔 3000 米处打通天山，连接吐鲁番和喀什的南疆铁路；先后翻越昆仑山、唐古拉山，穿行于大面积高原冻土之上的青藏铁路。

它们让广袤的西北大地、青藏高原与京津冀地区紧密相连，和西南地区的铁路网一起，组成不可或缺的边疆通道。

右图　包兰铁路 / 摄影 张一飞

连接包头与兰州的包兰铁路是我国的第一条沙漠铁路，1958 年建成通车。它与京包铁路、兰新铁路等，构成了京津冀通往西北的重要干线。

和谐
3D0278

至此，以京津冀为核心，形成通往五大方向的铁路大通道。经由这些通道，可一路出山海关，探访千里冰封的北国；可一路南下，去往长夏无冬的岭南；可行向东南，抵达江南水乡和海峡港湾；可奔向西北和青藏高原，领略大漠孤烟和雪域高原；更可转向西南，体会云贵川的多姿多彩……

当然，这还远远不够。

青藏铁路经过长江源特大桥 / 摄影 张一飞

长江源特大桥即青藏铁路沱沱河大桥，被誉为“长江源头第一桥”。大桥位于青海格尔木市唐古拉山镇，全长 1389.6 米，跨过约 1300 米的宽阔河床。

1953 年，一条贯穿中国东中西部的大干线正式通车。它东起江苏连云港，西至甘肃兰州，是长三角和西北地区之间的运输大通道，被称为陇海铁路。而随着兰州到乌鲁木齐的兰新铁路建成后，陇海铁路继续向西延展，在新疆的阿拉山口走出国门，一路奔向大西洋岸边的荷兰鹿特丹，以“新亚欧大陆桥”之名著称于世。

1972 年，前后历时 37 年的湘黔铁路（湖南株洲到贵州贵阳）建成通车。2006 年，它与沪杭、浙赣、贵昆三条铁路线连成一体，铺就了一条上海至昆明的东西干线——沪昆线。而京沪、宁铜（南京至铜陵）、铜九（铜陵至九江）、武九（武汉至九江）、武襄渝（武汉至襄阳至重庆）、成渝等铁路，依次串联起上海、南京、合肥、武汉和重庆，最终抵达成都，再加上数条旁逸斜出的支线，构成了一条串联长三角、长江中游、成渝三大城市群的东西通道。

华南地区也不甘落后。在 1955 年到 2018 年的几十年间，黎湛（广西宾阳县黎塘镇至广东湛江）、广茂（广州至茂名）、南昆和渝贵铁路相继通车，西南地区和珠三角的大通道得以贯通。

至此，以长三角和珠三角为起点，又一套辐射网络全面形成。

其中构成西南地区出海通道的南昆铁路，同样是新中国铁路建设的一大成就：南昆铁路从南宁盆地一路爬升至云贵高原，相对高差超过 2000 米。沿途地质复杂，峡谷纵横，人们凌空架桥，开山挖隧，部分线路的桥梁和隧道里程可达总里程的 86%。而当南昆铁路到达云南宜良附近时，和 100 多年前建成通车的滇越铁路“狭路相逢”。两条路线交织并行，仿佛象征着两个截然不同的时代。

067

当西南与华东、华南的连接建立完毕时，从西南到西北的铁路大通道便登场了。

1958 年通车的宝成铁路，以 27 千米的展线群盘旋而上，翻越秦岭。2017 年通车的兰渝铁路，则以 28 千米的超长隧道击穿山脉。两条铁路一东一西，打通秦岭障碍，成为西南一西北铁路通道的主要骨架，入蜀之路不再“难于上青天”。在铁路的加持之下，地处西北内陆的陕甘宁地区优势凸显，从这里南下可到西南，往西北可深入内陆，向东可达海洋。

左页下图　兰新铁路经过甘肃嘉峪关附近 / 摄影　杨诚

兰新铁路在 1952 年开工，1962 年建成。东端与陇海铁路相连，西端与北疆铁路相接，构成横贯中国东西的铁路线，是新亚欧大陆桥的重要组成部分。目前与兰新铁路走向大致平行的高速铁路，称作兰新铁路第二双线。

下图　南昆铁路经过云南石林红土地 / 摄影　何俊云

南昆铁路连接着广西南宁和云南昆明，途经广西、贵州和云南三省区。它东接湘桂铁路、黎湛铁路、南防铁路，西接成昆铁路和贵昆铁路，是中国南方的东西向运输干线。

宁夏石嘴山平汝铁路 / 摄影 王璐

平汝铁路是一条运煤铁路，为包兰铁路的支线。1959 年，石嘴山作为国家“一五”时期布局建设的全国十大煤炭工业基地之一，为了运送煤炭等物资，开始修筑平汝铁路，连接石嘴山平罗县与贺兰山深处的矿区。铁路先后经过沙漠和山区，进入贺兰山山区后，红褐色的丘陵就会进入视野，绵延不绝。

至此，历经 140 余年，中国铁路从无到有，从弱到强。它们运输钢铁、煤炭、木材，连接城市、乡镇、村庄，形成 12 条普速铁路大通道[1]，纵横交织，通边达海。铁路连接了全国，也塑造着国家的凝聚力。

然而，铁骨中国的故事并未就此停住，而是随着社会经济的发展，朝着新目标升级和奋进。

1. 普速铁路运行速度一般不超过 200 千米 / 小时，不包含仅运行动车组的路线。

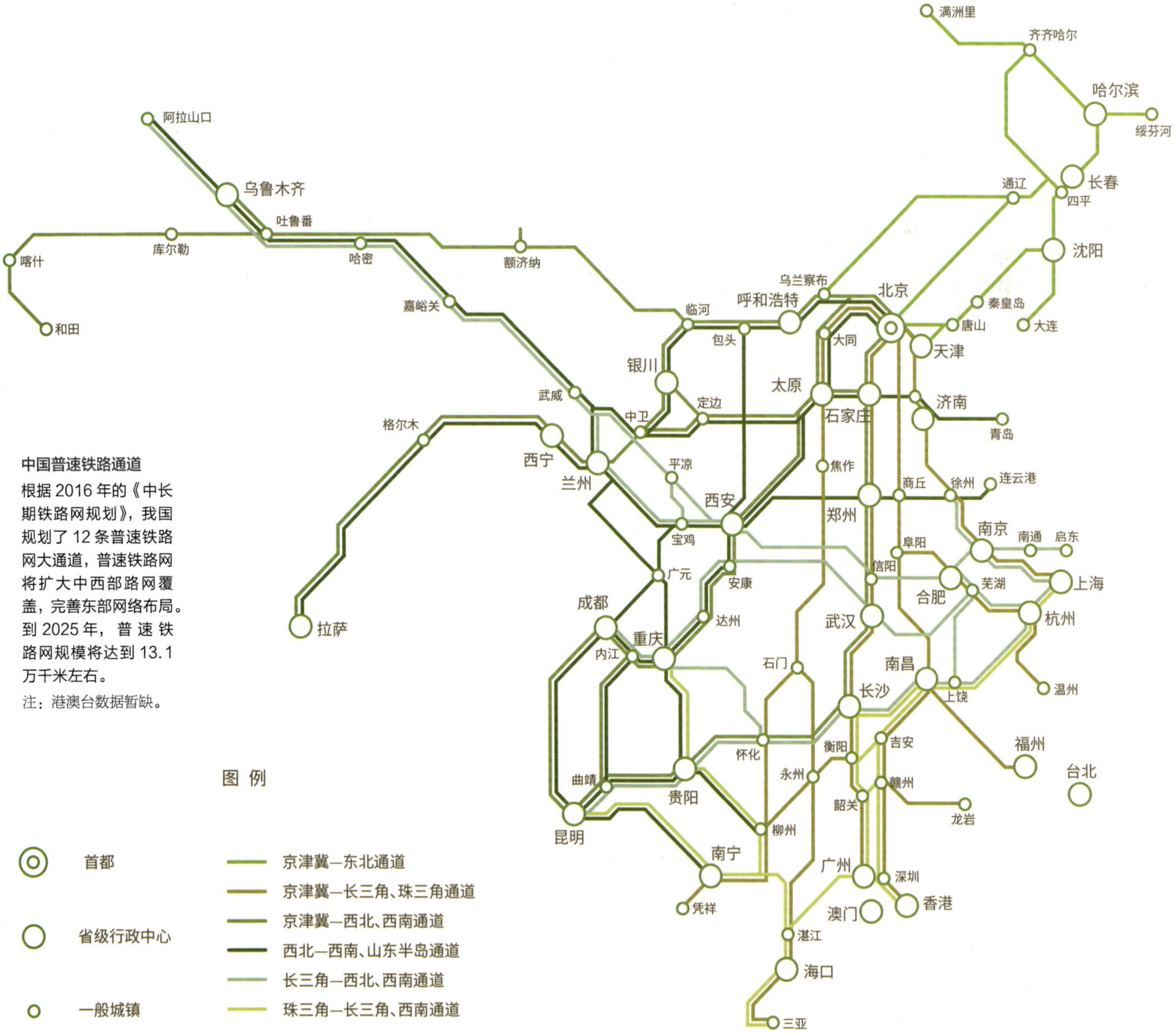

中国普速铁路通道

根据 2016 年的《中长期铁路网规划》，我国规划了 12 条普速铁路网大通道，普速铁路网将扩大中西部路网覆盖，完善东部网络布局。到 2025 年，普速铁路网规模将达到 13.1 万千米左右。

注：港澳台数据暂缺。

0731
和谐
HXD1P0036

贰 快一点儿，再快一点儿

时间到了 1993 年，国家经济增速势如破竹，GDP 增速达 13.9%。然而当时，在全国近 6 万千米的铁路上，火车的平均时速仅有 48 千米，与高歌猛进的经济增速大相径庭，与 30 多年前就达到平均时速 166 千米、最高时速 200 千米的日本新干线相比更是相形见绌。

改革开放之后，全国的人口流动规模空前。在庞大的客流量面前，缓慢的铁路系统越发捉襟见肘。特别是在春运期间，即便加开数百对临时列车，也难改变“一票难求”的局面。铁路系统在客运需求压力激增时，就不得不“压货保客”，致使铁路货运形势同样严峻。随着高速公路和民航产业异军突起，缓慢的铁路几无招架之力，客流纷纷涌向公路和机场，铁路市场岌岌可危。

如何让步伐缓慢的铁路追上快速发展的社会？对现有线路进行提速改造成为当时人们的首选。

于是，一场关乎中国铁路命运的提速试验率先在广深铁路展开。当广深铁路在 1994 年成功突破 160 千米的时速后，沪宁、京秦、沈山、郑武等铁路也纷纷拉开提速试验的大幕，铁路运行时速纪录接连被打破：1996 年 11 月，在“韶山 8 型”机车的“加持”下，京广铁路郑武段运行时速突破 180 千米；1997 年 1 月，在北京环形铁道试验基地，“韶山 8 型”机车再次创下纪录——时速达 212.6 千米。

试验的结果让人备受鼓舞。1997 年 4 月 1 日，中国铁路第一次大提速吹响号角。以京广、京沪、京哈三大干线为主，78 列“朝发夕至”的列车全新登场，将最高运行时速提升至 140 千米。这次提速在第二年就扭转了铁路客流量下降的趋势，为铁路系统扳回重要一城。

左页左图　行驶在兰新铁路上的和谐 1D 型电力机车 / 摄影 郑斐元
和谐 1D 型电力机车是我国铁路主力准高速客运电力机车之一，机车车身色彩为中国红，因此被火车迷称为“大红枣”，主要牵引 K、T、Z 等等级的客运列车。

左图　行驶在嘉镜线（嘉峪关—镜铁山）上的东风 4 型内燃机车 / 摄影 张一飞
东风 4 型内燃机车车身为绿色，因此有“西瓜”的绰号。该机车在 20 世纪 60 年代开始研制，20 世纪 70 年代开始量产，曾是我国铁路上运用最广泛的内燃机车车型。

中国铁路大提速的进程并未就此停止。1998 年，在京广铁路许昌至小商桥区段的试验中，为中国铁路提速做出巨大贡献的“韶山 8 型”机车再次创造纪录，时速达 240 千米，这是当时中国电力机车的最快速度。此后，第二、三、四次大提速分别在 1998 年、2000 年和 2001 年相继完成，提速线路达 1.3 万千米，占全国铁路里程的近 20%，最高运行时速达 160 千米。

还能再快吗? 答案是必然的。

2004 年 4 月 18 日，铁路系统进行第五次大提速，在京沪、京广、京哈、陇海 4 条大干线上，货运线路的最高运行时速突破 160 千米大关，客运线路则开通“Z”字头直达列车，最高运行时速提升至 200 千米，离高速铁路只有一步之遥。

更激动人心的是，在这一年，“四纵四横”客运专线规划问世，一幅宏伟的中国高铁[1]蓝图展布在世人面前，一场重大变革山雨欲来。

2005 年 12 月 8 日，中国最后一列运行在干线铁路上的蒸汽机车结束了它的使命。而不到两年后的 2007 年，中国铁路第六次大提速开启，家喻户晓的“和谐号”动车组横空出世，它在 18 条铁路干线上呼啸奔驰。一夜之间，中国大地上有超过 6000 千米的铁路干线，以超过 200 千米的时速投入运营，部分路段的时速甚至可达 250 千米。

至此，历时 10 年的提速改造落下帷幕，中国铁路的格局焕然一新。“再快一点儿”的使命，将交给一个全新的高铁时代。

---

1. 高速铁路简称“高铁”，在不同国家、不同时代及不同的科研学术领域有不同标准。中国国家铁路局将中国高铁定义为设计时速 250 千米以上（含预留）、初期运营时速 200 千米以上的客运列车专线铁路。

右页图　京沪高铁经过安徽蚌埠 / 摄影 杨诚

京沪高铁在 2011 年 6 月建成通车，建成时为我国一次建设里程最长、投资最大、标准最高的高速铁路，是中国高速铁路建设的重要里程碑，荣获国家科学技术进步特等奖。

叁 高铁时代

2008 年北京奥运会开幕前夕，在北京市南部、距离城市中轴线不到 2 千米处，一座玻璃穹顶的新式车站拔地而起，即北京南站。与之一同亮相的，还有中国铁路史上第一条设计时速达 350 千米的高速铁路。它连通北京和天津两座城市，单程用时仅 30 分钟。

京津城际铁路初露锋芒，中国自此迈入时速 300 千米以上的高铁时代，高铁建设更是“日行千里”。

2009 年年底，横向的石家庄到太原、合肥到武汉，纵向的宁波经温州到福州、武汉到广州等多条高速铁路相继通车。其中的武广高铁，以超过 1000 千米的长度、350 千米的时速，成为领跑全球的高铁大干线。经由这条线路，武汉至

上图　从北京南站出发的京津城际高铁穿过永定门外 / 摄影　饶颖
京津城际铁路是我国第一条设计时速达 350 千米的高速铁路，标志着中国铁路正式进入高铁时代。

广州坐高铁仅需 3 小时，而在 70 多年前，粤汉铁路单程的耗时就长达 44 小时，今非昔比可见一斑。

继武广高铁之后，时速 350 千米梯队中迎来 3 位新成员，即郑州至西安、上海到南京和上海到杭州的高铁。“四纵四横”的“先驱者”悉数登场，中国高铁的宏伟目标清晰可见。那么，“四纵四横”8 条骨架线路中，谁将拔得头筹，率先全线落成？答案毫无疑问：连接北京和上海两大城市的京沪高铁。

北京至上海沿线，人口密集，经济发达，老京沪铁路运行长达半个多世纪，早已不堪重负，无论是客运还是货运密度，均超过全国平均水平数倍，高铁的开通势在必行。这条高铁线路最终不负众望，不仅一度在实际运营的线路上跑出 486.1 千米的试验时速，更是在建成后的第三年，客运量便突破 1 亿人次。

贵广高铁列车驶过阳朔山水 / 摄影 黄一骏

贵广高铁穿越了大面积的喀斯特地貌区，极大缩短了西南地区与珠三角地区的时空距离。

此后，随着京广高铁北京至武汉段通车，哈大高铁开通，以及沿着东南海岸线蜿蜒前行的杭福深客运专线开通运营，中国高铁“四纵”的主骨架基本形成。与此同时，“四横”骨架的建设同样如火如荼。四条东西干线平行延伸，或跨过西南的高山峡谷，或溯长江而上，或穿过千里戈壁，或洞穿太行连通海洋，中国东西部的连接更加快速、便捷。

而“四纵四横”干线间的连接线路也毫不逊色。2014 年年底通车的贵广高铁，穿行于溶洞遍布的喀斯特地貌区域，施工条件异常艰难。2017 年年底通车的西成高铁（西安至成都），拥有 11 条超过 10 千米长的隧道，爬升坡度几乎接近设计极限，是首条贯穿秦岭的高速铁路。

到 2017 年年底，我国的高铁里程达 2.5 万千米，占世界高铁里程总量的 66.3%，“四纵四横”高铁网提前 3 年宣告建成。中国高铁建设并未就此止步，规划者们更进一步，一张“八纵八横”的远大图景开始酝酿和实施，这堪称中国铁路史上最雄心勃勃的建设计划。

在这项计划中，预计到 2030 年，将有包括约 4.5 万千米长的高速铁路在内，共计约 20 万千米长的铁路在中国大地上铺开，将全国拥有 20 万以上人口的城市相连。截至 2020 年年底，“八纵八横”高铁网络的主骨架已搭建近七成，预计到 2030 年完成建设目标。

回想一个多世纪前，孙中山曾言道：“今日之世界，非铁道无以立国。”而彼时，中国铁路仍在风雨飘摇中筚路蓝缕。一个多世纪后，在中国大地之上，钢铁脉络纵横交错。借由密集、便捷和高效的钢铁之网，2019 年，约有 36.6 亿人次前往天南海北，也有 43.89 亿吨货物被送到四面八方。

中国高铁“八纵八横”

2016 年，国家出台以“八纵八横”高铁网为主通道的《中长期铁路网规划》以来，我国铁路建设投资连续保持在每年 8000 亿元以上，“八纵八横”高铁主通道目前建成运营规模达 70%。

注：港澳台数据暂缺。

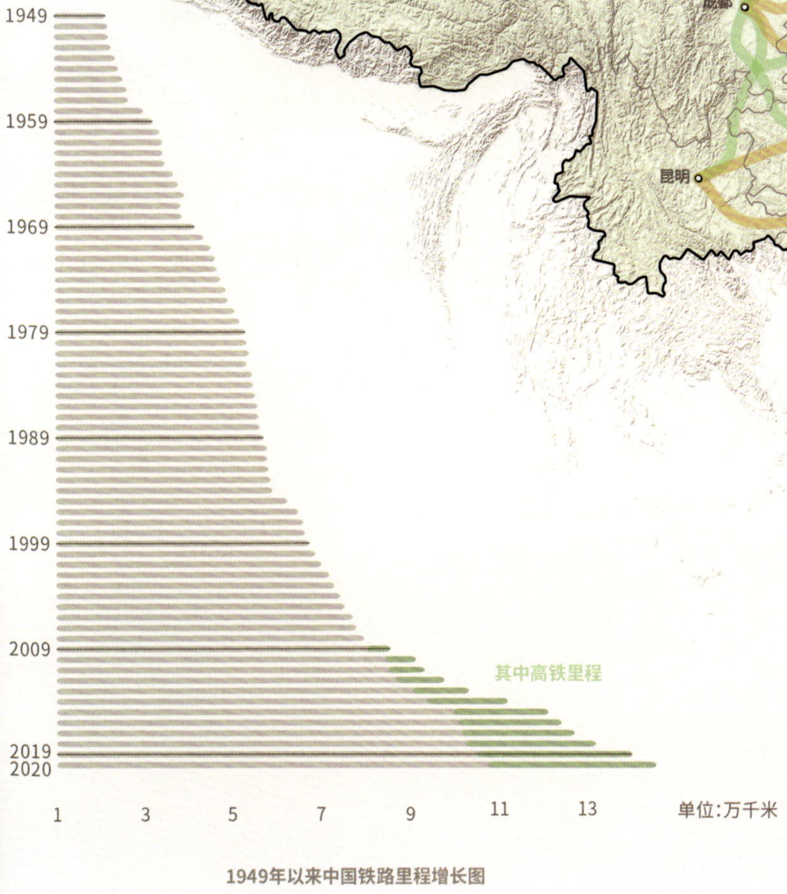

1949年以来中国铁路里程增长图

140 余载酸甜苦辣，140 余载成败兴衰。

这是一部中国铁路的往事沉浮录，也是一部用轮轨写下的中国复兴史。

穿越秦岭的西成高铁 / 摄影 魏方合

西成高铁连接了陕西西安和四川成都，是“八纵八横”高速铁路主通道之一，西安至成都的旅程缩短至 4 小时左右，它也是我国首条穿越秦岭的高速铁路。

21

桥梁

进击的中国跨度

从西部高耸的高原山地

到东部广袤的丘陵平原

中国的地势呈现明显的三级阶梯

发源自高原的河流顺势逐级而下

在上游劈开山体，形成崖壁陡峭的嶂谷

嶂谷拓宽、加深，便形成典型的峡谷

到了下游，河流在平原上肆意冲刷

宽广的河道再次将大地遥遥分隔

而在海岸线一带，群岛破碎，海湾广阔

太多的天堑阻碍着人们的交通和交流

人们究竟该如何跨越这一切？

陕西延川县和山西永和县交界处的黄河蛇曲 / 摄影 许兆超

黄河蛇曲是发育在秦晋大峡谷中的大型深切嵌入式蛇曲群体，规模宏大，摆荡出了几个 S 形大湾，其中有“天下黄河第一湾”——乾坤湾。河湾蛇曲塑造出壮美景观，也分隔了陕西和山西两省。

壹 架梁为桥

先民创造独木桥时，桥梁的历史便开始了。两墩架一梁，成了人类桥梁史上最简洁、最经典的造型，这便是“梁桥”。在木石架桥的时代，梁桥在我国的福建和广东地区十分流行，这里盛产的花岗岩，是建造石梁桥的绝佳材料。

随着炼钢法的成熟，崭新的桥梁时代来临。1874 年，世界第一座以钢材为主体的桥梁在美国建成。但对当时的中国而言，钢桥是如此先进、如此昂贵，设计、建造、资金都只能依赖西方国家，基本上也只能用于铁路桥梁的建设。例如中国首座具有近代水平的钢桥——天津蓟运河桥（也有称“蓟运河铁路桥”），便是在十多年后的 1888 年，由英国人设计、比利时公司施工建成的。

直到 1937 年，杭州钱塘江大桥建成，我国才有了自行设计和建造的第一座公路铁路两用桥。然而，大桥通车后不到 3 个月，日本侵略者就攻陷了上海。为阻止日军经此快速运兵南下，设计大桥的茅以升先生不得不亲手将其炸毁，大

桥沉入江中，直到16年后才完全修复[1]，重新与世人见面。这座大桥的最大跨度[2]约为66米，相邻两墩上各架一梁，称为简支梁桥。

1.“抗战”结束后，钱塘江大桥于1948年首次修复，但不久后被撤退的国民党部队再次炸毁铁轨，最终于1953年全面修复。

2. 本篇中的“跨度”是指计算跨度。对于有支座的桥梁，是指桥跨结构中相邻两支座中心间的距离；对于拱桥，是指相邻两拱脚截面形心点之间的水平距离。

左页下图　泉州洛阳桥 / 摄影 李文博

洛阳桥又名万安桥，位于福建泉州洛阳江入海口处。始建于宋代，是一座著名的跨海梁式石桥，有“中国古代四大名桥”之誉。

下图　杭州钱塘江大桥 / 摄影 吕海彬

钱塘江大桥建成于抗日烽火之中，它不仅在中华民族抗击外来侵略者的斗争中书写了可歌可泣的一页，也是我国桥梁建筑史上的一座里程碑，同时它也是我国桥梁工程师的摇篮。

梁桥示意

简支梁桥

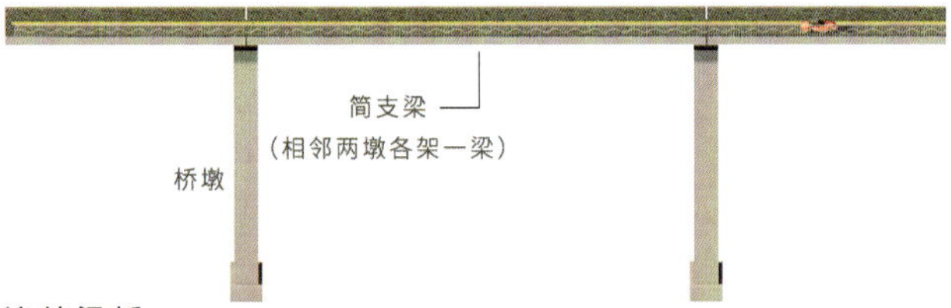

连续梁桥

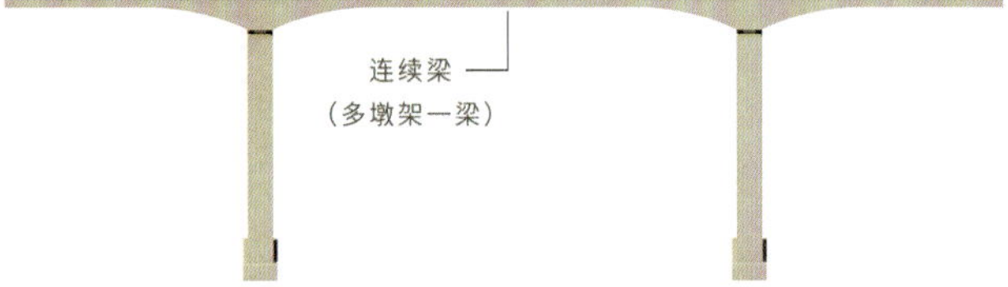

悬臂梁桥

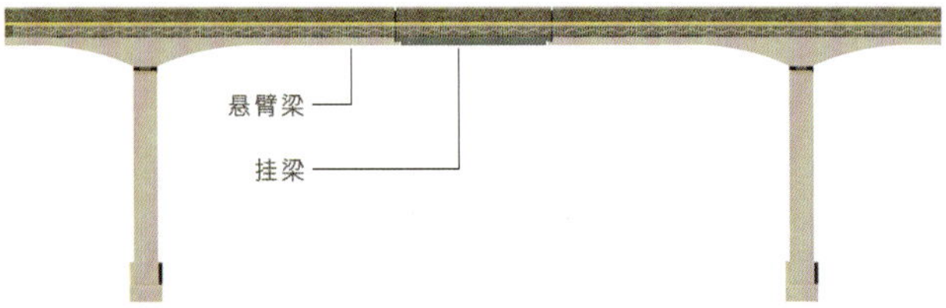

若要进一步提高跨度，这种桥梁就必须进化，连续梁桥由此诞生。这是一种“多墩架一梁”的桥，其梁体连续不间断，前后的弯曲互相约束，因此桥身难以被“折断”。我国最早跨越长江的桥梁——武汉长江大桥、重庆白沙沱长江大桥、南京长江大桥等，均采用连续梁结构。其中，武汉长江大桥是中国第一座跨越长江的现代化桥梁，人称“万里长江第一桥”。它的最大跨度达 128 米，正所谓“一桥飞架南北，天堑变通途”。而建成于 11 年后的南京长江大桥，则是长江上第一座完全由中国人自行设计、建造的大桥，最大跨度为 160 米。

除了钢桥的突破，另一种技术也在我国被普及。它的原理十分巧妙，人们在混凝土中置入预先被拉伸的钢筋，钢筋如同被拉开的弹簧，自带强烈的“收缩欲望”。利用这种“内力”去平衡外力，梁体便能承受比原先更大的荷载，从而可以支持更大的跨度，这就是预应力混凝土技术。相比昂贵的钢铁，钢筋混凝土显然成本更低。于是在预应力混凝土技术的“加持”下，公路桥梁如雨后春笋般出现，纷纷登上历史舞台。

时至今日，各类梁桥的应用已十分广泛，甚至形成标准组件，可以在工厂制造、现场组装。虽然它的单跨跨度有限，但梁与梁前后相接，便可横贯江河，跨越海湾，甚至绵延 100 多千米，彻底取代路面。

上图　跨越阳澄湖的京沪高铁丹昆特大桥 / 摄影 章力凡

京沪高铁丹昆特大桥全长约 165 千米，东起苏州昆山市，西到镇江丹阳市，高铁通过也需要开行 40 分钟，是世界上最长的桥梁。

平潭海峡公铁大桥 / 摄影 赵马峰

平潭海峡公铁大桥是连接福州长乐区和平潭县的跨海公路、铁路两用桥，上层是公路，下层是铁路。大桥全线长 16.323 千米，其中跨海段长 11.15 千米。大桥由元洪航道桥、鼓屿门水道桥、大小练岛水道桥、非通航孔桥、引桥五部分组成，其中非通航孔桥、引桥等部分均为梁桥结构。

贰 似梁非梁

在生活中，有一种极为“低调”的桥，从外表上看与梁桥十分相似，而实际上它具有截然不同的力学特征，需要更为复杂的设计和计算，这就是“刚构桥”。

刚构桥的桥墩和梁体之间，不再需要支座支撑，而是成为一个整体，它们“同甘共苦”，共同抵抗梁体的弯曲。这就意味着，刚构桥能够支持更大的桥梁跨度，或可建造更加轻薄的桥面。尤其是结合预应力混凝土技术的连续刚构桥，这种 1988 年才第一次在国内应用的新桥型，兼顾跨度需求和行车体验，数年间便风靡大江南北。

美中不足的是，刚构桥对温度变化较为敏感。当温度变化时，如果桥墩过于“倔强”，便会“束缚”住梁体，令梁体的伸缩变形无法得到释放，最终可能导致梁体弯曲。但这难不倒机智的工程师们，他们为刚构桥设计了更高的桥墩，让它变得“柔软灵活”，从而更好地释放梁体变形产生的压力。在高山峡谷地带，这种高桥墩再合适不过了。于是，众多高大巍峨的桥梁在山谷间拔地而起，桥墩从桥面直插谷底，通行其上仿佛腾云驾雾。

刚构桥示意

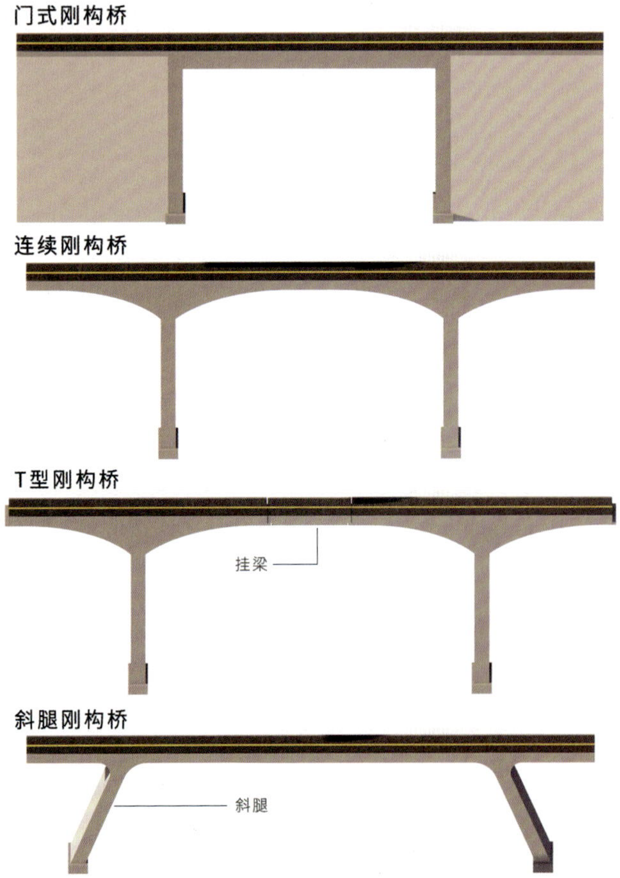

右页图
“凌空而过”的沪渝高速湖北恩施段 / 摄影 文林
高大的桥墩支撑起拔地而起的刚构桥，高速以桥代路，穿过高山峡谷，远方的桥塔处是四渡河大桥。

不过，在平原的大江大河之上，高耸入云的桥墩便没有了用武之地。为降低桥梁高度，同时保证桥墩的柔性，则需要为墩柱“瘦身”，如双肢薄壁墩、V 形墩、Y 形墩等；或是采用全新的桥墩形态，如人形墩、A 形墩等。然而，在桥梁建造实践中，桥墩要薄，桥梁要稳，成本要低，三者互相制约，因而跨度超过 300 米的刚构桥屈指可数。

尽管如此，还是有敢于突破者。2006 年建成的重庆石板坡大桥复线桥，为给长江江面预留充分的航行空间，其最大跨度达到 330 米，一举成为世界上跨度最大的预应力混凝土连续刚构桥。

而紧靠它身旁的，就是长江上游的第一座公路桥梁——重庆石板坡长江大桥，这是一座最大跨度为 174 米的 T 型刚构桥。尽管当年“全民建桥”的盛大场景已成往事，但如今新老两桥并驾齐驱，人们据此仍可看到时代变迁的痕迹。

下图　千岛湖大桥 / 摄影 韩阳
千岛湖大桥位于浙江西部淳安县的千岛湖上，全长 1258 米，是一座 V 形墩连续刚构桥。

右页图　温州瓯越大桥 / 摄影 倪前辉
瓯越大桥是横跨瓯江的一座公路桥，最大跨度为 200 米，主桥采用扁平的薄壁墩。

叁 长虹卧波

至此，从峡谷到平原，从江河到海峡，似乎都已被中国人跨越，但实际上这还远远不够。面对陡峭的崖壁、湍急的水流或是桥下交通的需要，竖直的桥墩已然无处安放，人们需要一种一跨而过的桥梁，比如“拱桥”。

中国人对拱桥再熟悉不过了。被写进小学课本的赵州桥，建于 1400 余年前，纵然经历了历史上的战争、洪涝、地震等，其主体结构依然完好，堪称“世界桥梁艺术的典范”。拱桥的形象更是深入人心，不仅成为我国古典园林的标配，也是诗词歌赋中的经典意象：

> 长桥卧波，未云何龙；复道行空，不霁何虹。（引自杜牧《阿房宫赋》）

在一座现代拱桥中，根据桥面与主拱拱圈的相对位置，可分为上承式、中承式和下承式拱桥。其中的“拱”结构，在自重和桥面荷载的作用下，将向两端底座释放“张力”。这意味着两端的底座不仅要在竖向上托起桥身，还必须提供横向的推力。正是这样的推力，牢牢抵抗住“拱”的变形，从而提高了拱桥的跨越能力。这是拱桥独特的优势，也是拱桥面临的挑战。

拱桥示意

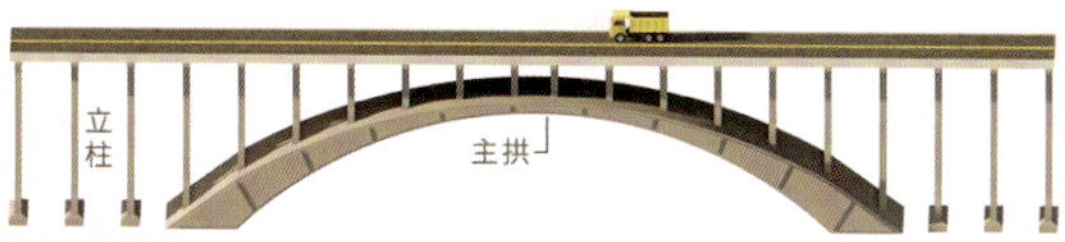

上承式拱桥

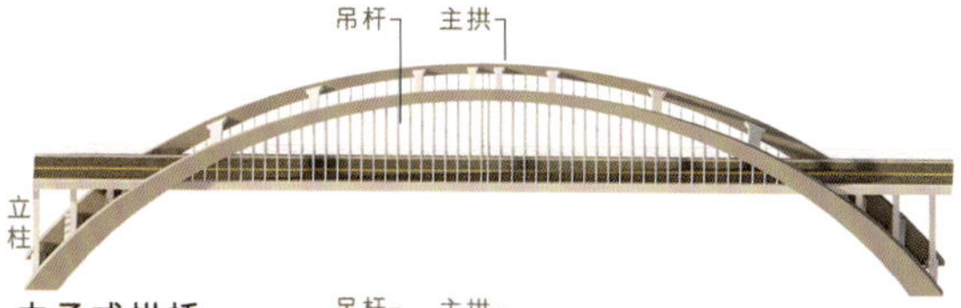

中承式拱桥

下承式拱桥

上图　南昆高铁上的南盘江特大桥 / 摄影　潘泉

南盘江特大桥位于云南省红河州弥勒市与文山州丘北县交界处，横跨南盘江。全长 852 米，主跨跨度达 416 米，桥面凌空高于江面 270 米，为客货共用的铁路上承式混凝土拱桥。

若遇上脆弱的岩石和松软的地基，两端底座便无法提供足够的支撑力。此时，为了满足桥梁跨度，工程师们只能尽量减轻桥梁自重，利用更加“骨感”的外形，以保持底座的稳定。例如由我国首创的混凝土桁（héng，桥梁界业内也读作 háng）架拱桥，其纤细的预应力混凝土骨架让桥身变得轻盈，最大跨度可达 330 米。不仅如此，在中承式和下承式拱桥中，工程师们还能在拱和梁的交点间固定一“系杆”，以其拉力代替两端底座的推力，是为“系杆拱”。而如果这些系杆足够“强硬”、不易弯折，甚至还能帮助拱结构共同承受桥面的荷载。但无论采取哪种方式，系杆的存在都能让拱桥的底座不再需要提供横向的推力，使之对地形的适应性大为提高。

随着混凝土拱桥达到跨度极限，一种新的拱桥后来居上。工程师们将混凝土填充在钢管中，令其获得一层“保护壳”，这会比普通混凝土更加坚固牢靠。同时，钢管本身便可作为施工骨架，不必另行搭建施工时的拱架和混凝土浇筑的模板，大大降低了拱桥的修建难度。于是，这种“N 全其美”的钢管混凝土拱桥，一时间成了拱桥圈的宠儿。更有甚者，以填充完毕的钢管为骨架，在外层再包裹混凝土，由此演变为一种“硬骨头拱桥”，即劲性骨架混凝土拱桥，如今这种拱桥的跨度已突破 400 米。

自 1993 年起，我国的粗钢产量跃居世界首位，桥梁建设逐渐走出了“舍不得用钢”的时代，钢拱桥随之崛起。它们可与桁架、刚构等多种结构进行组合，建造效率和跨越能力大幅提高，不仅创造了一个又一个工程奇迹，而且以其柔美的造型装点着一个又一个城市的风景。

如今，拱桥的跨度已达 575 米[1]，而接下来登场的角色，将帮助中国人突破 1000 米的跨度大关。

---

1. 位于广西平南县的平南三桥，是跨越浔江的一座特大桥，大桥全长 1035 米，主桥跨度 575 米，为世界最大跨度拱桥，已在 2020 年 12 月底建成通车。

左页图　武汉晴川桥 / 摄影　潘锐之

跨越汉江两岸的武汉晴川桥，主跨约 303 米，是一座下承式钢管混凝土系杆拱桥。系杆拱可以用拉力代替底座的推力，适用于地基较为松软的汉江两岸。

拱桥底座和系杆作用示意

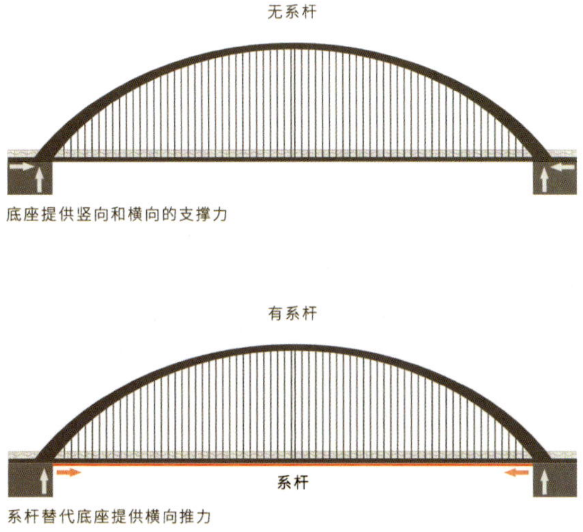

100

肆 钢铁琴弦

早在 20 世纪 80 年代末，上海浦东还没有林立的高楼，黄浦江两岸相隔近 400 米，摆渡是来往通行的唯一途径。随着上海的发展，修建一座跨江大桥成为大势所趋。然而在当时的中国，还从未有桥梁达到如此跨度。

即使艰难如此，同济大学的李国豪校长和项海帆教授依然力主自行建造这座“黄浦江第一桥”。项海帆教授在给上海市市长的信中写道：

> 上海是我国的东大门，黄浦江大桥应成为上海市的标志传名于世。建造黄浦江大桥不但是 1000 万上海人民的夙愿，也是上海桥梁工程界的梦想，在学校我们也一直以此激励桥梁专业的学生们。

于是在 1991 年，以不到日本团队提出的原方案一半的造价，上海南浦大桥正式建成通车，开启了我国自主建设超大跨度桥梁的先河。这座大桥的两端伫立着两座约 50 层楼高的高塔，两塔与桥面以 180 根钢索相连，如同一根根倾斜的钢铁琴弦，是为“斜拉桥”。

大桥建成两年后，原班人马再次操刀，又一座跨越黄浦江的大桥——杨浦大桥横空出世，其跨度超过 600 米，一跃成为当时世界斜拉桥之最，和南浦大桥堪称“一时双璧”。

左页上图　南浦大桥 / 摄影 张强
连接上海黄浦区与浦东新区的南浦大桥，于 1991 年通车，是一座双塔双索面斜拉桥，主跨跨度 423 米。

左页下图　杨浦大桥 / 摄影 张强
连接上海杨浦区与浦东新区的杨浦大桥，于 1993 年通车，是一座双塔双索面斜拉桥，主跨跨度 602 米。

斜拉桥示意

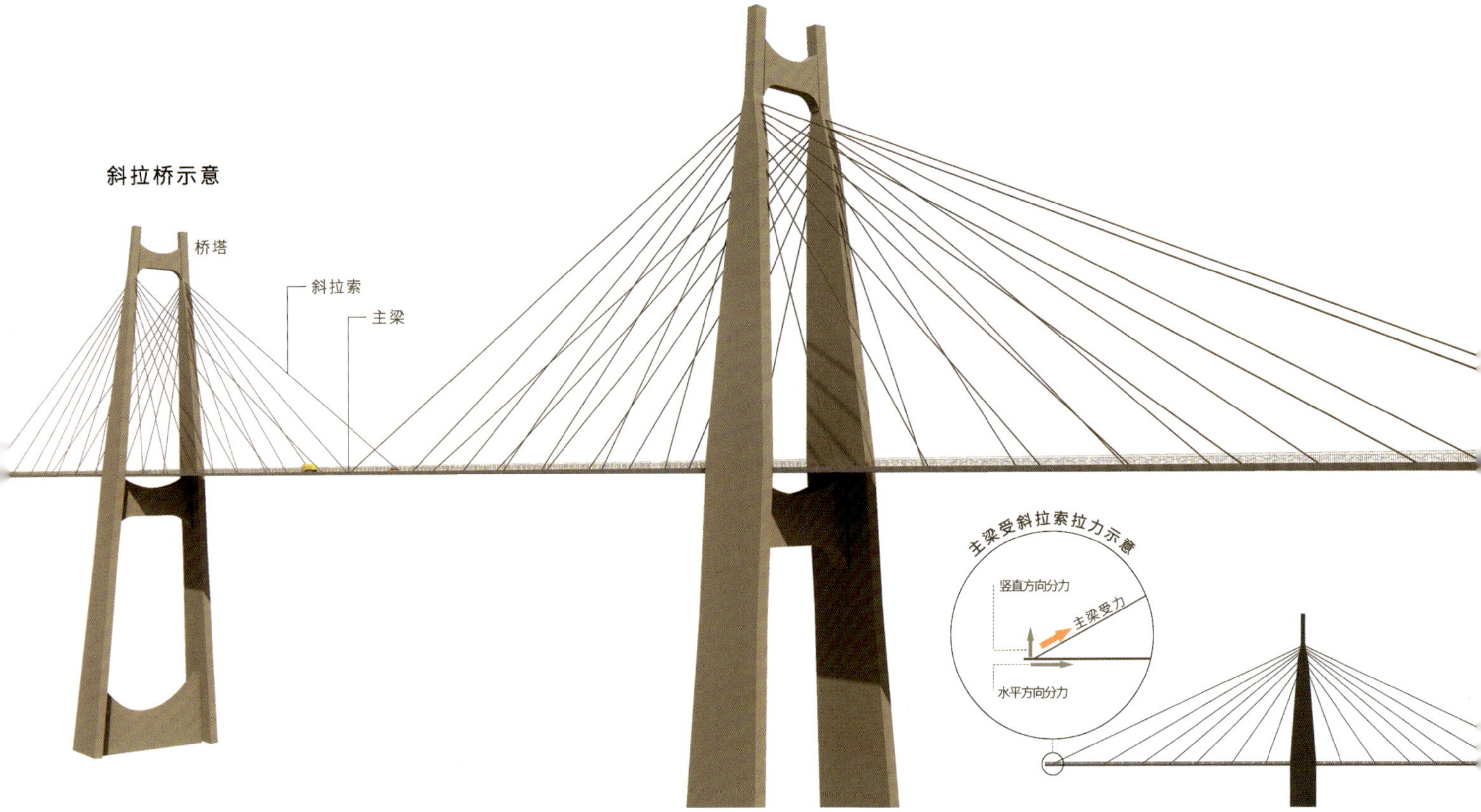

但对斜拉桥来说，这样的跨度仅仅是“牛刀小试”。由于根根拉索向上提拉，竭力阻止梁体向下弯曲，如同有了一个个“隐形桥墩”，极大地提高了桥梁的跨度潜力。加之工程材料和计算方法的革新，现代斜拉桥从诞生日起，仅用 50 余年时间，便完成了千米跨度的跨越 。[1]

不过，超大跨度的梁体也带来了巨大的自重，加上来往的车辆行人，以及猛烈的横风……这些荷载最终多由拉索向索塔传递，因此对斜拉桥而言，索塔至关重要，它必须格外稳定、格外坚固。不仅如此，索塔的配置也十分讲究，有时“一夫当关”，有时双塔并立，有时多塔排列……千姿百态的造型，彰显着大桥的艺术气质，堪称工程和艺术的完美融合。更重要的是，与生俱来的对称形态，让斜拉桥更容易实现“自锚”[2]。这在“无地可锚”的环境中独具优势，成为众多海湾大桥的符号。

1. 2020 年 7 月 1 日通车的沪苏通长江公铁大桥跨度 1092 米，是目前全国跨度最大的斜拉桥，也是世界首座跨度超千米的公铁两用斜拉桥。
2. 自锚是指拉索不需要额外锚碇，直接锚固在自身横梁上。

右页图　仙神河大桥 / 摄影 邓国晖
仙神河大桥位于晋豫两省交界的悬崖绝壁地段，是一座矮塔斜拉桥，桥墩高约 150 米，塔高 49 米。

然而，斜拉桥的跨度仍存在瓶颈。因为拉索角度倾斜，所以在竖直方向上提起横梁的同时，还必须沿着横梁产生水平方向的“分力”，称为“轴力”。当桥梁跨度延伸时，拉索势必增加，横梁承受的轴力也将逐渐累积，最终导致梁体不堪重负。

雪上加霜的是，当拉索越来越长、越来越倾斜时，巨大的自重将令其自身弯曲下垂，导致其难以拉起巨大的梁体。加之横风的影响和建造成本的限制，斜拉桥会逐渐达到跨度极限，可谓“成也斜拉索，败也斜拉索”。而要向 2000 米跨度发起冲击，只能指望最后一位选手。

钱塘江大潮涌向嘉绍大桥 / 摄影 潘劲草

嘉绍大桥是连接嘉兴海宁市与绍兴上虞区的过江通道，跨越杭州湾，全长 10.137 千米。主航道桥最大跨度为 428 米。

伍 跨度王者

我国西南地区，地形崎岖，河谷纵横，现代桥梁出现以前，人们只能依靠原始而简易的方式跨越障碍。最“简陋”时，只有一根孤独的溜索，略为“先进”的，则是索桥或吊桥。它们的建造者和使用者一定都想象不到，这种桥梁类型会在今天达到1700米的跨度[1]，成为桥梁界的王者，这就是现代悬索桥。高耸的桥塔、弯曲的主索、坚实的锚碇，组成了它最基本的承重体系，也是它最鲜明的外形特征。

和古老的索桥不同，现代悬索桥拥有格外坚韧的主缆。以位于贵州的坝陵河大桥为例，其主缆以直径5.20毫米的高强钢丝为基本材料，91根为一束，208束为一缆，双缆并行，足以承载近万吨的钢梁。

1. 这里采用的是我国目前跨度最大的悬索桥武汉杨泗港长江大桥的数据，其主跨跨度为1700米。在世界范围内，日本明石海峡大桥是目前跨度最大的悬索桥，为1991米，是连接兵库县神户市与淡路市的跨海大桥。

下图　建设中的沪昆高速坝陵河大桥 / 摄影　李贵云

位于贵州安顺的沪昆高速坝陵河大桥，矗立在坝陵河水道之上。其主跨跨度达到1088米，主桥采用双塔单跨钢桁架悬索桥，主缆由208股高强度钢丝构成，能够承载万吨以上钢梁。

右页下图　建成通车的沪昆高速坝陵河大桥 / 摄影　李贵云

悬索桥示意

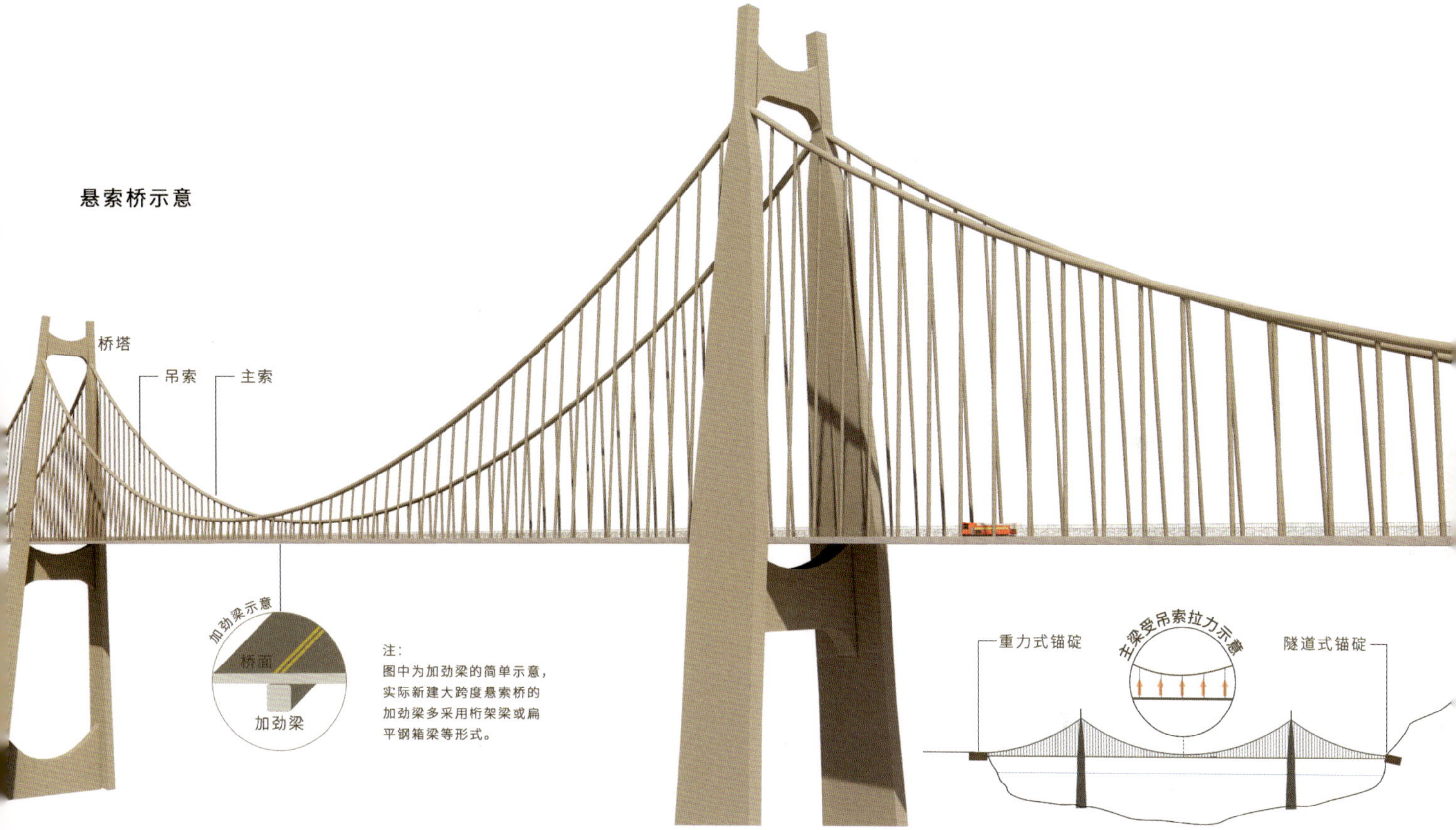

桥塔
吊索
主索
加劲梁示意
桥面
加劲梁
注：
图中为加劲梁的简单示意，
实际新建大跨度悬索桥的
加劲梁多采用桁架梁或扁
平钢箱梁等形式。
重力式锚碇
主梁受吊索拉力示意
隧道式锚碇

相比巨大的梁体，桥上车马行人的载重显得微不足道，因此桥面不再因外力而上下波动，颠簸晃荡的索桥成为历史。即便主梁跨度较小、自重较轻，桥面载重不能被忽略，工程师们通过加设“加劲梁”，便能避免梁体上下弯曲。

尽管悬索桥和斜拉桥都是索桥，但悬索桥的吊索垂直于桥面，无论其跨度多大，都不会产生挤压梁体的水平轴力。根据学者们的推算，悬索桥的跨度至少能达到 5000 米，实在令人咋舌。正因为有这种跨越的能力，在今天，无论是大江大河，还是高山峡谷，抑或是岛屿海峡……许多难以逾越的天险都被悬索桥一一征服。

左图　狮子洋上的“竖琴”/摄影 涂涛

图中的“竖琴”是南沙大桥的巨大悬索。南沙大桥原称“虎门二桥”，是一座连接广州市南沙区与东莞市沙田镇的跨海大桥，位于珠江狮子洋之上。南沙大桥设计全长 12.89 千米，建有大沙水道桥、坭洲水道桥两座跨度超千米的悬索桥。

110

回顾中国桥梁的建造历史，我们曾领先于世界，也曾落后于他人。虽然充满坎坷和波折，科学家和工程师们却从未停下脚步。近百年来，他们不断突破地理、地质、技术、成本等条件限制，即便在一穷二白的年代里，也能创造出新的技术，实现一次又一次跨越。

正因如此，今天的中国大地上，仅公路桥梁就已超过 91 万座，高铁桥梁达 1 万余座。它们跨越高山大川，连通城镇村庄，共同组成了一座广袤国土上的“桥梁博物馆”。

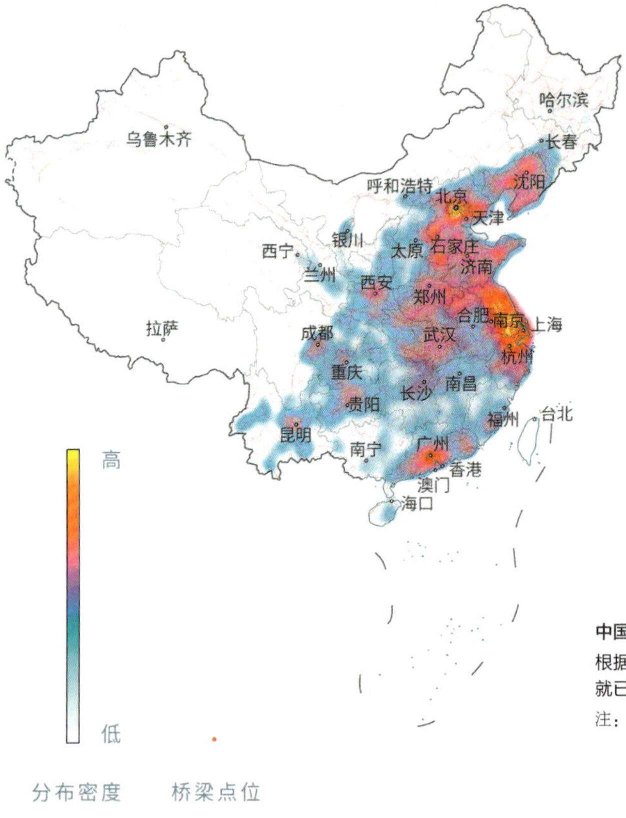

中国公路桥梁分布

根据《2020 年交通运输行业发展统计公报》，截至 2020 年年底，我国仅公路桥梁就已达到 91 万多座，桥梁也已成为中国建造的亮丽名片。

注：港澳台数据暂缺。

南京长江大桥 / 摄影 方飞

南京长江大桥是我国自行设计、施工的第一座跨越长江的铁路、公路两用桥梁，建成于 1968 年，开创了中国人民依靠自己的力量建设大型桥梁的新纪元。大桥正桥共有 9 墩 10 孔，最大跨度 160 米。

52328888

悬臂梁桥
T型刚构桥

⑤ 悬索桥

拥有与古老的“吊桥”和“索桥”类似的结构形式，但如今已是跨越能力最强的现代桥梁，最大跨度接近2000米。连接各桥塔的巨大主索是其主要的承重结构，主梁则通过吊索“悬挂”在主索之下。

伟大的领袖毛主席万岁

五种主要桥型各有优势和特点，实际中还可以通过不同结构形式的相互组合形成组合体系桥梁，以适用于各种各样的需求场景。

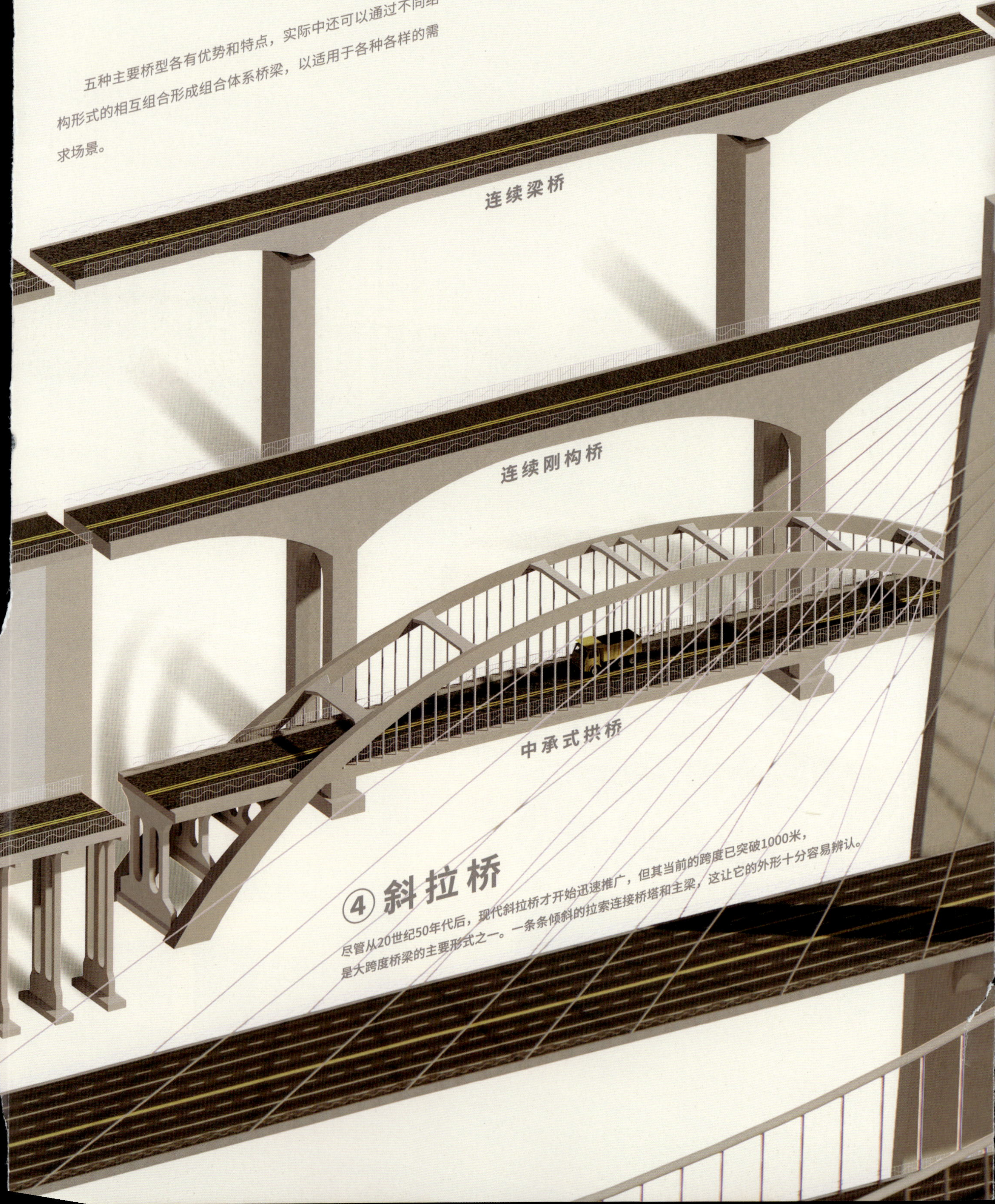

④斜拉桥

尽管从20世纪50年代后，现代斜拉桥才开始迅速推广，但其当前的跨度已突破1000米，是大跨度桥梁的主要形式之一。一条条倾斜的拉索连接桥塔和主梁，这让它的外形十分容易辨认。

现代桥梁家族

参考文献：项海帆等《中国桥梁史纲》、万明坤等《桥梁漫笔》

根据受力特点的不同，现代桥梁主要有五种基本桥型：梁桥（梁式桥）、刚构桥、拱桥（拱式桥）、斜拉桥和悬索桥。

其中，梁桥、拱桥和悬索桥的结构形式，在古代桥梁中就得到了广泛应用。而斜拉桥和刚构桥，则是由于工程材料、计算方法和施工技术等方面的进步，逐渐发展起来的。

① 梁桥

梁桥是现代桥梁形式中历史最悠久的桥型，在史前时期便已有木梁桥的应用。现代梁桥一般在桥墩上设有支座支撑梁体，由于结构简单、施工方便，至今仍是使用最广泛的桥型。

② 刚构桥

刚构桥的外形和梁桥十分相似，但实际上桥墩和梁体间不再设置支座，而是连接为一个整体，因此这种桥型的实际受力情况与梁桥有明显不同。

③ 拱桥

拱桥同样是一种较为古老的桥型，以其独有的“拱结构”作为主要的承重体系。实际使用中既可以单拱一跨而过，也可以多拱相连，不仅具备一定的跨越能力，外观也十分多样美观。

军民团结如一人，试看天下谁能敌？

③1

隧道

中国人的穿山之路

放眼全中国

在 960 多万平方千米的陆地国土之上

有超过 3.8 万条、总长超过赤道的隧道日夜通行[1]

为南来北往、东西穿梭的客货洪流

构建起超级通道网

目前

中国的隧道总里程高居世界第一

从黄土高原，到太行山区

从青藏高原，到天山山脉

隧道正改变着这个山区约占 2/3 国土面积的国家

中国人究竟是如何挖穿这一条条山岭的?

1. 此篇仅讨论山区中的铁路和公路隧道，不涉及城市隧道和水下隧道。

京通铁路穿过古北口卧虎山长城下的隧道 / 摄影 赵斌

京通铁路沿燕山南麓出古北口长城，过燕山腹地，隧道密集，连通北京和内蒙古通辽，是沟通华北和东北铁路网的干线之一。铁路穿过崇山峻岭的燕山山脉时，需要在群山间的隧道中穿梭。

中国公路隧道和部分铁路隧道分布

截至 2020 年年底，我国公路隧道达 2 万多条，铁路隧道也有 1.6 万多条。从分布区域上看，公路隧道集中分布于我国第二、三级阶梯相接处及西南和东南地区。随着经济的发展及隧道修筑技术的提升，隧道也在不断向山区和边疆地区开凿。从 1980 年至 2020 年的 40 年间，我国共建成 12412 条铁路隧道，占我国铁路隧道总长度的 90%。

注：港澳台数据暂缺。

西山隧道 13.65千米（太古高速公路）
云山隧道 11.39千米（和汾高速公路）
宝塔山隧道 10.48千米（东吕高速公路）
虹梯关隧道 13.1千米（长平高速公路）
木寨岭隧道 15.2千米（G75渭源—武都段）
麦积山隧道 12.3千米（连霍高速公路）
秦岭终南山隧道 18.02千米（包茂高速公路）
包家山隧道 11.2千米（包茂高速公路）
米仓山隧道 13.8千米（巴陕高速公路）
狮子坪隧道 13.15千米（G4217汶川—马尔康段）
新二郎山隧道 13.46千米（雅康高速公路）
泥巴山隧道 10千米（京昆高速公路）
锦屏山隧道 17.5千米（锦屏水电站联络线）
老营隧道 11.5千米（保泸高速公路）
哈尔滨
长春
沈阳
呼和浩特
北京
天津
石家庄
太原
济南
郑州
合肥
南京
上海
武汉
杭州
南昌
长沙
福州
台北
广州
香港
澳门
海口
南宁
广州
香港
澳门
海口

壹 隧道的诞生

在中国大地上，隧道或傍山而过，其上方构筑顶棚，形成“明洞”；或挂于峭壁，每隔一段开出“天窗”，形成挂壁公路；或沿山坡盘旋，时而钻入山中，时而出露于外，形成盘山道。但更多时候，隧道隐伏于山体之中，只露出窄窄的出入口——洞门。

一般的洞门墙体直立，造型粗犷。“豪华”的洞门则是在两侧增设立柱，形成柱式洞门，美观且稳定性更强。而与环境融合得最好的是削竹式洞门，它好似竹竿被斜切一刀留下的截面，造型干净利落。

还有一种洞门的造型更为独特，它多分布在高铁隧道的洞口，形似向外敞开的喇叭口。通常情况下，当列车高速通过隧道时，被推挤的气流产生强烈的冲击压，会引发噪声，还会让乘客身体不适，而喇叭口状洞门则能够缓冲气压，减轻气压变化带来的影响。

右图　新疆赛里木湖公路隧道 / 摄影 沈龙泉

该隧道位于新疆赛里木湖南，是 G30 连霍高速的重要节点。它分为左右两线，左线长 1802 米，右线长 1827 米，建成时成为新疆最长的高速公路隧道。隧道洞口为削竹式，造型美观，与周围环境融合较好。

经由洞门进入隧道内部，里面则是畅通无阻的通道。无论里面是漆黑一片，还是灯火通明，它们都经历了数次“变身”。

第一次变身，即人们通过凿孔爆破和挖掘，凿出一条通道。比如，拥有数条“手臂”的凿岩台车，在洞内钻凿孔眼以安放炸药。而精密控制的“爆破”，可以按照预设的方向和形状炸开岩体。

“爆破”开挖之后，岩体出现空洞，地层进入不稳定状态，随时可能出现塌方，于是第二次变身立即开启，即进行隧道安全支护。在过去，人们使用木材或者钢材来支撑施工中的隧道。后来，人们发明了新工艺。先是在隧道岩体中打入锚杆，接着布设一圈钢筋网，最后喷射一层混凝土，如此便可以控制四周岩体的变形，从而起到支护作用。[1] 20世纪70年代，这种方法开始传入中国，在隧道建设中被广泛使用。当然，在挖空的隧道内，除了要稳定岩石结构，还需要布设一道隔水层用于防水。

最后是第三次变身。人们在隧道内架起一辆“模板车”，进而在岩壁与“模板车”之间灌注混凝土，有如在模具中浇铸金属一般。其作用是，在加固支护的同时，还能保证壁面整齐平顺，这便是“二次衬砌”。若再辅以通风、照明等必要设施，一条隧道的雏形便开始出现。

隧道连接起大山两侧的世界，促进了两头的沟通和交流。以20世纪50年代修建的宝成铁路为例，它北接陕西宝鸡，南连天府成都，是沟通了西北与西南的第一条铁路干线。全线80%的路段是崇山峻岭，借助304条隧道，这条铁路才得以穿越秦巴山地，改变了“蜀道难”的局面。

但是，受当时工程技术的限制，宝成铁路沿线的隧道长度大多短于1000米，最长的隧道也不过2300米，一条接一条的短小隧道组成了密集的隧道群，列车只能在隧道与展线[2]组成的“盘山铁路”上缓慢爬升，运行速度和运输效率受到严重限制。

所以，我们需要更长，甚至超长的隧道。

---

1. 这种隧道施工办法由奥地利学者拉布塞维奇首次提出，后来被国际土力学及基础工程会议正式命名为新奥地利隧道施工方法，简称“新奥法”。
2. 列车为了爬升至预定高程，常通过延长线路以实现缓慢爬坡的目的，这样的铁路被称为“展线”。

右页上图　白罗山隧道中的梯架式凿岩台车 / 摄影 牛樂健

白罗山隧道是杭绍台城际铁路的一部分，全长近10千米。通过梯架式凿岩台车的钻机钻孔、置放炸药、“爆破”，就能按照预定的形状和方向在坚硬的岩体中开凿隧道。

右页下图　冉家湾隧道二号斜井 / 摄影 李昌华

冉家湾隧道为成昆铁路复线米攀段穿过的隧道，位于攀枝花市仁和区，全长12754米（双线隧道），最大埋深612米。图为完成安全支护的隧道斜井。

贰 长、更长、超长

20 世纪 50 年代，当时中国最长的铁路隧道是凉风垭隧道，全长 4270 米。到 20 世纪 60 年代，驿马岭铁路隧道突破 7000 米。1988 年，超过 1.4 万米长的大瑶山隧道正式通车，成为中国第一条万米长铁路隧道，也曾是中国最长的双线电气化铁路隧道。进入 21 世纪，乌鞘岭隧道的长度突破 2 万米。

到 2020 年年底，中国投入运营的铁路隧道约有 1.7 万条，总里程约 2 万千米，同时单条隧道的长度已经突破 3.2 万米。公路隧道也已超过 2.1 万条，总里程约 2.2 万千米。其中秦岭终南山公路隧道长约 1.8 万米，是目前我国最长的公路隧道。

长隧道和特长隧道的出现[1]，让原本弯弯绕绕的山路得以“拉直”，人们不再需要大量盘山公路和展线，可以直接从山脚一洞贯穿。以青藏铁路为例，20 世纪 70 年代为了翻越关角山，列车需要先通过展线爬升 600 米，才能通过海拔近 3700 米的老关角隧道，再盘山而下，用时需 2 小时。2014 年，一条全长 32 千米的特长隧道贯通关角山，列车仅需 20 分钟便可穿过。

---

1. 根据《公路工程技术标准》（JTG B01—2014），公路隧道按照长度可以分为：≤ 500 米的隧道为短隧道，500 ~ 1000 米的隧道为中长隧道，1000 ~ 3000 米的隧道为长隧道，＞ 3000 米的隧道为特长隧道；根据《铁路隧道设计规范》（TB 10003—2016），铁路隧道按照长度可以分为：≤ 500 米的隧道为短隧道，500 ~ 3000 米的隧道为中长隧道，3000 ~ 10000 米的隧道为长隧道，＞ 10000 米的隧道为特长隧道。

青藏铁路新老关角隧道线路对比

秦岭终南山隧道群 / 摄影 魏炜

自左至右分别是引乾济石调水隧洞、秦岭终南山公路隧道和西康铁路秦岭隧道。秦岭终南山公路隧道是陕西的一条连接西安市与商洛市的穿山通道。它利用既有铁路隧道为平行导坑，长隧短打，同时利用本隧道为平行导坑修建引水隧洞，实现了铁路、公路、水利三个行业综合利用。

这些长隧道、特长隧道是如何修建的呢?

一般的隧道会从两端向中间同时掘进，但对于长隧道而言，这种方法会使效率变得非常低下。于是，人们将长隧道分割为若干短隧道，在多个点位同时施工，这便是“长隧短打”。例如，在山谷的一侧寻找距离隧道较近的地表位置，横向开挖一个施工洞，即横洞。一部分施工人员和设备由此进入主洞，开辟出新战场。

当隧道的埋深较浅时，就在隧道上方地层较薄处开挖与地面连通的坑道。若坑道沿着斜上方延伸，是为“斜井”；若坑道沿着竖直方向延伸，是为“竖井”。

有了横洞、斜井和竖井，隧道的施工面增加，可同时多点作业，挖掘效率显著提高。当出现更为复杂的情况时，一个更加高明的帮手 —— 平行导坑挺身而出。

顾名思义，这是一个与主洞平行的先导洞。它先于主洞开挖，既可以为主洞探明前方的地质情况，又能利用横向通道和主洞连接。每条横向通道可以增辟两个作业面，极大地加快施工进度。在个别情况下，一些平行导坑会成功“转正”，通过拓宽和砌筑，成为一条真正的隧道。比如连接西安与安康的西康铁路上的秦岭Ⅱ线隧道，便是由平行导坑“转正”而来。通过以上种种方式，众多的长隧道终于有了建设的可能。

不过，中国的地质条件如此复杂，地下工作环境常出现预料之外的难题，隧道建设者必须想尽一切办法来破除更大的难关。

右页图　雀儿山隧道的平行导坑洞口与主洞口同框 / 摄影　杨奎
图上左侧洞口为平行导坑洞口，右侧为主洞洞口。雀儿山隧道是连接甘孜县和德格县的公路隧道，全长 7079 米。

隧道常用辅助坑道结构示意

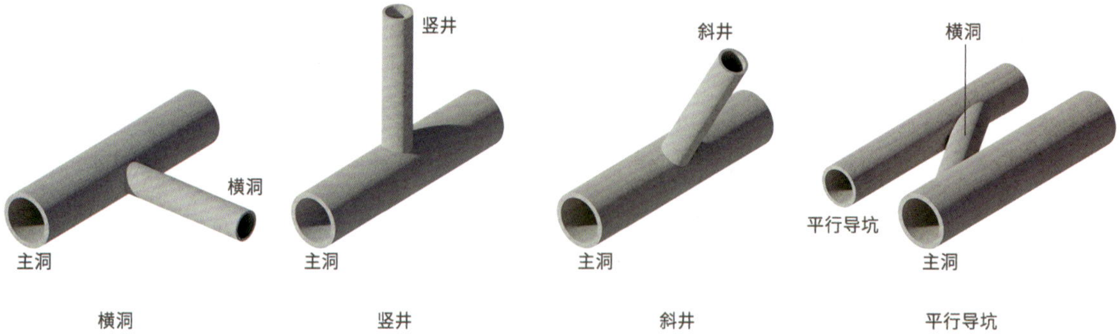

雀儿山隧道
40
隧道维修
车辆慢行

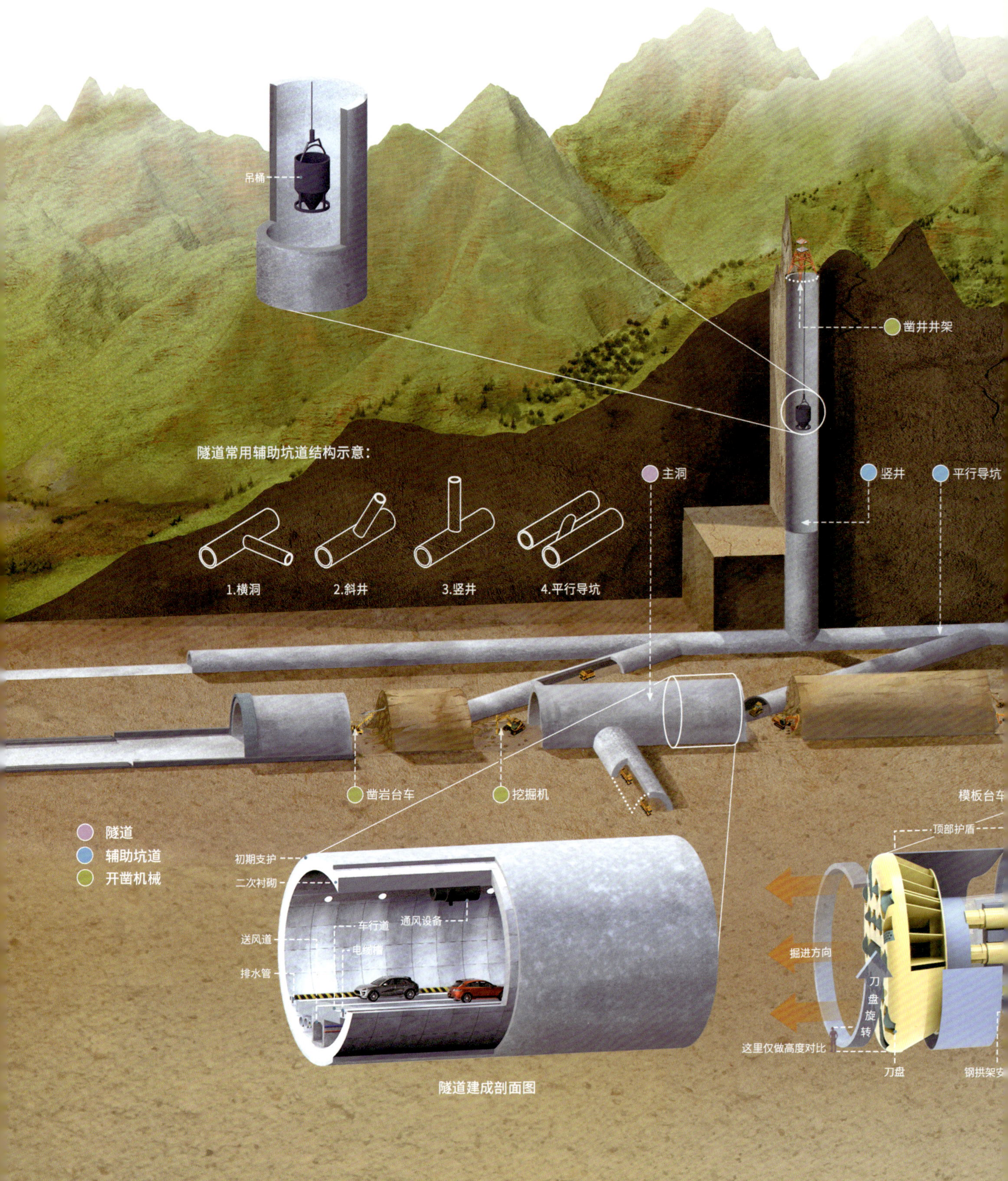

吊桶
凿井井架
隧道常用辅助坑道结构示意：
1.横洞
2.斜井
3.竖井
4.平行导坑
主洞
竖井
平行导坑
凿岩台车
挖掘机
模板台车
顶部护盾
隧道
辅助坑道
开凿机械
初期支护
二次衬砌
车行道
通风设备
送风道
电缆槽
排水管
掘进方向
刀盘旋转
这里仅做高度对比
刀盘
钢拱架安
隧道建成剖面图

隧道开凿图解

鸟瞰图
图示范围
平行导坑
主洞
横洞
硬岩掘进机（TBM）
岩渣输送机
推进液压缸
撑靴
后部支撑
锚杆钻机
硬岩掘进机工作示意图
1.刀盘掘进
2.排出岩渣

叁 难关

2008 年 8 月 8 日，举世瞩目的北京奥运会开幕；千里之外的澜沧江畔，名不见经传的大柱山隧道恰巧也在这天开工。它全长 14.5 千米，位于云南大理至瑞丽的铁路线上，原定工期 5 年半，但工程的难度远远超出预期。工期只能一延再延，直到 2020 年 4 月 28 日才得以贯通。

12 年的时间，消磨了许多工程建设人员的青春。大柱山隧道只是中国隧道艰苦建设的一个缩影。放眼整个中国，多样的地形、多变的地貌、复杂的地质成因……各种各样的难题等待着隧道建设者们去克服。

在黄土高原，地表残破，沟谷纵横，黄土质地松软，极易垮塌，受水浸湿后，还会发生下沉。2005 年，连接郑州和西安的郑西高铁动工，沿线必须多次穿越黄土地层。按照线路规划，位于河南三门峡的张茅隧道是全线最长的隧道，预计最大开挖断面超过 160 平方米，是全球横断面最大的黄土隧道。

想要在松软的黄土中进行大断面隧道施工，必须想尽办法减轻扰动，避免隧道垮塌。为此，建设者们采用了一种独特方式，将断面自上而下分为三个台阶，按七个施工面进行有序开挖，这种开挖方式即“三台阶七步开挖法”。

右页下图　列车穿过黄土高原的隧道 / 摄影 张一飞

黄土高原经流水长期侵蚀，逐渐形成千沟万壑、地形支离破碎的自然景观。黄土地貌区，隧道围岩软弱，易造成渗水、滑坡、坍塌等，这些是在黄土高原地区修建隧道所需攻克的难题。

三台阶七步开挖法示意

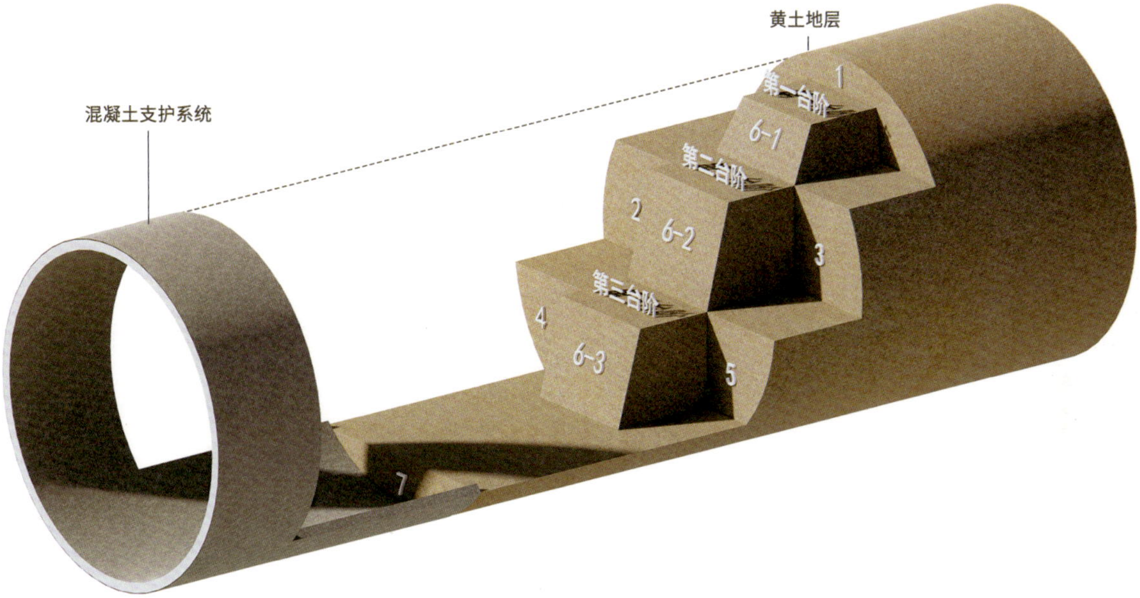

在南方喀斯特地区，广泛分布着碳酸盐岩地层。在长年累月的溶蚀下，大地变得支离破碎。峰峦起伏的地下，溶洞丛生，暗河交错。这些壮美的景观同样是隧道工程的大敌，所以在施工遇到溶洞、暗河时，涌水、涌泥现象屡见不鲜。以位于湖南郴州的南岭隧道为例，隧道沿线的溶洞密集成网，施工中涌水、涌泥多达 24 次。其中一处溶洞内涌出的泥浆超过 8000 立方米，将隧道堵塞 177 米长。

有时隧道遇有大溶洞，则需要进行跨越处理。以川黔铁路的虾子河隧道为例，为了通过一个巨大的溶洞，建设者们只好在溶洞内架设起一座长达 27.7 米的桥梁，“洞中建桥”可谓超越想象。

在青藏高原，平均海拔超过 4000 米，高寒缺氧，气候恶劣。隧道结构中的水分会在低温时固结成冰，体积膨胀。而随着气温升高，冰化成水，会导致地层塌缩，这便是冻融作用。循环往复的冻融作用，增加了隧道结构开裂的风险。因此，在高原隧道建设中，防水措施尤为重要。同时，为减小环境温度对隧道的影响，还会增设保温层。

2002 年贯通的昆仑山隧道地处海拔 4600 多米的多年冻土区，是世界最长的高原冻土隧道，也是青藏铁路格尔木至拉萨段最长的隧道。为了适应高寒区的环境要求，专家和建设者们不断进行试验，全长仅有 1686 米的隧道历时一年才终于贯通。

左页上图　高铁穿过桂林喀斯特峰林中的隧道 / 摄影　卢敏

我国是一个多山、多喀斯特地貌的国家，喀斯特地貌问题是山区隧道建设中的关键问题之一，建设者攻坚克难、科学施工，在山岭奇峻、地质复杂的地区攻克一个个难题，凿出一条条通道。

左页下图　雪山一号隧道 / 摄影　刘瑞

位于 G0615 德马高速青海玛沁段的雪山一号隧道，平均海拔超过 4400 米，是世界上海拔最高的高速公路隧道。它穿越大面积的季节性冻土层和永久冻土层，施工人员采用了“混凝土抗冻融”“三次衬砌”等特殊工艺，成功破解冻土隧道施工的难题。

相较于集中分布的黄土、岩溶、冻土等地质条件，各种规模的断层才是隧道施工中最常见的难题。尤其是断层发育且地下水丰富的地区，其岩层破碎，极易透水，施工难度极大，人称“烂洞子”。

以大柱山隧道为例，隧道全线需要穿越 6 条主要断层，其中在燕子窝断层的核心地段，仅 156 米的距离就耗时长达 26 个月，平均每天仅能掘进 20 厘米。在整个隧道的施工期间，抽水工作从未间断。源源不断的水流从洞口流出，在半山腰造出了一条人工瀑布。

复杂的地质条件使得洞内工程施工技术面临挑战，而洞内恶劣的工作环境同样考验着建设者。比如，在煤层、油页岩等含瓦斯地层施工时，必须借助通风设备，稀释隧道内的瓦斯浓度。当隧道越挖越深时，洞内的空气越发稀薄，再加上施工、运输等产生的粉尘，隧道内的通风设备就必不可少。有个别隧道，由于隧道线路穿过高地温区域，洞内异常的高温条件给施工增添了新的麻烦。例如，川藏铁路线中的桑珠岭隧道，洞内温度可达 89.3℃，建设者们必须借助冰块来降温。

想要在中国的山地修建隧道，凡此种种，不可避免。人们唯一能做的便是“兵来将挡，水来土掩”。

为了突破重重难关，工程师们不断革新技术，研制新设备，其中值得一提的当属隧道掘进机（TBM）。它如同巨型怪兽，长达数百米，一个标准足球场都无法将其安放。当其作业时，它会通过旋转坚固的爪子（刀盘）挖掘前方岩石。相较其他机械，它的掘进速度大幅提升，是目前机械化程度最高的隧道挖掘设备。目前，中国自主研发了“月城凉山号”“彩云号”等隧道掘进机，越来越多的自主化设备成为中国隧道工程的有力武器。

右页上图　大瑞铁路大柱山隧道平行导坑洞口的瀑布 / 摄影　赵子忠

由于地质条件过于复杂，大柱山隧道于 2008 年开工建设，直到 2020 年才完全贯通。频繁的涌水、突泥等灾害，让排水成为隧道建设的重要工作，巨量的水从平行导坑中流出，如同一道瀑布。

右页下图　“月城凉山号”TBM（全断面岩石隧道掘进机）在大凉山 1 号隧道施工 / 供图　中国铁建

“月城凉山号”国内首台应用于高速公路辅助施工的 TBM，其开挖直径达 7.93 米，整机长度为 176 米，因其工作地点在四川西昌，西昌自古便有月亮城的别称，故而得名“月城凉山号”。

这就是中国人的穿山之路，凝聚着无数工程师的智慧，凝结了无数建设者的辛劳。

在广袤的中华大地上，隧道与高山同框，与江河为伴，与长城共舞，帮助我们突破地理的限制，快速地连接中国的各个角落。

2010 年，嘎隆拉隧道成功贯通，墨脱公路（西藏波密县扎木镇至墨脱县）控制性工程就此打开墨脱之门。3 年后，墨脱公路通车，结束了墨脱县对外无公路的历史。目前在建的亚洲第一长铁路隧道——高黎贡山隧道，全长 34.5 千米，建成后大理至瑞丽的通行时间将缩短一半以上。

2020 年 9 月底，川藏铁路全线获批，21 座 4000 米以上的雪山沿线分布。其中雅安至林芝段，规划修建 72 条隧道，隧道总长 838 千米，约占该段全长的 83%。川藏铁路有如穿梭横断山区和青藏高原的“地铁”，未来将成为继青藏铁路之后的第二条进藏“天路”。

就这样，超过 4 万千米长的隧道在这片土地上纵横穿梭，未来隧道的长度还将继续增长。若干年后，我们回顾历史，一定会记起中国隧道建设的这个黄金时代。

数十年如火如荼的隧道建设，连接了这个国家，连接了 14 亿人民，也连接了现在与未来。

左图　京原线（北京至山西原平）上的货运列车正在通过十渡二号隧道 / 摄影　王伟光

十渡站位于北京市房山区十渡镇十渡村，十渡二号隧道开凿在十渡站东侧绝壁上，总长 59 米，为京原铁路最短的穿山隧道。

④1

进藏之路

此路只应天上有

在中国

有一种公路叫“天路”

它们沿途海拔极高

仿佛可以与天相接

截至 2020 年年底

我国公路里程已达 519.81 万千米

几乎能绕赤道 130 圈[1]

但其中能被称为“天路”的少之又少

且大部分集中于青藏高原

这里平均海拔超过 4000 米

气候寒冷，空气稀薄，地质复杂

注定每一条道路的修筑都是困难重重

1. 根据交通运输部《2020 年交通运输行业发展统计公报》，2020 年年末全国公路总里程为 519.81 万千米。赤道周长约为 40076 千米。

西藏阿里日土县通向班公错的公路 / 摄影　向文军

公路曲折如同登天之梯，也有人叫它“大地的心跳”。

壹 上天入地

1950 年的中国，持续一百多年的纷乱刚刚平息，边疆亟待建立全新的防线。此时的西部边疆，只有西藏还未解放。为此，人民解放军整装待发，准备进驻西藏。

但自古以来，通向西藏的道路艰险异常，近代著名地理学家白眉初于 1930 年在《西藏始末纪要》中写道：

> 乱石纵横，人马路绝，艰险万状，不可名态。

正因如此，不仅军队难以进入，粮草也难以供应。为了有充足的力量保卫边防，一条入藏公路的建设迫在眉睫。

于是，在毛主席“一面进军，一面修路”的指示下，“入藏第一路”正式开工。这一修就是整整 4 年，最终 2255 千米的道路于 1954 年全线贯通，时称“康藏公路”。

康藏公路东起时属西康省的雅安，西至西藏拉萨，一头是海拔几百米的人间天府，一头是海拔超过 3600 米的高原日光城。然而，自东向西进入西藏，数千米的高差并非最大的阻碍，纵贯南北的横断山才是真正的天堑。

下图　大雪山脉 / 摄影 姜曦

大雪山脉是横断山脉东列山脉之一，南北延伸 400 多千米，呈南北走向，由北向南有党岭山、折多山、贡嘎山、紫眉山等。

左页上图　二郎山垭口 / 摄影 邹滔

站在二郎山垭口，远处是挺拔的雪山，眼下是不见底的河谷，二郎山是康藏公路需要翻越的第一座高山。

左页下图　雀儿山盘山公路 / 摄影 张明

雀儿山位于四川甘孜，属于横断山区沙鲁里山脉北段。雀儿山山口海拔 5050 米，是原康藏公路的最高点（此段现为川藏北线 317 国道）。

位于我国西南地区的横断山区，相邻山脉主脊线的平均距离仅有约 100 千米，海拔 3500 米以上的高山和极高山更是占总面积的 73%，密集的高山峡谷如同大地的褶皱一般，“横断”了东西方向的交通。

即便在横断山区的东部边缘，还有海拔 3437 米的二郎山耸立于此，与其山脚下天全县的高差达到近 2500 米，这远比大名鼎鼎的五岳巍峨，堪称康藏公路上的第一道关卡。不过，这仅仅是康藏公路的“开胃小菜”。翻越二郎山后，公路将到达海拔 1321 米的泸定县，随后再直上海拔 4298 米的折多山口，这才正式来到崇山峻岭的世界。

康藏公路全程最艰险之处莫过于雀儿山山口，这里海拔 5050 米，是康藏公路的最高点，空气稀薄，白雪皑皑，冬季气温可降至 −20℃到 −30℃。70 年前的筑路部队用了近三个月的时间才得以辟出山路，越过山口。抵达雀儿山时，康藏公路已翻越 600 余千米的山岭。而在接下来的里程中，便是海拔 4000 多米的业拉山口和安久拉山口。

在横断山区的重重山脉间，还有 6 条大江穿行其中，流水侵蚀，千沟万壑。在沙鲁里山和芒康山之间，金沙江声势浩大，逶迤南行，康藏公路行至谷底方能跨江而过。在他念他翁山和伯舒拉岭之间，怒江奔腾咆哮，峡谷幽深，水流湍急。约 70 年前，为了架桥跨江，施工队与湍急的水流奋战近 4 天，才将施工便桥的钢索送到对岸。

从山口到河谷，两者的高差可达数千米。在没有穿山隧道的年代，康藏公路只能“贴地而行”，沿着山势曲折盘旋，随着海拔或升或降，在横断山区“上天入地”。

然而，即便驶出横断山区，康藏公路的艰难之途也并未结束。

1952 年，当康藏公路修至西藏昌都时，它并没有继续西进，而是转头向南，选择了经波密、林芝抵达拉萨的路线。虽然南部气候温和，便于就地取材和施工，但这意味着公路要翻越海拔 4728 米的色季拉山口，以及海拔 5013 米的米拉山口，还要经过多个地震区和不良地质地段。

在当时，做出这个决定十分艰难。但为了惠及更多人，为了靠近边防和巩固国防，经贺龙、刘伯承、彭德怀、邓小平、毛泽东等人的层层批复，才最终确定了康藏公路的路线，并在 1954 年年底正式通车。

康藏公路通车的第二年，西康省被撤销，公路之名便被改为“川藏公路”，起点也从雅安变更为成都。紧接着，川藏公路南线建设的大幕轰轰烈烈地拉开。南线道路不再向北绕行，而是从雅安持续向西，在雅江县跨越大江，在理塘县翻越高山，经竹巴龙大桥进入西藏，最后在邦达与康藏老路会合，同线通往拉萨。

左页图 从索松村远眺南迦巴瓦峰 / 摄影 高一蒙

索松村位于雅鲁藏布江的河谷中，为西藏林芝米林县下辖的一个自然村。这里不仅有桃花美景，还可以远眺南迦巴瓦峰。处在藏南河谷中的索松村，受印度洋暖湿气流影响，气候相对温暖湿润，植物繁茂，以桃花闻名。

下图 南迦巴瓦峰和色季拉山口公路 / 摄影 贾纪谦

色季拉山属念青唐古拉山脉，是西藏林芝县东部与中西部的分界带。色季拉山口海拔 4728 米，川藏南线经过此山口，从这里可以远眺南迦巴瓦峰。

318 国道穿行在毛垭大草原 / 摄影 姜曦

毛垭大草原位于四川省甘孜州理塘县，属川西高寒草原，318 国道沿着草原北部穿行。图上 318 国道旁的河流为无量河，也称勒曲、理塘河。

左图

从加乌拉山口远眺喜马拉雅山脉 / 摄影 杨奎

加乌拉山口是前往珠穆朗玛峰大本营途中的一个垭口，急折的珠峰公路由此通过。1978年，为方便登山者前往珠峰登山探险，西藏自治区人民政府修建了珠峰公路，可直达珠峰北坡的大本营。公路沿途能看到珠穆朗玛、卓奥友、希夏邦马等海拔 8000 米以上高峰的壮美景色，因此被称为“世界之巅的景观大道”。

左上图　珠穆朗玛峰 / 摄影 毛峰

珠穆朗玛峰山体呈巨型金字塔状，威武雄壮，昂首天外。2020 年，测得珠穆朗玛峰最新高程为 8848.86 米。

在拉萨的西侧，公路建设同样如火如荼。

为了攀登世界最高峰，一条珠峰专用公路得以建成，它从日喀则经定日县一头钻进喜马拉雅山脉，直达珠穆朗玛峰北麓。另一条则在定日县与珠峰公路分道扬镳，它跨越 6 座大山和数条河流，在卓奥友峰和希夏邦马峰之间飞旋而下，直至中尼边境的樟木口岸，这条路被称为“中尼公路”。

沿着川藏南线和中尼公路，便可从成都一路直达中尼边境。这条公路沿途风光密集，景观出众，时至今日依然声名显赫，这就是著名的 318 国道川藏段。

而曾被康藏公路放弃的北线方案再度被提上日程，随着昌都到那曲和成都到炉霍路线的贯通，又一条从四川连接西藏的公路建成，它同样贯穿横断山脉，成为 317 国道的一部分。至此，两条国道自东向西，将西藏腹地与四川紧密相连。

贰 冻土天路

在青海，同样有一条著名的交通动脉连接着西藏，它虽不似川藏公路“跌宕起伏”，却一样充满艰难险阻，修筑全程困难不断。

2006 年 7 月 1 日，青藏铁路全线建成通车，“有昆仑山在，铁路就永远到不了拉萨”的时代彻底地成为历史。

在它身旁与之并驾齐驱的，是服役半个多世纪、一度担负着 80% 进藏物资运输的青藏公路。这条公路北起青海西宁，途经格尔木，南抵西藏拉萨，沿途翻越昆仑山、唐古拉山、念青唐古拉山三大山脉，是 109 国道的一部分。

在这条公路上，从青海格尔木向南至昆仑山口，一路海拔上升近 2000 米，是全程高差最为显著的一段。但在此后的近 1000 千米的路途中，公路海拔几乎一直保持在 4000 米以上，地表最大起伏仅有约 800 米。放眼望去，地势开阔平坦，只有远处连绵的雪峰、稀薄的空气，时刻提醒着人们这里是“世界屋脊”。因此，如果说川藏公路如同“上天入地”，那么青藏公路几乎是“修在天上的公路”。

在青藏公路沿途的荒原中，有一片最为著名，人称“可可西里”。在可可西里宽浅的谷地中，发源于四周雪山的河流时分时合，如同姑娘的发辫，宽度可达数十米。其中如楚玛尔河、日阿尺曲、沱沱河及尕尔曲，最终汇聚为一条家喻户晓的大河，这就是长江。纵贯这片荒野的青藏公路，将依次跨越这些河流，并在翻过唐古拉山口后，继续向南，进入藏北高原。和经过可可西里一样，它也需要跨过藏北高原的多条河流，最终抵达拉萨。

右图　青藏公路和青藏铁路经过楚玛尔河 / 摄影 杨奎

图上近处是铁路桥，稍远处是公路桥（一座为新桥，一座为废桥）。楚玛尔河位于青海省玉树藏族自治州西部，又称曲麻莱河，意为“红水河”。其中，铁路桥长 2565 米，大桥的 78 个桥孔可供藏羚羊等野生动物自由通过，是青藏铁路的重点控制性工程。

青藏公路全线起伏平缓，它最大的挑战来自地表之下。

青藏高原终年寒冷，岩土温度常低于 0℃，其中的水分冻结成冰，导致冻土遍布。尤其在广袤的可可西里一带，公路沿线平均海拔约 4600 米，其下层岩土常年不化、坚硬无比，冻土厚度可达百余米，是为多年冻土区。随着海拔或纬度的降低，岩土冬季冻结，夏季消融，成为季节性冻土区。

即便在多年冻土区，上层冻土也会融化和冻结。于是在冬季，岩土膨胀，导致地面隆起；而在夏季，冻土融化，严重时甚至如同一团稀泥，导致路基沉陷，成为修筑公路的一大难题。不仅如此，公路路面吸收和积聚热量，会加重冻土融化。黑色沥青路面受此影响最为严重，冻融作用使路面变得坑洼不平，车行其上颠簸异常，常被人们称为“搓板路”。

人们只能想方设法来为路面“降温”，或抬高路面，或改换路基材质和结构，或在路的两侧加装热棒以散热降温，又或者直接以桥代路，以减少路面向地下传递的热量。

左页上图　青藏公路西大滩段 / 摄影 邹小庆

西大滩距离青海格尔木市 130 千米，海拔约 4300 米，为多年冻土区。青藏公路修至此地时，为避免路面温度对路基的影响，就采用加高路基的办法，给路基降温。图上可看到，这一段的路基明显高于两侧。

左页下图　公路两侧用以散热的热棒 / 摄影 季康

一般情况下，这些热棒地下部分能够达到 8 米，地上部分能够达到 4 米，高效的导热性能让它将路基下冻土层中的热量快速释放到空气中，减缓冻土层的融化。

青藏高原冻土分布示意

由于青藏高原独特的地理位置和气候变迁史、较高的海拔，这里长期拥有大面积的冻土，冻土的面积几乎占据青藏高原总面积的一半，这里也成为世界上中低纬度区域冻土面积最大的地区。

不过，对青藏公路而言，冻土仅是众多难题之一。

青藏公路全程跨越了多个地震活动带，强震和大震并不鲜见。2001 年 11 月，昆仑山口西发生了里氏 8.1 级地震。由于是在无人区，此次地震未造成人员伤亡，但导致青藏公路多处发生断裂。

此外，滑坡和泥石流也是屡见不鲜，尤其是在念青唐古拉山一带。在拉萨西北 90 多千米的羊八井地区，道路两侧雪峰夹峙，山峰海拔多在 6000 米以上，最为高耸的是念青唐古拉峰，其海拔高达 7162 米。陡峭的山坡之上，巨石和泥石流似乎随时要倾泻而下。

正因为困难重重，仅用一年时间便建成通车的青藏公路，前前后后历经两次改造和两次整治，用了近 50 年的时间，全程才达到二级公路的标准。

如今，随着青藏铁路的建成，公路和铁路比肩而行。在不久的将来，京藏高速也将沿几乎相同的路线抵达拉萨，成为高原上新的工程奇迹。届时，齐头并进的三条道路，将是三个鲜明的时代印记。

右图　青藏公路和青藏铁路经过沱沱河 / 摄影　姜曦
远处是青藏铁路长江源特大桥，近处是沱沱河公路桥。沱沱河公路桥修建于 1958 年，重建于 2002 年，是长江源头第一座公路大桥。

叁 边境长城

1951 年 8 月底，一支新疆军区骑兵部队历尽艰辛，进入位于西藏最西边的阿里地区。这里群山环抱，土地荒芜，位置偏远，阿里地区行政公署驻地噶尔县与拉萨的直线距离就超过 1000 千米，相当于哈尔滨与北京的距离。

在没有公路的年代，从拉萨向这里运输物资只能依靠牦牛和马匹，全程耗时可达一月有余。闭塞的交通，让驻守阿里的官兵常遭补给困难，卫戍边境没有保障，建设一条可供汽车行驶的交通命脉势在必行。

相较之下，从新疆南部和田、叶城等城镇到阿里的直线距离，仅是拉萨到阿里的一半左右。于是，在川藏、青藏公路通车两年后，一条连接新疆和西藏阿里地区的公路正式开工。

虽然从新疆进入西藏的距离较短，但横亘于两者之间的昆仑山和喀喇昆仑山是两道无法避开的天险，如遇大雪封山、洪水泥流，更是寸步难行。工程队别无选择，只能顶风冒雪，劈山开路。他们仅用 19 个月的时间，便打通了这条边疆生命线和战略交通线，全程共计 1179 千米。3 年后，公路继续向拉萨方向延伸，在拉孜县和中尼公路相连，终结了新疆、阿里、拉萨三地无公路连接的历史，人称“新藏公路”。

公路全程沿边境蜿蜒而行，距离国境线最近时仅有约 30 千米，如同一条绵延千里的边境长城，战略地位不言而喻。

左页图　白雪皑皑的喀喇昆仑山脉群峰 / 摄影 许先强

喀喇昆仑山脉平均海拔超过 5500 米，最高峰乔戈里峰海拔为 8611 米，是世界第二高峰。高耸入云的喀喇昆仑山，是新疆、西藏间天然的阻隔。

右页上图　新藏公路经过昆仑山库地达坂 / 摄影 杨剑
库地达坂是从库地区域开始的山口，因地势险要而闻名。从这里，新藏公路开始真正进入高原地区。

右页下图　经过班公错的新藏公路 / 摄影 姜曦
班公错扼守新藏公路要冲。沿着南下的新藏线路过班公错和阿里日土县城，便可到噶尔县狮泉河镇。

新藏公路的修建同样艰难异常。它在昆仑山脉翻越十多个雪山达坂，海拔 4000 米以上的路段长达 915 千米，海拔超过 5000 米的路段也达到 130 千米，堪称“天路中的天路”。

新藏公路的起点是新疆叶城县，这里海拔仅为 1480 米，公路从这里出发，行进不到 100 千米便开始骤然爬升，直至海拔 3150 米的库地达坂（又称“阿卡孜达坂”，达坂在维吾尔语中意为“山口”）。这里地势险要，被称为新藏公路上的第一道“鬼门关”。而从昆仑山到喀喇昆仑山，是公路全程最为险峻的一段，海拔 4900 多米的麻扎达坂（又称“塞力亚克达坂”）和黑卡达坂，海拔 5000 多米的奇台达坂和界山达坂，以及海拔高达 5378 米的红土达坂均集中于此，每一个都让人心惊胆寒。

离开喀喇昆仑山区，则会到达较为平缓的地带。从噶尔县起，新藏公路在冈底斯山脉和喜马拉雅山脉之间的夹缝中穿行，途经一众神山的山脚下，串起大大小小的山间谷地，才终于抵达日喀则的拉孜县。

在西藏，新藏公路的大部分行进于喜马拉雅山脉和冈底斯山脉之间。受巍峨绵延的喜马拉雅山脉的阻挡，来自印度洋的水汽难以到达，沿线干旱异常，年均降水量最低时仅有约 50 毫米，与巴丹吉林沙漠一带的降水量相当。干旱的气候形成了干燥疏松的粉土，极不适于修筑路基，加之冻土融化、边坡坍塌，致使新藏线的修建尤为艰难。

1957 年打通的叶城到噶尔段，路面仅以简易的砂砾铺就，最窄处仅有 2.5 米，经过前后 40 余年的改造，才终于达到四级公路标准。直到 2013 年 10 月，新藏公路完成柏油路面改造，全程全年均可通行，成为一条名副其实的国家级公路，是 219 国道的一部分。

肆 不凡之路

至此，与西藏相邻的四川、青海和新疆都已修通连接西藏的国家级公路，只待打通最后一个邻省，这便是滇藏公路的修建。

和横穿横断山区的川藏公路不同，滇藏公路沿着横断山区的纵谷自南向北缓慢攀升，沿途的大理、丽江、香格里拉等地人气爆满，游人如织，充满烟火气息。它还有“高冷”的一面，沿途或经过雪山脚下，或掠过大河边缘。在德钦附近翻越芒康山一云岭一脉后，则进入坡陡谷深、滑坡频发的峡谷，和澜沧江并排而行。滇藏公路的实际施工期长达 11 年半，最后在芒康与川藏南线会合，成为 214 国道的一部分。

5 条国道主动脉相继建成，加上穿越众多高原湖泊的安狮公路（安多到噶尔县所在的狮泉河镇，即西藏自治区区道 S301），以及多条通向国境线的省道公路，西藏地区的公路交通网络正式形成“两横三纵六通道”的格局。截至 2020 年，西藏的公路通车总里程达 11.7 万千米，雪域“天堑”正在变成通途。

下图　滇藏公路经过梅里雪山 / 摄影 姜曦

滇藏公路在山体盘旋，远处是梅里雪山最高峰卡瓦格博峰。公路继续往前延伸，就下降到澜沧江峡谷，再沿澜沧江峡谷而上，就可从云南进入西藏。

川藏南线
成都—拉萨
成都市
500
雅安市
566
泸定县
1321
二郎山隧道
2200
康定市
2560
折多山垭口
4298
新都桥镇
3460
高尔寺山垭口
4412
雅江县
2640
剪子弯山垭口
4659
卡子拉山垭口
4718
脱洛拉卡山垭口
4330
理塘县
4014
海子山垭口
4685
巴塘县
2560
芒康山垭口
4150
拉乌山垭口
4338
芒康县
3869
如美镇
2600
觉巴山垭口
3940
东达山垭口
5130
左贡县
3816
业拉山垭口
4658
新藏线
叶城—拉萨
叶城县
1350
阿卡孜达坂
3150
库地乡
2950
塞力亚克达坂
4969
麻扎兵站
3780
柯克阿特达坂
4909
赛图拉镇
3700
康西瓦达坂
4269
川藏北线
成都—那曲
成都市
500
都江堰市
708
映秀镇
892
汶川县
1325
理县
1888
米亚罗镇
2700
鹧鸪山
3400
青藏线
西宁—拉萨
西宁市
2261
湟源县
2660
日月山口
3520
橡皮山口
3817
6000
5000
4000
3000
2000
1000
海拔高度/米
0
线路距离/千米
0
100
200
青藏高原
西藏公路“三纵两横六通道”
注：为体现完整性，青海省境内路线一并画出。
叶城
新藏线
喀喇昆仑山
昆仑山
阿尔金山
祁漫塔格山
疏勒南山
祁连山
可可西里山
青海南山
青藏线
西宁
布尔汗布达山
巴颜喀拉山
阿尼玛卿山
唐古拉山
安多
狮泉河
什布齐
噶尔
冈底斯山
巴嘎
普兰
喜马拉雅山
那曲
念青唐古拉山
他念他翁山
芒康山
沙鲁里山
大雪山
邛崃山
岷山
川藏北线
拉萨
拉孜
日喀则
曲水
樟木
亚东
错那
然乌
察隅
芒康
伯舒拉岭
怒山
云岭
高黎贡山
横断山
川藏南线
滇藏线
昆明
什布齐通道
普兰通道
樟木通道
亚东通道
错那通道
察隅通道
图例
省级行政中心
一般城镇
国界（未定）
省、自治区界
青藏高原边界
河流
湖泊、时令湖
山脉
冰川

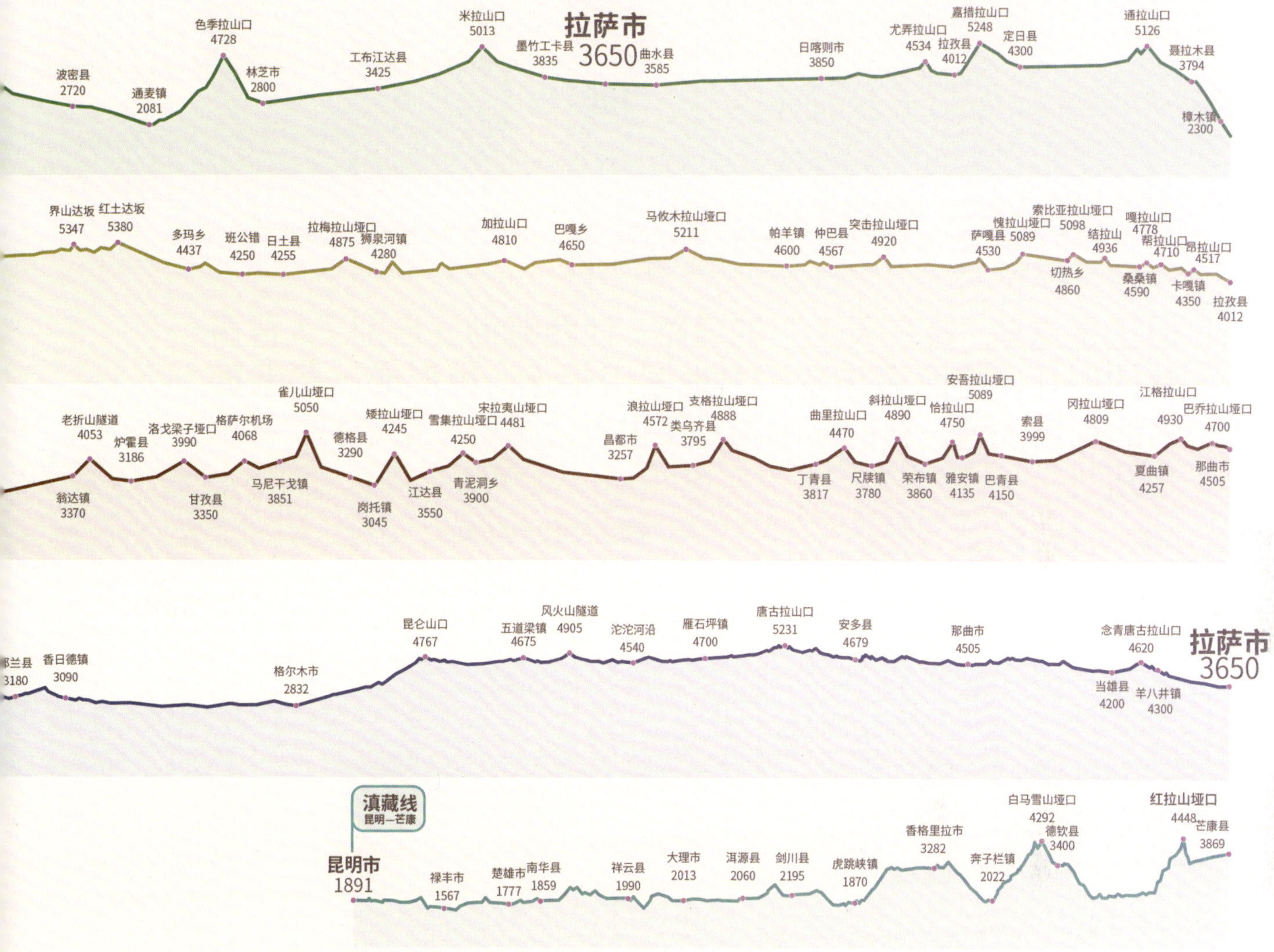

通往西藏之路

在 1951 年西藏和平解放之前，西藏没有一条现代意义上的公路，曾经的交通状况严重制约了西藏社会和经济的发展。新中国成立以来，为打通进出西藏的道路，国家投入大量人力、物力、财力，“世界屋脊”不再遥远。其中，从与西藏相邻的省份出发，形成了 5 条主要的进藏公路。

如今，距离康藏公路凿开第一块路石已经过去 70 余年。这几十年里，全国的交通工程高歌猛进，尤其在人口密集的中东部地区，从国道到高速，从动车到高铁，发展日新月异。然而在世界屋脊之上，每寸公路的修建都艰辛异常。

但正是这些“修在天上”的道路，让西藏彻底告别了人背畜驮的时代，将西藏与全国各地紧密相连，也形成一条条著名的观景大道，它们在中国乃至世界公路史上都堪称“不凡之路”。

它们蜿蜒在雪域高原上，不论是沿途的风景，还是背后的故事，都值得人们去探寻和发现。

图例
主要山峰
山口/垭口
景点
隧道
省级行政中心
地级市
一般城镇
318国道
苏州古典园林
常州市
无锡市
苏州市
长江三角洲
长江口
上海市
巢湖
芜湖市
敬亭山
宣城市
长兴县
太湖
南浔区
G318
青浦区
松江区
闵行区
铜陵市
南陵县
池州市
青阳县
安庆市
广德市
安吉县
湖州市
杭州市
嘉兴市
杭州湾
天目山
九华山
皖南古村落—西递 宏村
黄山
良渚古城文化遗址
杭州西湖
南浔古镇
海宁盐官观潮景区

三峡大坝
猇亭三国古战场
关陵
荆门市
大洪山
孝感市
汉川市
蔡甸区
黄陂区
新洲区
大别山
罗田县
英山县
岳西县
天柱山
怀宁县
潜山市
宜昌市
长阳土家族自治县
宜都市
枝江市
荆州市
G318
潜江市
仙桃市
武汉市
黄冈市
鄂州市
黄石市
黄鹤楼
咸宁市
两湖平原
岳阳市
洞庭湖
岳阳楼
常德市
幕阜山
九岭
九江市
鄱阳湖
庐山

龙
绵阳市
大
巴
山
武
当
湖北神农架
恩施大峡谷
达州市
开州区
云阳县
万州区
南充市
蓬溪县
渠县
G318
遂宁市
大竹县
梁平区
乐至县
安居区
忠县
利川市
恩施市
资阳市
川
盆
地
内江市
自贡市
大足石刻
重庆市
中国南方喀斯特—武隆喀斯特
土司遗址—唐崖土司城
张家界市
陵
山

芒康山垭口
芒康县
巴塘县
海子山垭口
格聂6204米
理塘寺
脱洛拉卡山垭口
G318
理塘县
卡子拉山垭口
剪子弯山垭口
雅江县
高尔寺山垭口
新都桥镇
折多山垭口
康定市
贡嘎山7556米
二郎山隧道
泸定县
稻城县
沙鲁里山
大雪山
邛崃山
四姑娘山6250米
四川大熊猫栖息地
临邛古城
青城山—都江堰
成都大熊猫繁育研究基地
德阳市
成都市
大邑县
崇州市
邛崃市
雅安市
名山区
新津区
双流区
龙泉驿区
眉山市
乐山市
乐山大佛
峨眉金顶3079.3米
四

念青唐古拉峰7162米
纳木错
拉萨布达拉宫历史建筑群
拉萨市
青藏高原
嘉措拉山口
尤弄拉山口
扎什伦布寺
日喀则市
拉孜县
定日县
G318
白朗县
仁布县
尼木县
曲水县
堆龙德庆区
达孜区
贡嘎县
墨竹工卡县
山南市
羊卓雍错
藏南谷地
冈底斯山
念青
珠穆朗玛峰8848.86米
喜马拉雅
上海市
4

米拉山口
色季拉山口
南迦巴瓦峰7782米
安久拉山口
业拉山垭口
东达山垭口
觉巴山垭口
G318
工布江达县
林芝市
米林县
波密县
墨脱县
左贡县
昌都市

通拉山口
聂拉木县
樟木镇
希夏邦马峰8027米
江苏
安徽
上海
浙江
高尔寺山垭口
折多山垭口
二郎山隧道
4412
4298
2640
雅江县
2560
康定市
2200
1321
泸定县
雅安市
566
成都市
500
恩施市
453
武汉市
20
英山县
650

318国道全图

318国道的起点为上海人民广场，终点是西藏聂拉木县樟木镇，全长5476千米。它自东向西横跨了上海、江苏、浙江、安徽、湖北、重庆、四川和西藏8个省（区、市），连接起了华东、华中和西南地区，是一条重要的进藏通道。

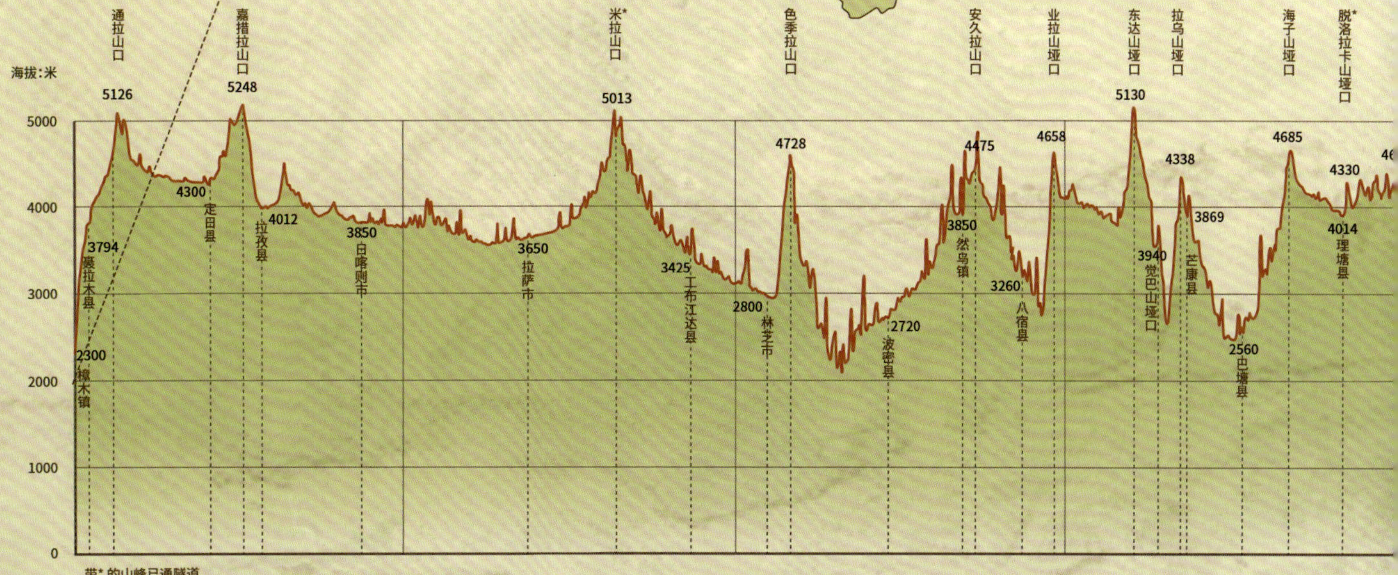

带* 的山峰已通隧道

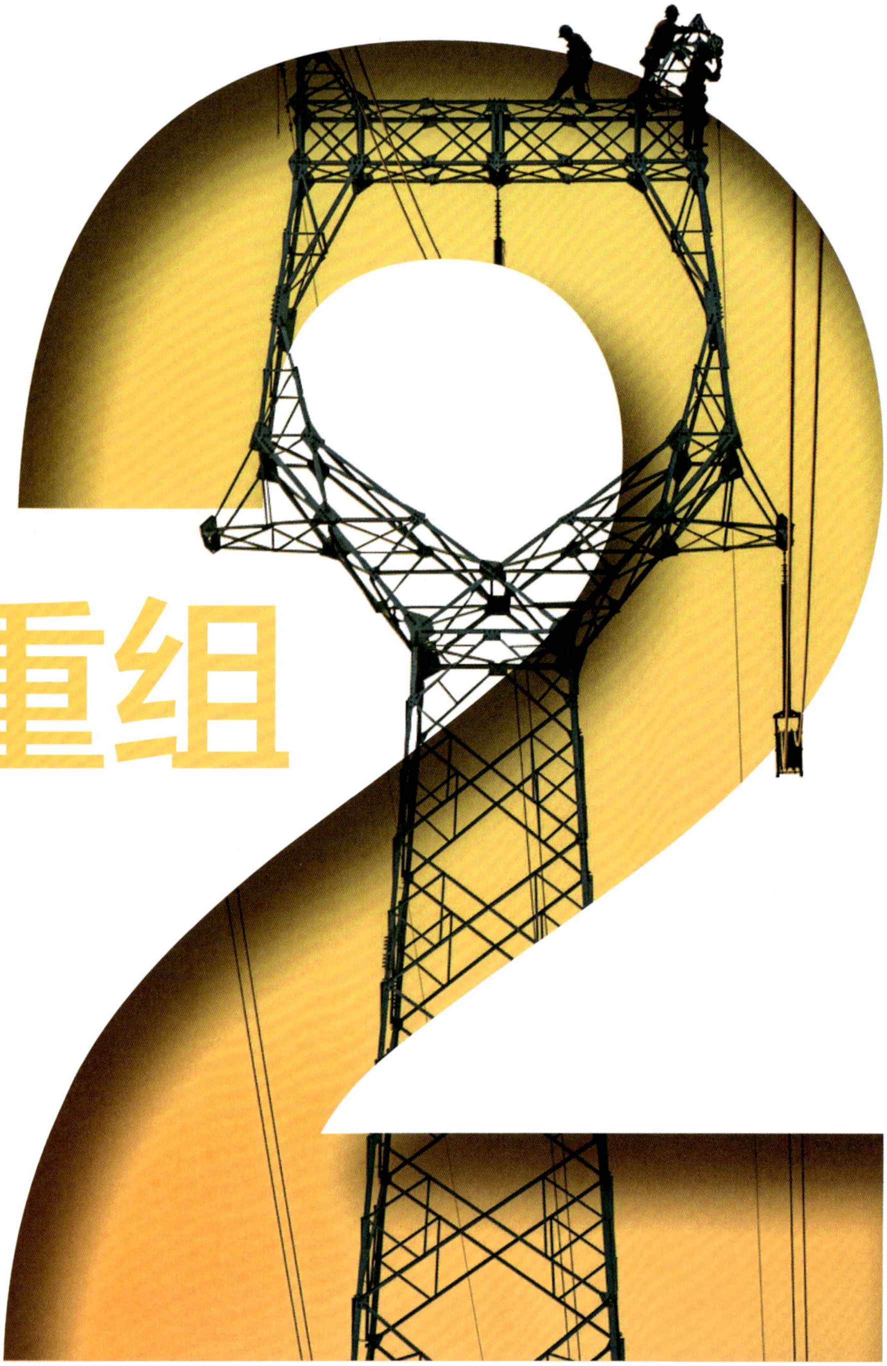

重组

电力 | 14 亿人全民通电

煤炭 | 中国 60% 的能源来源

南水北调 | 超级工程，谈何容易

西气东输 | 一场乾坤大挪移

12

电力

14 亿人全民通电

2019 年年底

中国的全年发电量达到 73266 亿千瓦时[1]

以一国之力发出超过全球 1/4 的电量

平均每 2 秒所产生的电量

足以满足一个中国人一辈子的电力需求[2]

不仅如此，

放眼全球 200 多个国家和地区

中国是第一个也是唯一一个

做到向 14 亿国民全民通电的国家

中国究竟是如何做到的？

---

1. 2019 年中国发电量和增速数据来自中国电力企业联合会 2020 年 6 月发布的《中国电力行业年度发展报告 2020》，全球数据来自 2020 版《BP 世界能源统计年鉴》。

2. 中国人的平均寿命按 76 岁计，人均用电量参考 2018 年数据。

2019 年世界部分国家发电量

根据 BP（英国石油）公司在 2020 年发布的《BP 世界能源统计年鉴》，2019 年全球总发电量首次超过 27 万亿度。而中国的发电量继续稳居世界第一，约占全球总发电量的 27.8%。自 2011 年起，中国的发电量就一直位居世界第一。

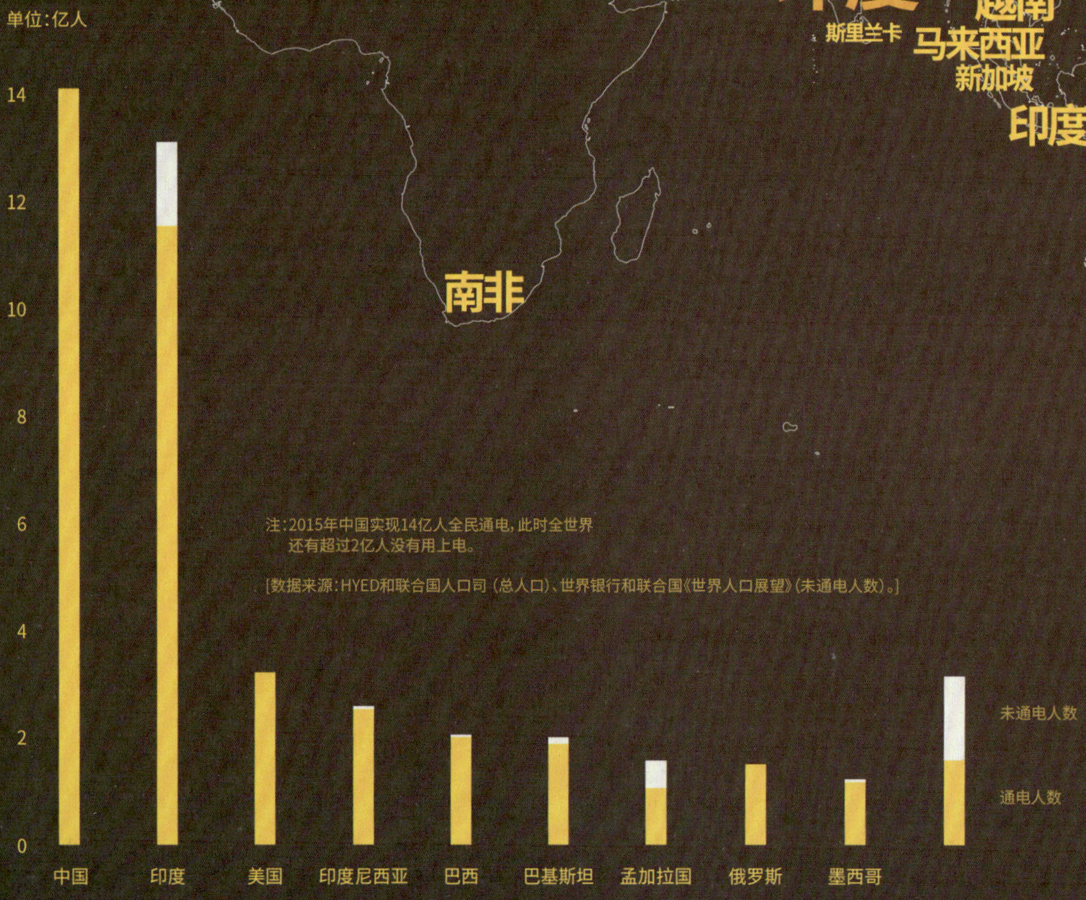

2015年世界主要人口大国通电情况

图例

不同文字大小对应不同的发电量数值区间

单位：亿千瓦时

73000~74000	中国
44000~45000	美国
10000~15000	印度
5000~6600	加拿大
3000~3600	墨西哥
2000~3000	意大利
1000~2000	泰国
500~1000	比利时
100~500	卡塔尔
0~100	爱沙尼亚

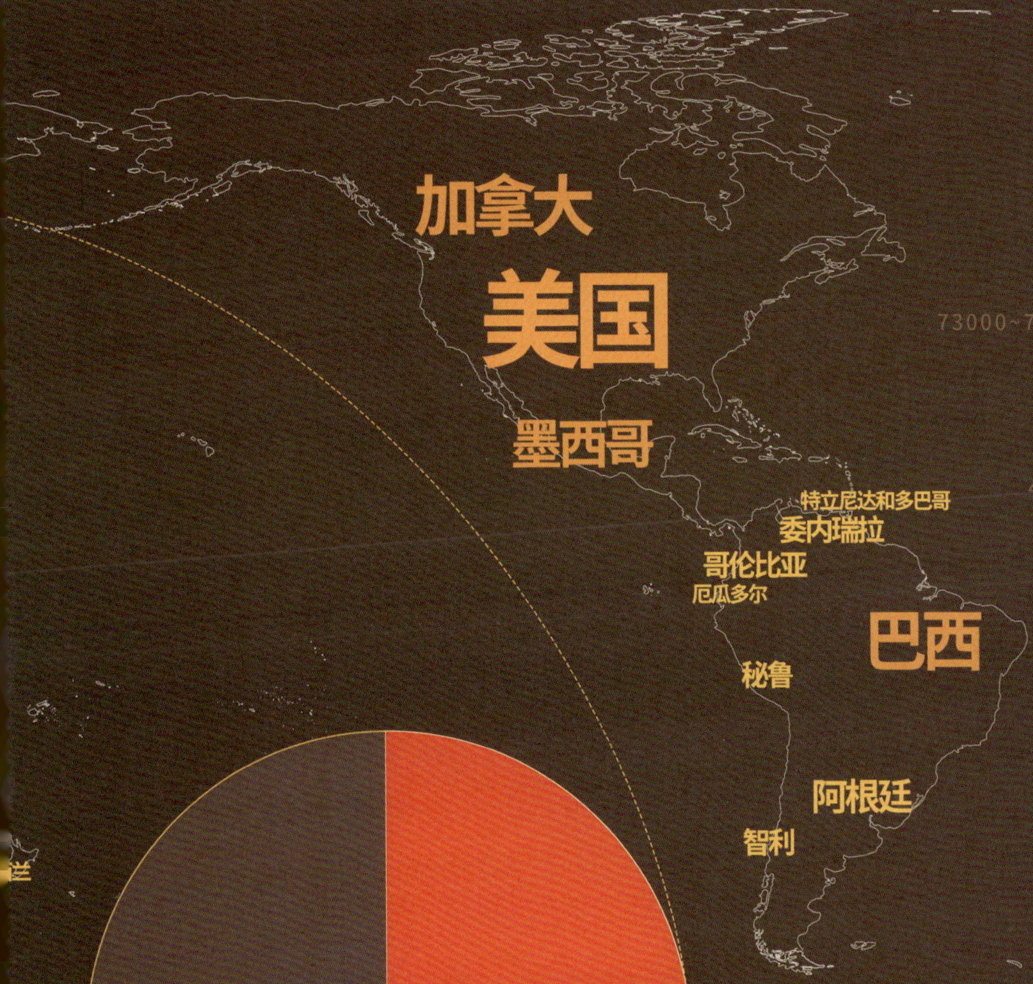

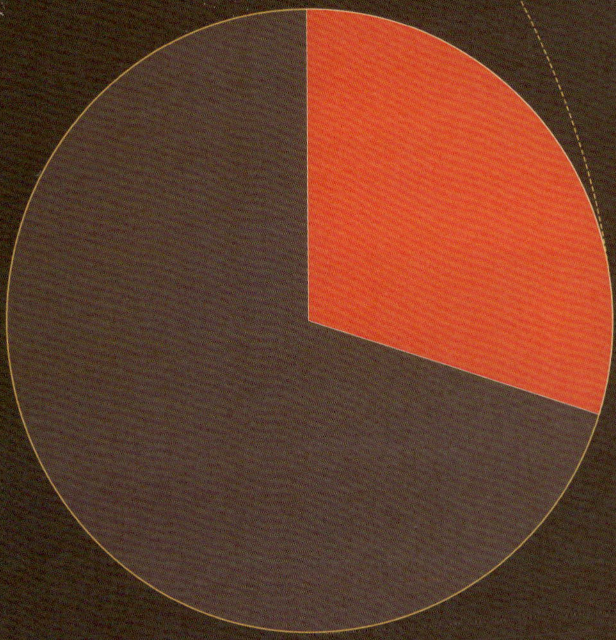

中国发电量在全球占比

壹 68.9%

在这 73266 亿千瓦时的电力中，68.9% 来自火力发电，火力发电占据了全国电力的大半壁江山。

高耸的烟囱或冷却塔，是火力发电厂（简称“火电厂”）最常见的标志。煤炭、石油、天然气，甚至秸秆、垃圾等，都可用作火力发电的燃料。由于燃料易得，技术成熟，火电厂在全国分布广泛，遍布大江南北。在中国这个“煤炭大国”，火力发电将注定成为燃煤电厂的天下。

2019 年，燃煤电厂的装机容量在火电厂中的占比达到近 90%。全国 5300 多处大小煤矿年产约 38.5 亿吨原煤，其中近 60% 被运往火电厂，以供发电。[1] 这意味着火力发电必然与煤炭的生产息息相关。到 2018 年，在煤炭资源丰富的北方地区，火电装机容量的占比接近 70%，是最主要的电力来源。[2]

1. 数据来自中国煤炭工业协会 2020 年 5 月发布的《2019 煤炭行业发展年度报告》，报告中写道：“电力行业全年耗煤 22.9 亿吨左右。”
2. “北方地区”包括东北、西北（除青海省外）和华北地区，以及山东、河南两省。

右页图　火电厂的冷却塔和烟囱 / 摄影　林宇先
图中高度较高的为烟囱，随着处理工艺的进步，火电厂的烟囱逐渐与脱硫塔合并；高度较低、直径较大的是冷却塔，电厂中被加热的冷却水将在这里冷却后循环使用。

下图　火电厂球形煤仓内部，取料机正在作业 / 摄影　王剑峰
煤炭是火电厂的主要能量来源，火电厂一般建有煤仓来存储煤炭，可在运输不均衡时作为缓冲，以保证发电机组稳定、安全运行。

“出人意料”的是，在火力发电量排名前十的省份中，几个南方沿海省份位列其中。[1] 这些沿海省份人口密集，经济发达，对电力的需求格外旺盛，众多火电厂就近拔地而起，江苏、广东等省份的火力发电量甚至远超北方煤炭大省。

例如，2018 年，广东一省的火力发电量就达到 3283 亿千瓦时，比产煤大省山西还要高近 20%。[2] 要发出如此量级的电量，用于发电的煤炭必将以亿吨计算。然而，像广东这样的电力负荷中心并非煤炭的主要产区，与距离最近的煤炭基地也有千里之遥，如此大量的煤炭从何而来？[3]

---

1. 根据《2019 中国电力年鉴》，2018 年火力发电量前十省区为山东、江苏、内蒙古、广东、山西、河南、浙江、安徽、新疆、河北。
2. 根据《2019 中国电力年鉴》，2018 年广东火力发电 3283 亿千瓦时，山西为 2739 亿千瓦时，广东比山西高出约 19.9%。
3. 我国使用的煤炭包括自产和进口两部分，但煤炭进口量目前仅为全国煤炭消费量的约 1/10，本篇主要讨论自产煤炭的供应。

2018年中国各省（区、市）发电总量排名（单位：亿千瓦时）

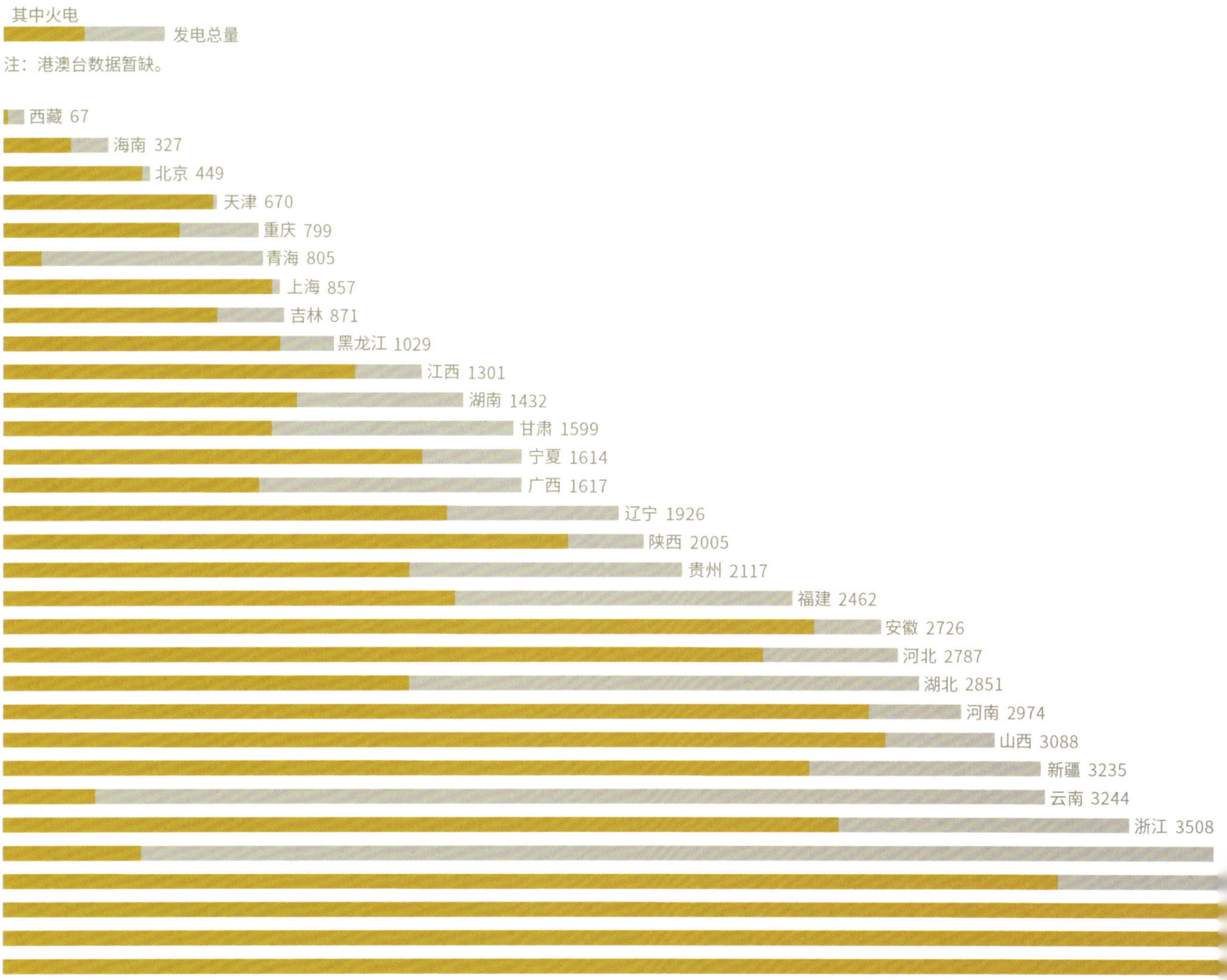

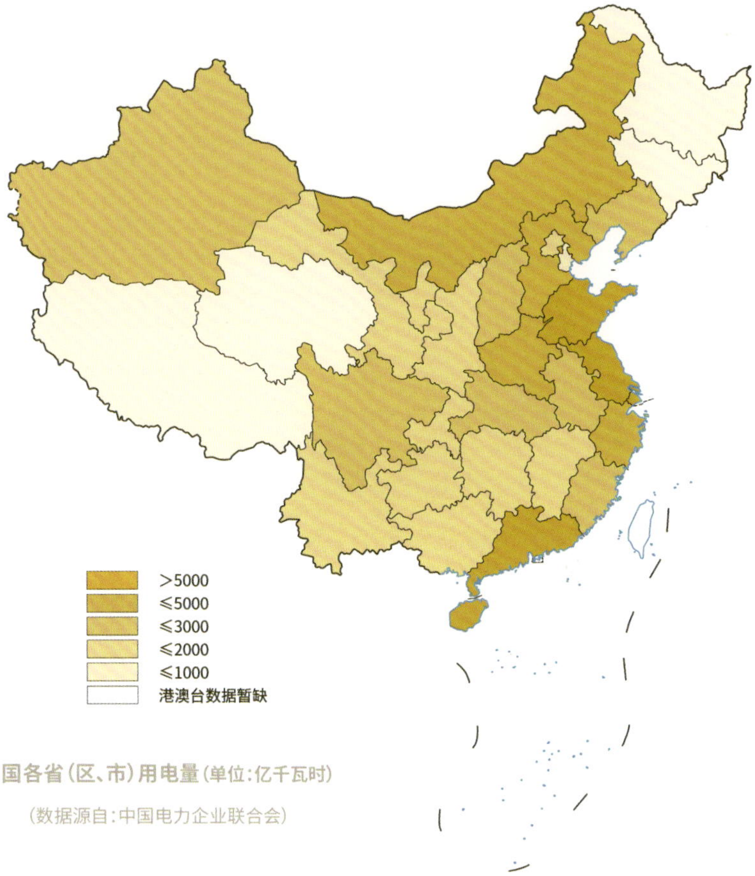

中国各省（区、市）用电量（单位：亿千瓦时）

（数据源自：中国电力企业联合会）

要回答这个问题，我们不妨先将目光转移到山西大同和河北秦皇岛，一条声名赫赫的铁路将两地相连，这便是大秦铁路。

大秦铁路是我国的第一条重载铁路，单列列车全长可达近 4000 米，相当于 10 到 20 列高铁列车相连。更厉害之处在于，它以不到全国铁路 0.5% 的营运里程，完成了全国铁路系统近 20% 的煤炭量运输，相当于每秒有 14 吨煤炭从大同运出，奔向渤海之滨的秦皇岛，最后以海运的方式被运至东南沿海各省。

2008 年春节期间，南方地区遭遇雨雪冰冻灾害，大量输电和运输线路受损，近 17 个省份被迫拉闸限电。这期间，大量的煤炭由大秦铁路被源源不断送往南方，其单日运量就突破 100 万吨，并持续 20 天之久，可谓真正的雪中送炭。

大秦铁路只是中国煤炭运输铁路网络的冰山一角。2019 年 9 月，世界营运里程最长的重载铁路——浩吉铁路建成。这是一条纵贯南北的能源运输大通道，它北起内蒙古鄂尔多斯的浩勒报吉，途经内蒙古、陕西、山西、河南、湖北、湖南、江西 7 省区，终点为江西吉安，线路里程超过 1800 千米。全线的建成将使北煤南运的规模继续扩大，对于改善我国能源输送结构有重要的战略意义。

随着经济发达地区用电需求的持续增长，浩浩荡荡的“西煤东运”“北煤南运”不再一劳永逸。因而，作为补充，在主要的电力负荷中心周边，还分布着一些中小型火电厂。这些火电厂建设成本低，建造速度快，但其发等量电力的耗煤量却比大型电厂高 30% 到 50%。尤其在技术不成熟的年代，这些中小型火电厂排出的大量烟尘、二氧化硫（SO_2）、氮氧化物（NO_x）等，无法得到统一、高效的处理，造成严重的空气污染。

大秦铁路穿过北京昌平段隧道 / 摄影 王嘉

大秦铁路于 1985 年开工建设，1992 年建成通车，是我国西煤东运的主要通道（北通道）之一。除了主要运载山西北部的煤炭，一些来自内蒙古西部、陕西北部的煤炭也由大秦铁路运出。

为解决这些问题，大约在 20 世纪 60 年代，在煤炭坑口和中转港口附近，有众多大型火电厂开始崛起。例如，位于内蒙古呼和浩特的托克托电厂距离准格尔大型煤田仅 50 千米，装机容量达到 672 万千瓦，居世界燃煤电厂第一位。大型坑口、港口电厂的建设，能大大减轻煤炭运输的压力，提升燃煤效率，同时能统一控制排放。

但是电厂与负荷中心之间，有时相距数千千米，这又该如何解决？答案其实很简单：输电。不过，输电实现起来并非易事，长距离的输电首先就让线路阻抗无法被忽略。人们只能尽量降低传输电流，才能最大限度地减少线路损耗。这意味着在传输功率一定的情况下，保证经济性的同时，必须尽可能提升输电电压。[1]

但面对高电压，变压技术、绝缘技术、建设成本、运维难度等，都注定是不小的挑战。直到 1954 年，我国才拥有了自行设计施工的第一条 220 千伏高压输电线路，但这在当时落后世界大概 30 年之久。到如今，60 多年过去，从高压到超高压，从超高压到特高压，我国的远距离输电技术突飞猛进。[2]

目前我国最高电压等级已达到交流 1000 千伏和直流 ±1100 千伏，单条线路的输电距离更是突破 3000 千米，这相当于乌鲁木齐到南京的直线距离，在全世界首屈一指。

铁路和输电两张网络纵横交错，让无论是位于负荷中心，还是处在坑口和港口附近的火电厂都能共同发力，组成我国电力工业的中流砥柱。

然而，尽管火电厂的除尘、脱硫、脱硝技术日益成熟，但化石燃料的消耗、温室气体的排放，让人们不得不继续寻找更为清洁的电力，水电便是其中之一。

---

1. 传输中的线路损耗 Q 可以通过公式 $Q=I^2Rt$ 计算，当电阻 R 无法被忽略时，电流 I 越小，则损耗越小；而输电功率计算公式为 P=UI，因此当 P 值一定时，为了降低电流 I，则必须提升电压 U。
2. 对于交流输电，35～220 千伏为高压，330～1000 千伏（不包括 1000 千伏）为超高压，1000 千伏及以上为特高压；对于直流输电，±400～±660 千伏为超高压，±800 千伏及以上则为特高压。

右页上图　厦门附近海域的输电塔 / 摄影 赵孟喆
海上输电塔的建设，有施工范围小、运输条件差、安全风险系数高等难点，同时还需兼顾海上航运需求，避让航道。

右页下图　特高压九华密集通道 / 摄影 丁永清 · 国家电网
特高压九华密集通道位于安徽池州，承担着向华东地区输送电力的重要任务。该通道五回特高压线路和两回超高压线路并行，通道最窄处仅 273 米。

贰 86.7%

在我国，无论是水力资源的蕴藏总量，还是其可开发的装机容量，均稳居世界第一位。如此丰富的水能资源，如此巨大的开发潜力，使得水力发电在我国注定拥有重要地位。

2019 年，全国水力发电量占全国总发电量的 17.8%，与火力发电一起供给了全国 86.7% 的电力。

水力发电利用流水势能持续推动水轮机旋转，继而带动发电机产生电力，全程既不需要燃料，也不产生废气，十分清洁。2019 年，全国水力发电量达 13021 亿千瓦时，相当于节约 4 亿吨标准煤[1]。此外，水电站兼具防洪、航运、供水、调水、排沙等功能，还可在上游库区形成别具一格的景观。

在我国，水力资源分布极不均衡。西南地区高山峡谷众多，大江大河穿流其间，奔腾而下，几乎集中了全国超过 60% 的可开发水力资源。根据全国水利资源普查成果与现实的情况，我国规划了十三大水电基地，其中位于西南地区的水电基地便占了 7 席。[2]

和火力发电不同，水电的“原料”无法进行运输。若要将电力送往负荷中心，除了依靠输电工程，别无他法。这意味着水力发电必将与远距离输电技术相伴相生。我国第一条万伏级交流输电线路、第一条 110 千伏和 220 千伏高压交流线路、第一条 330 千伏超高压交流线路及第一条超高压直流输电线路，因此相继诞生。

1. 标准煤也称煤当量，是一种标准能源的表示方法。为了方便比较不同种类的能量大小，人们常将不同种类的能源按照其热值换算成标准能源的质量。按照我国现行标准，1 千克标准煤发热量相当于 7000 千卡。根据 2019 年全国电力工业统计数据，我国 6000 千瓦及以上电厂供电标准煤耗为 307 克 / 千瓦时。
2. 我国十三大水电基地包括金沙江、长江上游、澜沧江干流、雅砻江、大渡河、怒江、乌江、黄河上游、南盘江红水河、东北三省诸河、湘西诸河、闽浙赣诸河及黄河中游北干流。其中，前 7 处位于我国西南地区。

左页左图　正在建设的白鹤滩水电站 / 摄影 柴峻峰
白鹤滩水电站位于云南巧家县和四川宁南县交界的金沙江峡谷。水电站于 2021 年开始蓄水，预计 2022 年完工，装机容量仅次于三峡水电站。

左图　白鹤滩水电站中正在安装的水轮机 / 摄影 李亚隆
水轮机是水电站的主要设备之一，它将水流的能量转变为机械能，以驱动发电机。图中的蜗牛状结构，简称“蜗壳”，是水轮机的导水设备。

1988 年年底，著名的葛洲坝水电站建成，它是长江上的第一座大型水电站，其大坝被人们称为“万里长江第一坝”。与之配套建成的便是我国的首个超高压直流输电工程，其电压等级达到 ±500 千伏，以 1046 千米的输电距离将华中和华东电网连为一体，葛洲坝水电站的电力得以源源不断地被送到上海。

世界上规模最大的水电站——三峡水电站的装机容量可达 2250 万千瓦，这相当于 8 个葛洲坝水电站，或 3 个内蒙古托克托电厂。2018 年，三峡水电站的全年发电量首次突破 1000 亿千瓦时，相当于同年湖北省全省发电量的 36.6%，成为当年全球水力发电量最大的发电站。千里之外的江苏、广东和上海三地，通过三条 ±500 千伏的直流输电线路与这个“超级发电机”紧密相连。

而随着云南小湾水电站开始发电，全球首个 ±800 千伏特高压直流输电工程登上历史舞台。其输电距离约为 1400 千米，可将电力从云南一路送至广东。自此，曾经落后世界数十年的中国迈入特高压直流输电时代，我国水电的辐射空间大幅扩大，众多大型水电站在西南地区相继建成，西南的电力源源不断地被送到遥远的东部和东南部。

位于金沙江下游的向家坝水电站，通过长约 1900 千米的 ±800 千伏直流特高压输电线路，跨越 8 个省份，每年向上海输电近 300 亿千瓦时，这相当于上海 2018 年用电量的 20%。[1] 同样位于金沙江的溪洛渡水电站看起来更加宏伟，其拱坝坝高 285.5 米，相当于 90 多层的摩天大楼。其装机容量则达 1386 万千瓦，目前为世界第三大水电站[2]。而溪洛渡—浙西 ±800 千伏的输电线路，更以 800 万千瓦的输电容量，一度跻身全球容量最大的直流输电工程。位于四川雅砻江的锦屏一级水电站建有世界最高的拱坝，其高度达 305 米，它向苏南地区输电的 ±800 千伏直流输电工程，传输距离首次突破 2000 千米大关。

至此，众多煤炭基地周边的火电，以及长江中上游、黄河上游的水电，均能够通过绵延千里的输电工程向东部地区输送，世纪工程“西电东送”的格局就此形成。

当然，水电的开发并不是无限的，它还面临着库区淹没、移民安置、生态保护等问题。水电之外，人们在寻找更合适的清洁能源，其中最主要的便是风能和光能。

1. 该组数据为粗略数据，未考虑传输中的损耗等因素。
2. 目前已建成的水电站中，世界排名第一的是三峡水电站，其总装机容量为 2250 万千瓦；第二大水电站是位于巴西和巴拉圭界河上的伊泰普水电站，它的总装机容量是 1400 万千瓦；溪洛渡水电站总装机容量则为 1386 万千瓦，排名世界第三。预计到 2022 年，总装机容量达 1600 万千瓦的白鹤滩水电站正式建成时，溪洛渡水电站的排名将降至第四。

右上图　三峡水电站 / 供图　中国电建
三峡水电站位于长江西陵峡中段湖北宜昌的三斗坪，是世界上已建成规模最大的水电站。总装机容量为 2250 万千瓦，远远超过目前位居世界第二的伊泰普水电站。

右中图　葛洲坝水电站 / 摄影　李理
葛洲坝水电站位于长江干流中游西陵峡出口，是华中地区的枢纽电站和重要电源点，其设计装机容量为 271.5 万千瓦。

右下图　金沙江溪洛渡水电站 / 摄影　柴峻峰
溪洛渡水电站位于金沙江下游云南永善县和四川雷波县交界的溪洛渡峡谷，是金沙江下游河段开发规划中的第 3 个梯级水电站。

叁 95.3%

火力和水力两种发电方式，贡献了全国发电量的 86.7%，若加上风能和太阳能的出力，便能满足中国人 95.3% 的用电需求。

但风能和太阳能的利用却并不容易。第一，在风力发电中，气流推动风机叶片持续旋转，带动发电机产生电力。风机叶片的尺寸和重量都十分巨大，单叶长度可达数十米，对运输和安装都是巨大的挑战。在太阳能光伏发电机中，单个太阳能电池的工作电压一般仅有 0.4 到 0.5 伏，工作电流十分微弱，只有将多个电池串联或并联为组件，再将多个组件排列为阵列，才能达到足够的发电功率。太阳能光热发电同样如此，只有利用足够多的镜面，才能汇聚足够多的热量，从而产生足够多的蒸汽来推动汽轮机旋转发电。[1]

所以，无论是风能还是太阳能，若要进行大规模发电，往往需要较大的占地面积和较高的建造成本。若在人口密集、土地紧张的东部地区，则采用“渔光互补”等综合利用的方式，以提高土地利用率。

第二，季节、气候、光照变化，比如短短一天内的昼夜交替、风云变幻，都会影响风能和太阳能发电的连续性和稳定性。为减小这些波动对电网的影响，人们将风、光、水、火等发电方式组合起来，相互调节，以保证较为稳定的电力输出；在负荷较小时，将多余的电力转化、储存起来，等到用电紧张时再行释放，维持供电稳定。[2]

---

1. 光伏发电和光热发电是太阳能发电的两种主要形式。
2. 目前的蓄能方式包括蓄电池、飞轮蓄能、抽水蓄能、电解水蓄能、压缩空气蓄能等。对于抽水蓄能电站，电力富余时可从下水库抽水至更高的上水库，用电时可让水再从上水库流至下水库，利用水力发电的原理发电。

右页上图　新疆柴窝堡风力发电场 / 摄影　夏军民
柴窝堡是全国著名风口之一，近 300 座风车整齐地排列在戈壁上，十分壮观，成为一道亮丽的风景线，凛冽强劲的万里长风成为风电发展的不竭动力。

右页下图　甘肃敦煌 100 兆瓦熔盐塔式光热发电站 / 摄影　曾柏源
该发电站内的 1.2 万多面定日镜以同心圆状围绕着 260 米高的吸热塔，镜场总反射面积达 140 多万平方米，设计年发电量达 3.9 亿千瓦时。

第三，和水能资源类似，我国的风能和太阳能资源分布同样不均衡。

风能资源最丰富的是东部和东南沿海地区，全国风速超过 7 米 / 秒的地区绝大多数集中于此。但由于地形限制，这片区域仅在海岸线和沿岸的山脉间形成狭窄的风能分布条带。相较之下，我国的三北地区[1]不仅风能资源丰富，还能大面积连片分布。

这让内蒙古地区成为我国最重要的风电基地之一，2019 年风力发电量达到 666 亿千瓦时，占全国风力发电量的约 16%。[2]

我国的太阳能资源丰富区位于西部内陆，包括青藏高原西部、新疆南部、宁夏、甘肃北部等地，这些地区的全年平均日照可达 3200 到 3300 小时。相较之下，太阳辐射最为薄弱的四川、贵州等省份，年均日照仅有约 1100 小时。

1. 三北地区即西北、华北、东北地区。
2. 根据国家能源局资料，2019 年我国风力发电量为 4057 亿千瓦时，内蒙古为 666 亿千瓦时。

左图　内蒙古卓资县光伏与风力发电场航拍 / 摄影 焦潇翔
卓资县地处内蒙古自治区的风能富集区，一年四季风向稳定，有着稳定度高、连续性好、无破坏风速的风能品位。依托风力资源优势，卓资着力“打造空中三峡，建设风电之都”。

尽管我国西部地区风能和太阳能资源丰富，风电和太阳能发电规模庞大，但由于人口较少，经济活力较弱，电力资源供大于求。

例如 2015 年，甘肃省发电装机容量达到 4531 万千瓦，但最大用电负荷仅为 1300 万千瓦。新疆同样如此，其装机容量超过 5000 万千瓦，而用电负荷需求仅为 2100 万千瓦。若仅依靠本地用电，将面临大量能源浪费。更何况火电还兼备调峰和供热作用，难以被完全替代，这对于风能和太阳能电力的消纳可谓“雪上加霜”。

于是近年来，弃风、弃光等问题层出不穷。即便在 2017 年，整体情况已明显向好时，全国的弃风、弃光率仍为 12% 和 6%。在甘肃、新疆等地，弃风率甚至高达 33% 和 29%。一面是西北地区大量的新能源无处安放，一面是东部沿海嗷嗷待哺的用电需求。在这种形势下，远距离、跨区域的输电工程必须再次扛起重任。

2014 年和 2017 年，两条从西北地区向外辐射的 ± 800 千伏直流输电工程相继完工。第一条从新疆哈密出发，途经 6 个省份到达河南郑州，全程约 2200 千米，每年可将新疆地区的火电、风电等，共计约 370 亿千瓦时的电量，源源不断地送往中原大地。第二条则从甘肃酒泉出发，途经 5 个省份，直奔湖南湘潭，全程 2383 千米，在其每年送出的约 400 亿千瓦时的电力中，有超过 40% 是来自西北地区的风电和光电。

2018 年，又一个大名鼎鼎的特高压输电线路工程开通，其电压等级高达 ± 1100 千伏，年均输电量高达 660 亿千瓦时，凭此一条输电线路便可外送相当于整个青海省全年的发电量，这便是准东—皖南特高压输电工程，也称昌吉—古泉特高压输电工程。

该线路从新疆昌吉回族自治州出发，途经新疆、甘肃、宁夏、陕西、河南、安徽 6 省区，以 6079 座铁塔支撑起约 3300 千米的输电线路，沿途接连跨越秦岭、长江等天堑，最终抵达安徽宣城。无论是电压等级、传输容量，还是传输距离、技术难度，均为世界范围内的“开山之作”，是名副其实的“超级工程”。借由这条超级电力走廊，新疆地区 520 万千瓦的风电，以及 250 万千瓦的光伏发电，能够被打捆送往长三角地区。

右页图　穿越戈壁的酒泉—湖南 ± 800 千伏特高压直流输电工程 / 摄影　陈剑峰

该工程横跨 5 个省市，线路全长 2383 千米，将甘肃的风能和太阳能电力直接送往华中地区，总投资达 262 亿元。

截至目前，我国仍是全球唯一能够建设 ±1100 千伏特高压直流输电的国家，也是特高压输电领域的国际标准制定者之一。这对中国来说，虽是时代发展的必经之路，但也是当前能源格局下的“无奈之举”。

让更多人用上更便宜、更清洁的电力，是无数电力工作者孜孜以求的目标。

电力建设者攀爬在昌吉—古泉 ±1100 千伏特高压输电线上 / 摄影 宋鹏涛

昌吉—古泉 ±1100 千伏特高压输电工程起于新疆昌吉换流站，止于安徽古泉换流站，其间翻过天山，穿行河西走廊，跨越黄河与长江天堑。电力建设者要克服沿途的各种恶劣地理与气候条件，才能完成线路搭建。

肆 100%

风、光、水、火四种方式，已生产了全国95.3%的电量，冲击100%的最后一棒是核电。

和火力发电类似，核电燃料可以运输，能量产出稳定，基本不受气候、时间的影响。但和火力发电不同的是，装机容量100万千瓦的核电厂每年仅需核燃料25到30吨，为相同容量火电厂耗煤量的十万分之一。[1] 这就意味着核电的燃料运输成本能大大降低，因此我国目前建设的核电站均远离原料产地，位于东部和东南沿海的用电负荷中心附近。

不过，我国的核电起步较晚，直到1991年浙江秦山核电站开始发电，才有了第一座自行设计和建造的核电站。而当时世界上其他国家已有420余台核电机组投入运行，提供着全球16%的电力。

随后的近30年间，在引进国外先进技术的基础上，我国核电技术逐渐自主化。2018年并网发电的广东台山核电站，是全国首次引进的第三代核电技术，也是目前世界上单机容量最大的核电机组。而到2021年1月30日，“华龙一号”在福建福清核电站投入商业运行，这是我国首个拥有完全自主知识产权的第三代核电机组。

2020年，我国核电装机容量达到5102.72万千瓦，产生了超过3662.43亿千瓦时的电量，相当于减少火力发电10474.19万吨标准煤的燃烧，减排27442.38万吨二氧化碳，为节能减排贡献了巨大力量。[2]

然而核电技术复杂，安全标准严格，因此核电厂的建造成本十分高昂，单位造价更是火电厂的数倍。历史上的核电站安全事故也令核电在争议中发展。但随着技术进步和社会认知的深入，甚至核聚变技术的突破，核电将在未来扮演更加关键的角色。

1. 现在商用的核电站利用的核反应均为裂变反应，燃料为铀核燃料。
2. 数据来自中国核能行业协会核电运行分会2021年1月27日发布的《2020年1—12月全国核电运行情况》。

右图　位于福建福清的“华龙一号”核电机组 / 供图　中核集团

“华龙一号”是我国具有完全自主知识产权的三代核电技术，是我国核电走向世界的“国家名片”。其每个机组每年可发电近100亿千瓦时，相当于减少标准煤消耗312万吨、减少二氧化碳排放816万吨，对助力碳达峰、实现碳中和目标具有重要意义。

回首新中国成立前夕，全国发电装机容量仅184.86万千瓦，历经38年的披荆斩棘，才终于突破1亿千瓦大关。而从1亿到2亿千瓦，再从2亿到3亿千瓦，分别用了8年和5年。到2009年，我国发电装机容量超越美国，跻身世界第一位，之后更以每年约1亿千瓦的速度突飞猛进，堪称世界电力史上的奇迹。

不仅如此，截至2019年年底，全国220千伏以上输电线路共计长754785千米，足足能绕赤道18圈。其中24条特高压输电线路在东西南北间交织穿梭，堪称中国大地上又一工程奇迹。除华北和华东地区，全国各区域间均已实现跨区供电，输电线路翻越高山峡谷，跨过江河湖海。即便是高寒的世界屋脊，也能与全国各地连为一体。2019年，全国跨区、跨省送电量分别达到5405亿千瓦时和14440亿千瓦时，分别相当于当年全年发电量的7.4%和19.7%，它们就通过这张大网奔向东西南北。

今天的中国，14亿人实现全民通电，但人均用电量在世界仅居第63位，未来的路依然漫长。

但是，每当夏天人们打开空调和电扇，每当城市在黑夜中灯火通明，我们便不由得想起千里之外发电机的隆隆轰鸣，因为那就是这个跑步进入现代化的国家中，最波澜壮阔的声音。

风电
5.5%
核电
4.7%
太阳能
3.1%
2019年中国发电量构成比例
黑龙江
吉林
辽宁
内蒙古
北京
天津
宁夏
山西
河北
山东
甘肃
陕西
河南
江苏
安徽
上海
四川
三峡水电站
重庆
湖北
浙江
湖南
江西
贵州
福建
台湾
广东
广西
澳门
香港
海南
红沿河核电站
海阳核电站
田湾核电站
秦山核电站
三门核电站
宁德核电站
福清核电站
大亚湾核电站
台山核电站
阳江核电站
防城港核电站
昌江核电站

2018年中国电力装机容量分布

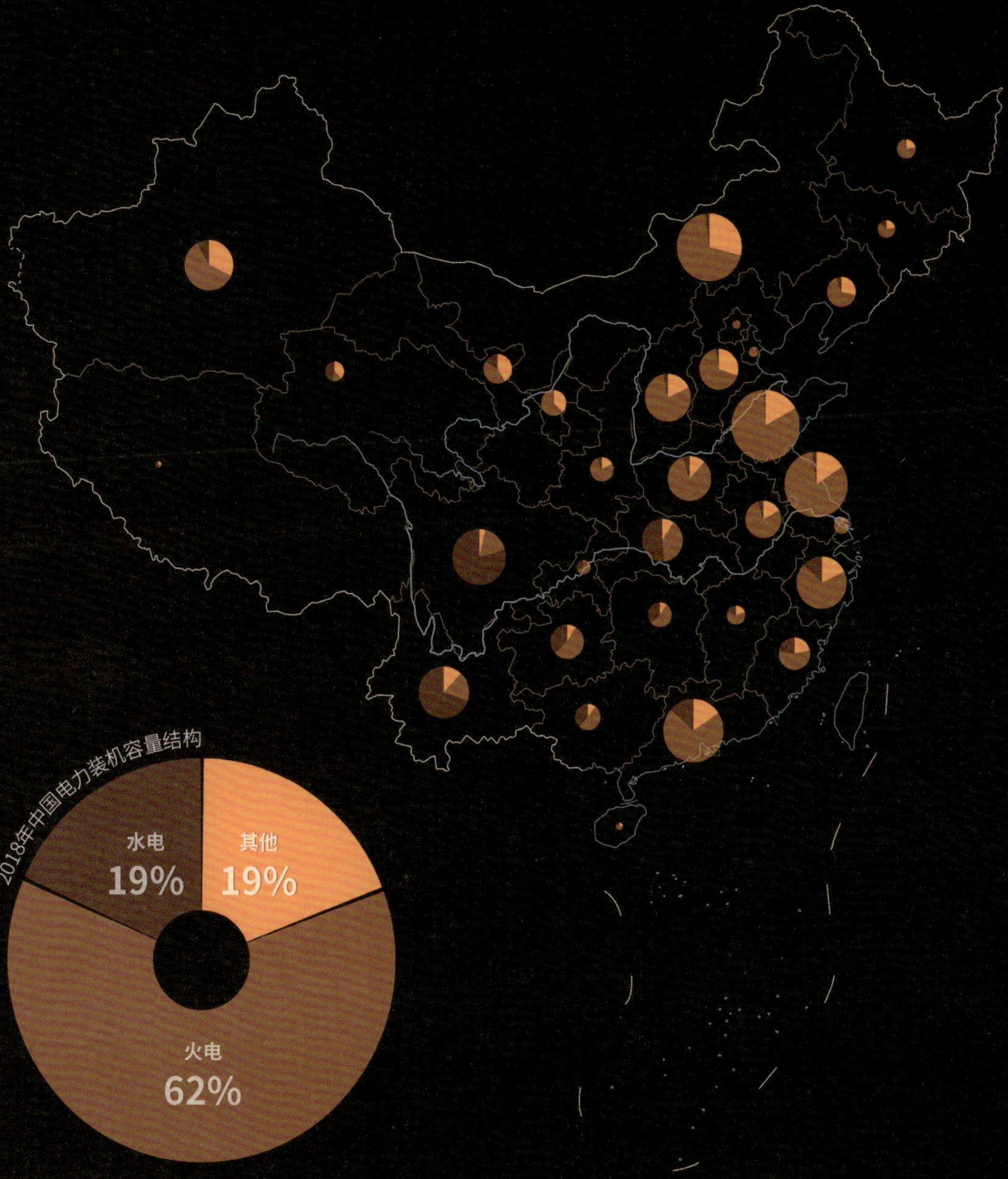

注：港澳台数据暂缺。

主要能源分布

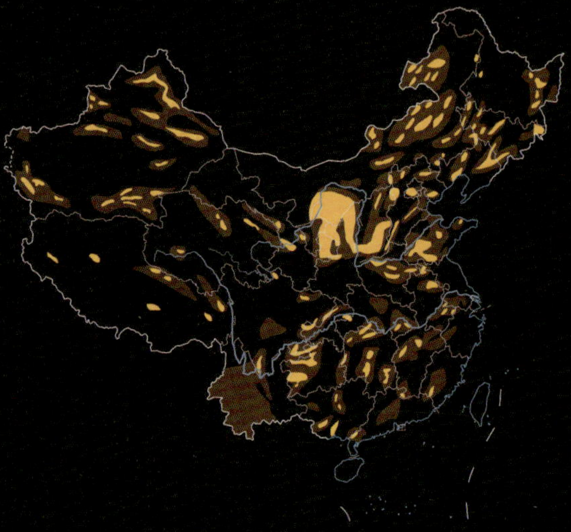

煤炭资源分布

- 煤田
- 含煤区

太阳能资源分布［千瓦·小时/（平方米·年）］

- 丰富区 ＞1740
- 较丰富区 1400~1740
- 可利用区 1160~1400
- 贫乏区 ＜1160

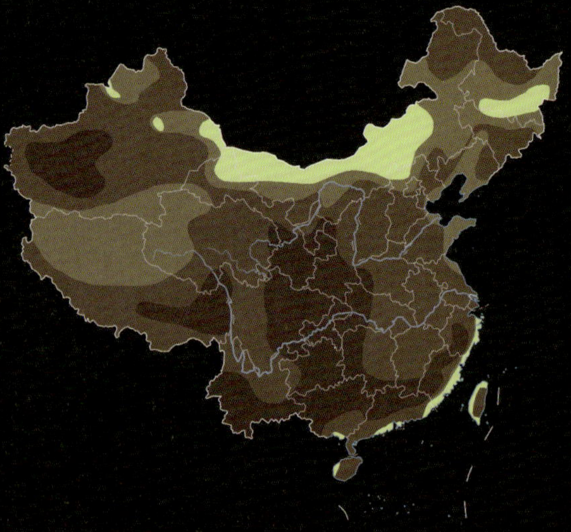

风能资源分布（瓦/平方米）

- 丰富区 ＞200
- 较丰富区 150~200
- 可利用区 50~150
- 贫乏区 ＜50

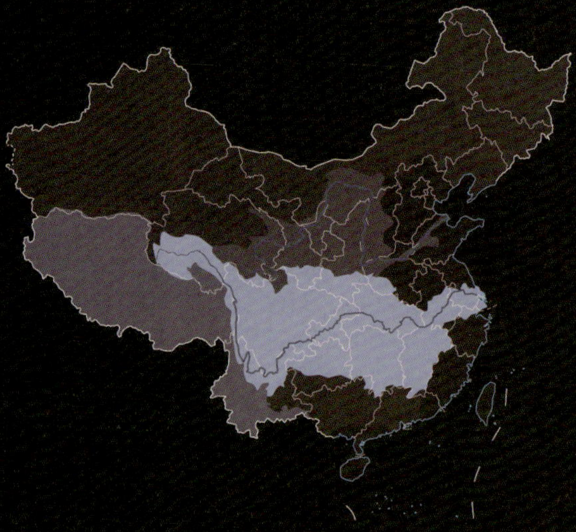

水能资源在全国分布比重

- ＞50%
- 10%~20%
- 5%~10%
- 1%~5%
- ≤1%

○ 主要发电站和输电线路分布

注：图中所示各类电站为已建成电站。

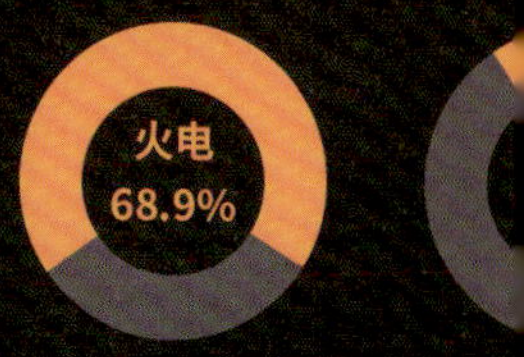

注：港澳台数据暂缺。

左图　国家电网工作人员正在架设高铁预留站高压线路／摄影　高兴建

2018 年 4 月 30 日，山东日照五莲县萝花山，国家电网工作人员正在架设高铁预留站高压线路，确保高铁站的电力供应。正是有这些电力建设者，中国才诞生了一个个电力奇迹。

②2

煤炭

中国 60% 的能源来源

这是一个由能源驱动的世界

放眼全国

大大小小的煤矿散布各地

连续 10 年年总产量超过 30 亿吨

2020 年的总产量更是高达 39 亿吨[1]

时至今日，煤炭消费量

仍占我国一次能源消费量的近 60%[2]

正是这些巨量而饱受争议的煤炭

保障了我们的生产与生活

成为社会发展的基础动力

煤炭与我们到底有着怎样的故事

我们的生产能力又为何如此惊人

这一切要从煤炭的形成讲起

1. 数据来自中国煤炭工业协会 2021 年 3 月发布的《2020 年煤炭行业发展年度报告》。

2. 根据《中华人民共和国 2020 年国民经济和社会发展统计公报》，2020 年，煤炭在我国能源消费总量中占比 56.8%。

秦皇岛港的煤炭码头 / 供图 中科星图股份有限公司

秦皇岛港自近代开埠起，距今已有 120 多年历史。新中国成立后，秦皇岛港承担起“北煤南运”的重要使命，是大秦铁路线的主要配套港口。改革开放至今，秦皇岛港累计运输煤炭 40 多亿吨，成为名副其实的“国民经济晴雨表”。

壹 沧海桑田

亿万年来，中国大地上的很多地方都曾经历这样一幕：在温暖湿润的沼泽洼地中，各种植物竞相生长，郁郁葱葱，欣欣向荣。伴随着水体的时进时退，大量的植物遗体迅速被掩埋、堆积，与空气隔绝。在还原环境中，它们被部分分解，形成一片片泥炭沼泽。而后，沧海桑田，海陆升降，泥炭被掩埋于地下，在高温、高压等特殊条件下发生一系列物理化学变化，最终形成煤炭。

这一幕还不止发生过一次。植物一次次倒下，地层一层层覆盖，煤炭也一次次形成。于是，在今天的中国大地之上，煤炭的探明储量多达 1400 亿吨[1]，含煤区面积超过 80 万平方千米，比东北三省的总面积还要大，占全国陆地面积的

1. 此处数据来自 2020 版《BP 世界能源统计年鉴》。

世界煤田分布

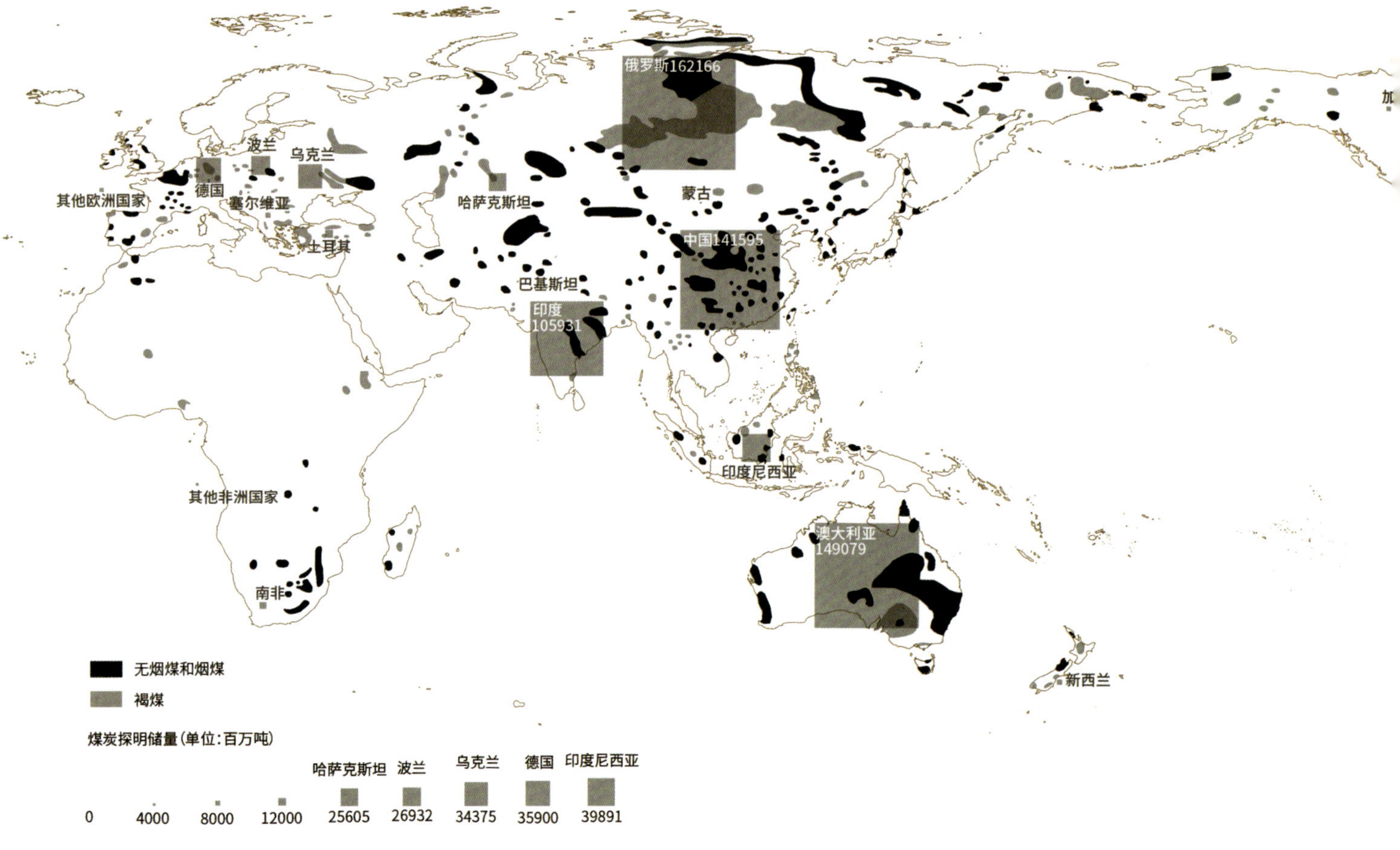

8.3%，几乎每个省份都有煤炭资源分布。

放眼全球，如此大的储量，在 200 多个国家和地区中高居第四位。

如此来看，我们的煤炭家底足够厚实。可是要想将这些地下矿藏开采出来，我们还需用尽十八般武艺。

中国煤炭资源分布

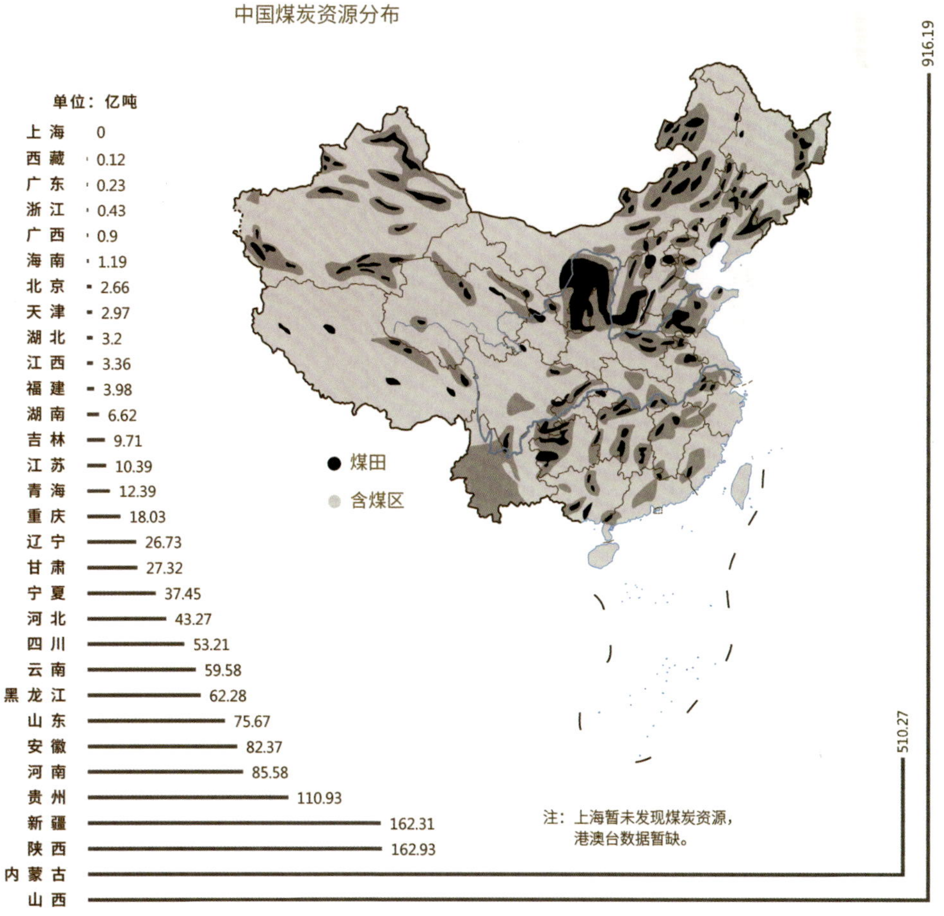

中国各省（区、市）煤炭储量排名
（数据源自：国家统计局，2016）

贰 搬山卸岭

在内蒙古鄂尔多斯附近，起伏的山丘变成了一个个平整的立面，伴随而来的是越发清晰的机器轰鸣声。循声望去，映入眼帘的是一个硕大无比的洼地。洼地的上部，是煤层上覆盖的岩土，只有将岩土剥离，煤炭才能重见天日。

完成这项工作的，是一支由各种机械组成的庞大装甲军团。吊斗铲凭借高大的悬臂，轻而易举地将松散的岩土挖掘并转移至 100 米远。庞大的轮斗铲更加引人注目：它的前端是由数个一人高的铲斗组成的齿轮，尾端连接着数百米长的运输带，能够以极高的效率完成挖掘加运输的流水线作业。

岩土被剥离之后，黑乎乎的煤炭露出，灵活的单斗铲等机械挥舞着长臂，铲装、运输破碎的煤炭。电铲在缆绳的拉扯下，将身边的煤炭装入卡车。当然，它们也可以直接与运输带连接，组成更加连续、便捷的工作系统。之后，勤劳的“搬运工”卡车在坑场与地表之间穿梭，将煤炭和土石运出洼地。

轰鸣声此起彼伏，各种机械有条不紊地密切配合，一派热火朝天的景象。经年累月的挖掘，使山丘夷为平地，平地被掏空成洼地。从高空俯瞰，竟呈现出一层层、一圈圈的台阶，蔚为壮观。这便是露天采煤的现场。

上图　伊敏河露天矿 / 摄影　刘瑞

伊敏河露天矿位于内蒙古自治区呼伦贝尔市鄂温克旗，采矿范围内剩余保有资源量为 20.31 亿吨。1984 年，该煤矿便建成为一座百万吨级露天矿。目前，该煤矿核定产能为每年 2200 万吨。

一年之内，这里采出的煤炭将超过 2000 万吨。如此规模的露天煤矿，在全国范围内都屈指可数。

但是，这样惊人的生产能力却来之不易。

空中俯瞰平朔安太堡露天煤矿 / 摄影 翟鸿宇

年产 2000 万吨的安太堡露天煤矿，是中国最大的露天煤矿之一。这些开采出的巨量煤炭，会通过如蚁群般的卡车被运出。

时间回溯至 70 多年前，旧中国遗留下来的煤矿大都规模较小、设备简陋、技术落后，而百废待兴的新中国，急需煤炭资源来进行工业建设。

于是，在苏联的援建之下，十几个年产量在 500 万吨左右的现代化露天矿出现在大江南北。在云南，有红河的小龙潭露天矿；在辽宁，有抚顺的抚顺西露天矿，也有阜新的海州露天矿。

这些露天矿有一个共同特点，就是配备了当时最先进的设备 —— 挖掘可靠的铲车和装载量大的蒸汽机车，二者强强联合，能够保证产量的最大化。正因如此，辽宁阜新的海州露天矿还一举成为当时亚洲最大的露天煤矿。矿坑里，一列列满载煤炭的蒸汽机车，头顶着滚滚白烟，沿着铁轨奋力爬升，是那个年代最动感的画面。

20 世纪 80 年代，随着露天开采技术的进步，我们独立设计和建设了平朔、霍林河、伊敏河、元宝山、准格尔一众声名显赫的大型露天矿，人称“五大露天”。

彼时的中国，汽车工业取得较大的发展，灵活的卡车逐渐成为新的煤炭运输工具。与拥有大运量的列车相比，虽然单辆卡车的运力有限，但是众多卡车一齐出动，便组成了一支灵活的机动部队，其总运力绝不逊色。在铲车与卡车这对新组合的“加持”下，生产效率得到大幅提升，这些煤矿的年产量可突破 1500 万吨。

可是，随着矿坑越挖越深，卡车的运输距离变得越来越长，运输效率也变得越发低下。

于是，一项新设备 —— 胶带输送机应运而生。它的运输能力可与标准铁路抗衡，而成本只有卡车的 50%，具有多重优势。此外，根据实际的地形条件，煤炭还可以“乘坐”索道，横跨峡谷，完成运输。

截至目前，露天煤矿里的装甲军团成员越来越多，性能也越来越强大。它们灵活配合，使得露天煤矿的年生产能力突破 3000 万吨。

右图　新疆哈密三道岭露天矿中行驶的蒸汽机车 / 摄影 姚金辉
三道岭煤矿曾是西北地区最大的露天煤矿之一，由于煤炭资源逐渐枯竭，如今这里已不复往日盛景，中国最后一批运煤蒸汽机车也已在这里退役，成为历史。

右页左图　云南红河小龙潭露天矿中运煤的卡车 / 摄影 饶颖

右页右图　内蒙古伊敏河露天矿中的露天采煤设备 / 摄影 刘瑞
铲车、移动式破碎机、胶带运输机三者相互配合，实现了煤炭开采与运输的连续作业。

进入 21 世纪，一大批露天矿更是喷薄而出。2008 年，内蒙古乌珠穆沁的白音华露天矿建成投产。2014 年，内蒙古鄂尔多斯的哈尔乌素露天矿建成投产。2019 年，陕西神木的西湾露天矿建成投产。

截至 2017 年，全国露天煤矿约有 420 座，其中年产量超过 1000 万吨的大型露天煤矿达到 19 座。

不过，露天开采只适用于那些埋深较浅且厚度较大的煤层。到 2017 年，全国露天煤矿年产量仅有 5.28 亿吨，只占当年全国煤炭总产量的 15% 左右。那么，面对深部的煤层，在没有像露天开采那样宽敞的作业空间时，我们又会遇到怎样的难题？

左上图　小龙潭煤矿布沼坝矿坑阶梯操作面全景 / 摄影　祁凯

小龙潭煤矿从 20 世纪 50 年代开始开采，矿区以南盘江为界分为两个井田，江北井田由小龙潭露天矿开采，江南井田由布沼坝露天矿开采。到 20 世纪八九十年代，小龙潭露天矿成为云贵煤炭基地重点矿区，附近电厂承担着云南电网主力发电任务。

左下图　布尔台煤矿 / 摄影　任世明

布尔台煤矿位于内蒙古鄂尔多斯市伊金霍洛旗，井田面积 193 平方千米，矿井设计可采储量为 20.16 亿吨，矿井设计生产能力为每年 2000 万吨，是一座集生产、洗选、储装、外运综合布局的特大型高产高效现代化矿井。

叁 地下世界

在我国，超过 29 亿吨、约占全国煤炭总产量 85% 的煤炭是从黑暗的地下世界中开采出来的。可是，地下煤层往往深达数百米，有的甚至超过千米。怎样才能采出规模如此巨大且埋藏如此之深的煤炭?

首先，人们必须想方设法在地表和煤层之间，开凿出一条条或水平、或倾斜、或垂直的通道，搭建起一个合理的井下生产空间。这些通道不仅是输送煤炭、土石的运输通道，也是输送人员和设备的运输通道，更是深井之下人员、运输、通风、排水、供电、通信、救援等的安全保障通道。沿着这些通道，人们终于能够触及深埋于地下的煤层。

然而有些煤层过于庞大，它们横向延伸数千米，厚度达到上百米。在没有机械的时代，面对这样的“庞然大物”，人们只能手刨肩背，将煤炭一点点从煤层上剥落，再一筐筐背送至地面。在条件相对优越的地方，可以使用炸药炸碎煤层，借助井下轨道和矿车完成煤炭运输。即便如此，其难度仍然超乎想象。

幸好机械化的进步让井下作业发生了转机，煤层破碎、装载、运输，以及地下空间的支护等工作开始逐渐被机械取代，开采效率也随之大幅提升。其中，最先进的地下开采工作均由机械完成，这意味着人工采煤的时代将彻底终结。

以内蒙古鄂尔多斯神东矿区的上湾煤矿为例，在 200 多米深的矿井下，工作人员通过控制台便可操控世界最大采煤机，一次性可采出 8.8 米厚的煤层。与此同时，在开采的工作面上，128 台液压支架一字排开，长度接近 300 米。液压支架接收指令，有序进退，实现对采煤现场顶部岩石的安全支护。采下的煤炭则沿着数千米长的运输胶带，被及时输送至地表。所有工作井然有序，一气呵成。

截至 2019 年，全国已有 98% 的大型煤矿实现了机械化采煤，井下事故遇难的人数从 2004 年的 6027 减少至 316，事故发生系数[1] 下降超过 97%。

1. 事故发生系数即百万吨死亡率，指的是每生产 100 万吨煤炭造成的死亡人数比例。

右图　江苏徐州姚桥煤矿智能工作面 / 摄影　李新建

在一些机械化智能生产煤矿，从采煤机割煤、支架移架，到刮板输送机推溜等采煤动作，已全部实现自动化。煤炭生产不再需要人员直接接触，只需在集中控制室完成操作指令，这不仅让工作人员的安全得到了保障，也大大提高了生产效率。

液压支架
采煤机

此外，在多种机械的助力之下，即使面对错综复杂的地下世界，采煤工作也变得游刃有余。对于近水平状、厚度小于 7.5 米、赋存条件简单的煤层，人们可以沿着煤层推进，一次性将煤炭采出，此即长壁采煤法。

对于近水平状、厚度一般超过 5 米的厚煤层，人们可以自上而下，分多层开采。当然，也可以自下而上进行放顶煤开采，这种开采方法是先在煤层底部采出 2 到 3 米的高度，再利用顶板压力或者人工方法，使顶部煤层直接垮落、破碎、放出。

任凭地下煤层肆意展布，人们只管见招拆招。截至目前，我国的采煤方法多达十几种，是世界上采煤方法种类最多的国家。

相较于露天开采，从挖掘各种地下通道到应对不同形态的煤层和地表，地下开采的每一步都异常艰难。当然，煤层开采的“艺术”并非一成不变，人们可根据实际情况，在两种开采方式间切换或组合使用。

当露天开采的成本超出合理的经济范围时，就需要转向地下开采。而当地下环境变得恶劣时，人们就不得不转为露天开采。以宁夏石嘴山的大峰煤矿为例，煤层的自燃使得地下温度居高不下，严重危害作业人员的安全。所以，自 2007 年起，该煤矿的开采方式从地下转向了露天。

如果煤层向地层深处延伸极大，可以露天和地下同时开采。例如山西平朔的安家岭煤矿，人们在其露天矿场的周围同时进行地下开采，是我国第一座“露井联采”的现代化大型煤矿。

至此，从浅部煤层的露天开采到深部煤层的地下开采，近 4700 座大大小小的煤矿在中国大地上遍地开花。它们热火朝天，日夜不休，让中国成为名副其实的“煤炭帝国”。

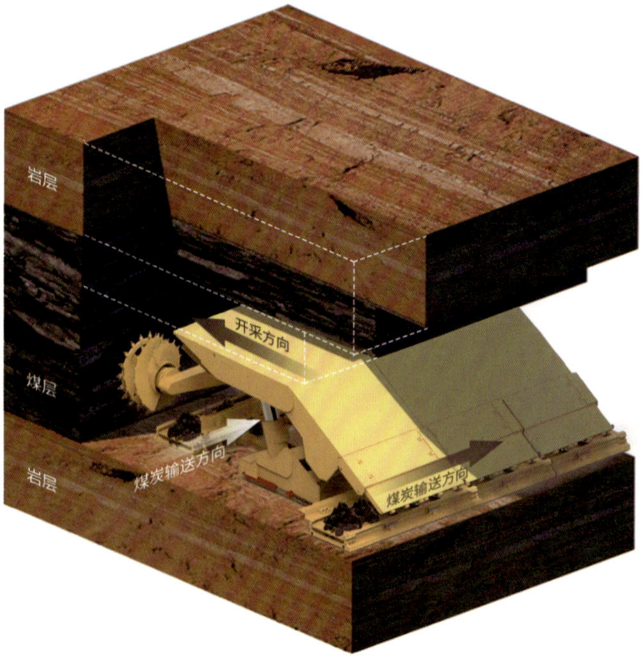

放顶煤开采示意

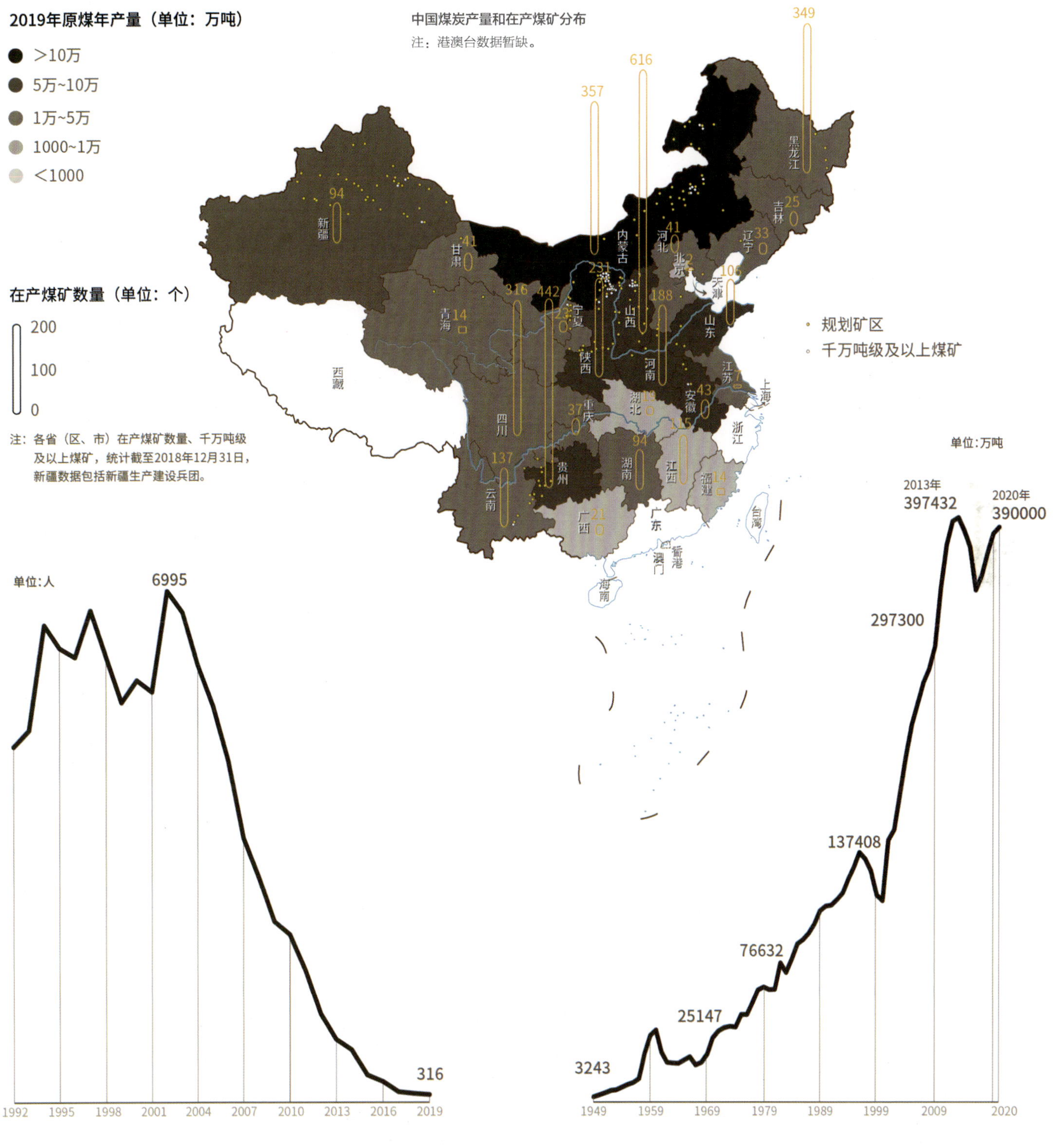

1992—2019年全国煤矿死亡人数变化

1949年以来中国原煤产量变化

煤炭从哪里来?

亿万年的地质演变，将巨大的生物能量封存在地表之下，人们用尽十八般武艺才让它们重见天日。如今，煤炭正以各种各样的方式，支撑起人类庞大的能源需求。这种黑漆漆的东西到底从哪里来，人们又是如何开采和利用它们的，我们尝试在这里给出答案。

注：制图中升降机图片摄影师为胡寒。

煤炭产业结构

煤 炭 开 采

- 露天开采 适用于开采埋深较小且厚度较大的煤层
- 地下开采 绝大部分煤炭来源于埋深较大的地下，产量占比高达85%*

*以2017年数据为例

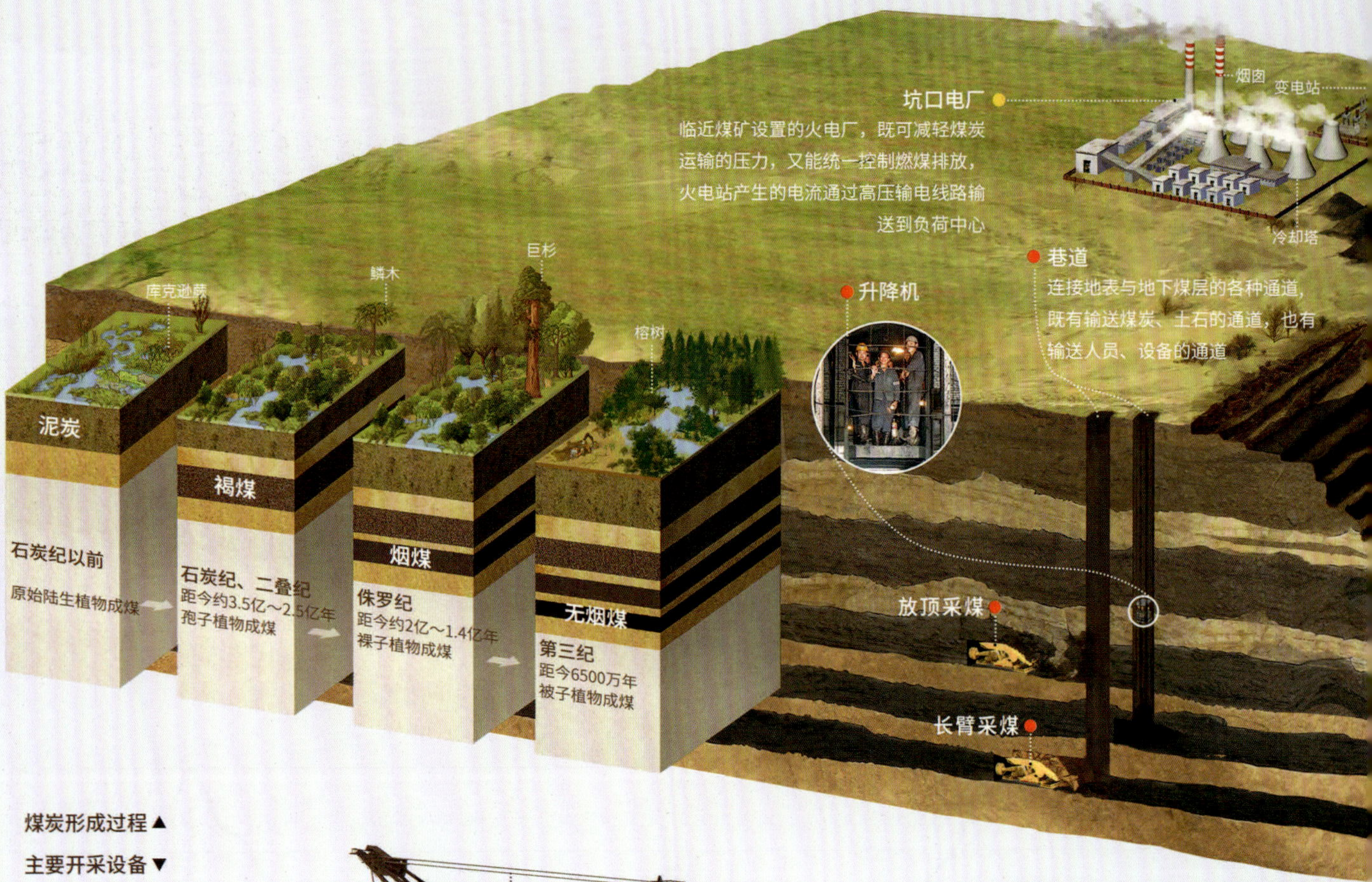

煤炭形成过程▲

主要开采设备▼

运输

- **铁路运输** 大部分煤炭通过煤运铁路调运至消费中心或港口，铁路煤炭调运量占比达60.5%
- **公路运输** 凭借公路灵活的优势，主要解决货运到门的问题
- **水路运输** 主要利用沿海和沿江港口完成煤炭的调运
- **管道运输** 中国已建成首条长距离输煤管道，设计年输送能力1000万吨

*以2020年数据为例

煤炭消费 2019年中国煤炭消费总量达40亿吨

- **电力行业** 主要用于火力发电，耗煤占比达58.8%
- **钢铁行业** 主要用于钢铁等金属冶炼
- **建材行业** 生产水泥等建筑材料
- **化工行业** 煤化工厂生产煤制油、煤制烯、化肥等
- **其他行业** 民用、服务业等

*以2019年数据为例

肆 功与过

时至今日，我国的煤炭年产量已经达到 39 亿吨，是 70 多年前的 120 倍。与此同时，全国的火力发电装机容量增长了 708 倍，总量居世界第一；钢铁产量增长了 6300 倍，总量居世界第一。熊熊燃烧的煤炭，点亮了万家灯火，筑起了钢铁森林，也融入了 14 亿人的生活，更成为这个觉醒的东方大国拼命追赶、飞速前进的动力。然而，我们也付出了不小的代价。

煤炭的大规模生产占用了大量土地，尤其是露天开采，它直接破坏了地表土层和植被。地下开采则导致地下水污染，引发地面沉陷，让生态脆弱区不堪重负。而煤炭的直接燃烧，将烟尘、二氧化硫、氮氧化物等大量污染物排入大气。如此粗犷的使用造成了酸雨、雾霾等环境污染问题，给人们的生活带来了极大的挑战。

我们对煤炭的开采和利用真的就一定要付出沉重的代价吗? 答案显然是否定的。

人们正在努力改善煤炭的开采方式，比如将开采产生的矸石用作采空区回填的材料，以减少地面沉陷。对露天矿场进行复土造田，重新种植植被。以山西平朔煤田为例，截至 2017 年，土地复垦面积超过 4 万亩，形成了采矿、复垦、还地的绿色开采模式。曾经的露天开采现场，也可以变身为绿色的矿山公园。对于矿井水，会进行统一洁净处理，再用作矿井及矿区的生产生活用水。

正是通过这些方式，如今我国煤矿区的土地复垦率达到 52%，煤矸石综合利用率达到 71%，矿井水综合利用率已经超过 75.8%。

不仅如此，人们也在改变着煤炭的使用方式。比如在大型露天煤矿附近，直接建造起坑口火电厂，改煤炭运输为电力运输，实现污染物的统一管理和排放。煤炭燃烧之后，还要经过除尘、除硫、脱硝等程序，确保气体达标排放。

正如中国工程院院士谢克昌所说：“实现了清洁高效利用的煤炭就是清洁能源。”

与此同时，人们还在积极寻找和开发利用煤炭资源替代品。除了石油、天然气等传统化石能源，水能、风能、光能、核能等新型清洁能源，已经逐渐成为人类能源的重要构成。以中国一次能源消费来看，煤炭的消费占比已经从70多年前的90%以上下降至60%左右，未来还会继续降低。

下图　内蒙古呼伦贝尔扎赉诺尔国家矿山公园 / 摄影　赵高翔

内蒙古呼伦贝尔扎赉诺尔国家矿山公园是中国首批建设的国家矿山公园之一。扎赉诺尔是一座因煤兴起的城镇，经过百年的开采，这里的煤炭资源渐趋枯竭，人们便将废弃的矿山建设为公园，修复受损的环境。

在未来的某一天，煤炭的能源效用或许会被彻底取代，从此在我们的世界中消失。

但到那时，当再次谈及煤炭时，我们一定还会感慨万千：正是它，点燃了新中国的第一把工业之火；正是它，点燃了一个热火朝天的时代。

洛阳矿山机械厂 / 摄影 黄政伟

“一五”时期建成的洛阳矿山机械厂，是我国第一座现代化矿山机械厂。它曾攻克多项铸锻件难题，为我国采矿机械化、现代化贡献了巨大的力量。

③2

南水北调

超级工程，谈何容易

和全国所有的地铁站一样
北京五棵松地铁站的站台之上
乘客日复一日来往匆匆
但不一样的是
在站台之下仅 3.67 米处
来自千里之外的滔滔江水
经由两条巨大的管道奔腾北上

也许站台上的人们
永远不会感受到脚下澎湃的水流
整个华北平原之上的约 1.2 亿人
也几乎不会感受到
因为一项史无前例的超级工程
自己的生活和城市正在悄然发生改变

这项工程便是“南水北调”

陶岔渠首枢纽重建的闸坝 / 供图 南水北调中线干线工程建设管理局宣传中心

陶岔渠首枢纽位于河南省淅川县陶岔村，是南水北调中线输水总干渠的“水龙头”。

壹 干涸的华北

在中国，若以人均水资源量计算，最为“干涸”的并非沙漠广布的西北地区，而是华北平原，特别是京津冀地区。这里养育着全国 8% 的人口，但人均水资源量却远远低于国际通行的人均 500 立方米的极度缺水红线。

不仅如此，日益膨胀的人口，快速扩张的城镇，迅猛发展的工业让流经华北平原的黄河、淮河和海河，一度成为全国地表水质量最差的地区，最严重时几乎是“有河皆枯、有水皆污”。水量短缺，水体污染，可用的地表水所剩无几，于是人们不得不超采地下水，回用再生水，甚至挤占维系生态功能的水源，以填补庞大的用水缺口。到 21 世纪初，京津冀的地下水开采程度均已超过 100%[1]，一个面积超过 9 万平方千米，并且在不断扩大的地下水超采区，在华北平原之下迅速形成。

在北京，供给城市生活用水的密云水库，仅在 1999 年到 2003 年的 4 年，库存水量就减少了 3/4，全市超过 70% 的用水只能靠抽取地下水维持，这导致北京平原地区的地下水位以每年 1 米的速度持续下降。在济南，地下水的严重超采，令大量涌泉景观彻底消失，昔日的“泉城”岌岌可危。而在开采力度更大的河北省部分地区，预计不到 20 年后，便会面临无地下水可采的局面。

尽管从 2003 年起，北京通过各项节水措施，使万元 GDP 用水量下降近七成，22% 的用水被再生水替代，但地表水稀缺的现实和用水量增长的趋势依然难以改变，地下水位仍然在逐年下降。

中国的南北大地本应拥有相同的发展机会，但水资源的极度短缺却成了限制华北地区发展的枷锁。干涸的华北大地迫切地需要新的水源。

而千里之外的浩荡长江，多年平均径流量约 9600 亿立方米，是黄淮海三河总径流量的近 7 倍，长江之水能否北上？人们怀抱着一线希望。然而，要建设一个跨越 1000 多千米的调水工程，谈何容易？

1. 地下水开采程度可用开采系数表示，即实际开采量与可开采量之比，若系数大于 100% 则为超采。

中国人均水资源与世界对比 ▶

中国各省（区、市）人均水资源排名 ▼

（单位：立方米）

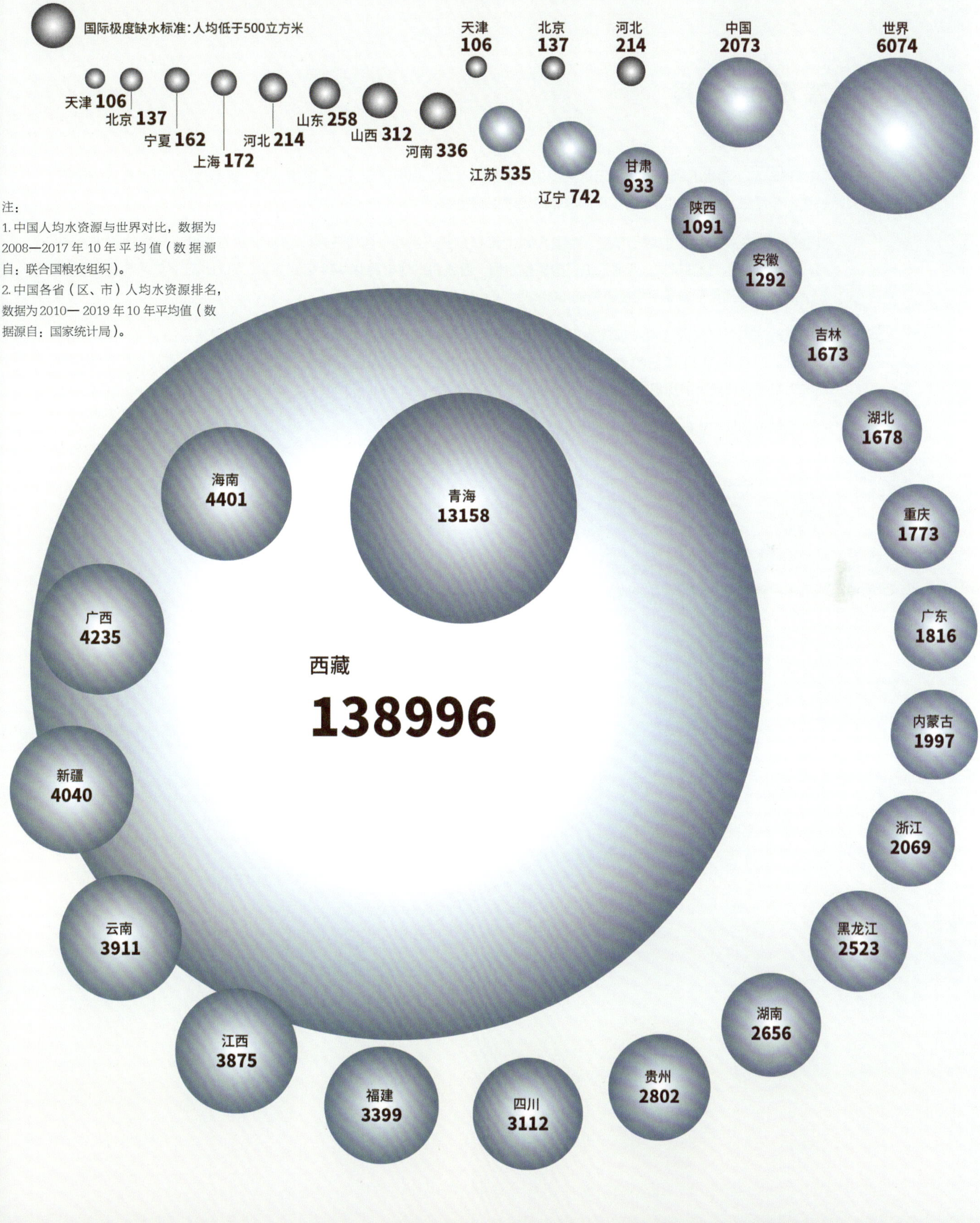

注：

1. 中国人均水资源与世界对比，数据为2008—2017年10年平均值（数据源自：联合国粮农组织）。
2. 中国各省（区、市）人均水资源排名，数据为2010—2019年10年平均值（数据源自：国家统计局）。

贰 艰难的工程

早在 1952 年，南水北调的设想就已诞生。但大到线路布局、规模设置，小到渡槽结构、管道材质，不计其数的论证长达半个世纪。直到 2002 年，工程的总体规划才正式出炉。

这意味着，在规划提出的数十年后，中国大地上将有东线、中线、西线三条大型水道纵贯南北，与东西流向的海河、黄河、淮河、长江形成“四横三纵”的巨型水网，最终调水规模将达 448 亿立方米，约为长江多年平均径流量的 4.7%，却几乎是黄河多年平均径流量的 80%。[1]

尽管那时国内外已建成近 400 项调水工程，但南水北调工程的规模之大、涉及面积之广、覆盖人口之多，均堪称史无前例。2013 年 11 月 15 日和 2014 年 12 月 12 日，东、中线一期工程先后通水。南来之水第一次涌入北方大地之时，便成为世界水利史上的历史性时刻。

这滚滚清流背后，又有着什么样的故事呢？

---

1. 规划中，东、中、西线最终调水规模分别为 148 亿、130 亿和 170 亿立方米，已建成的东、中线一期工程调水规模为 88 亿和 95 亿立方米，西线工程还在论证中。以上调水规模都为多年平均值，实际调水量则要根据当年供需情况确定。

南水北调工程示意

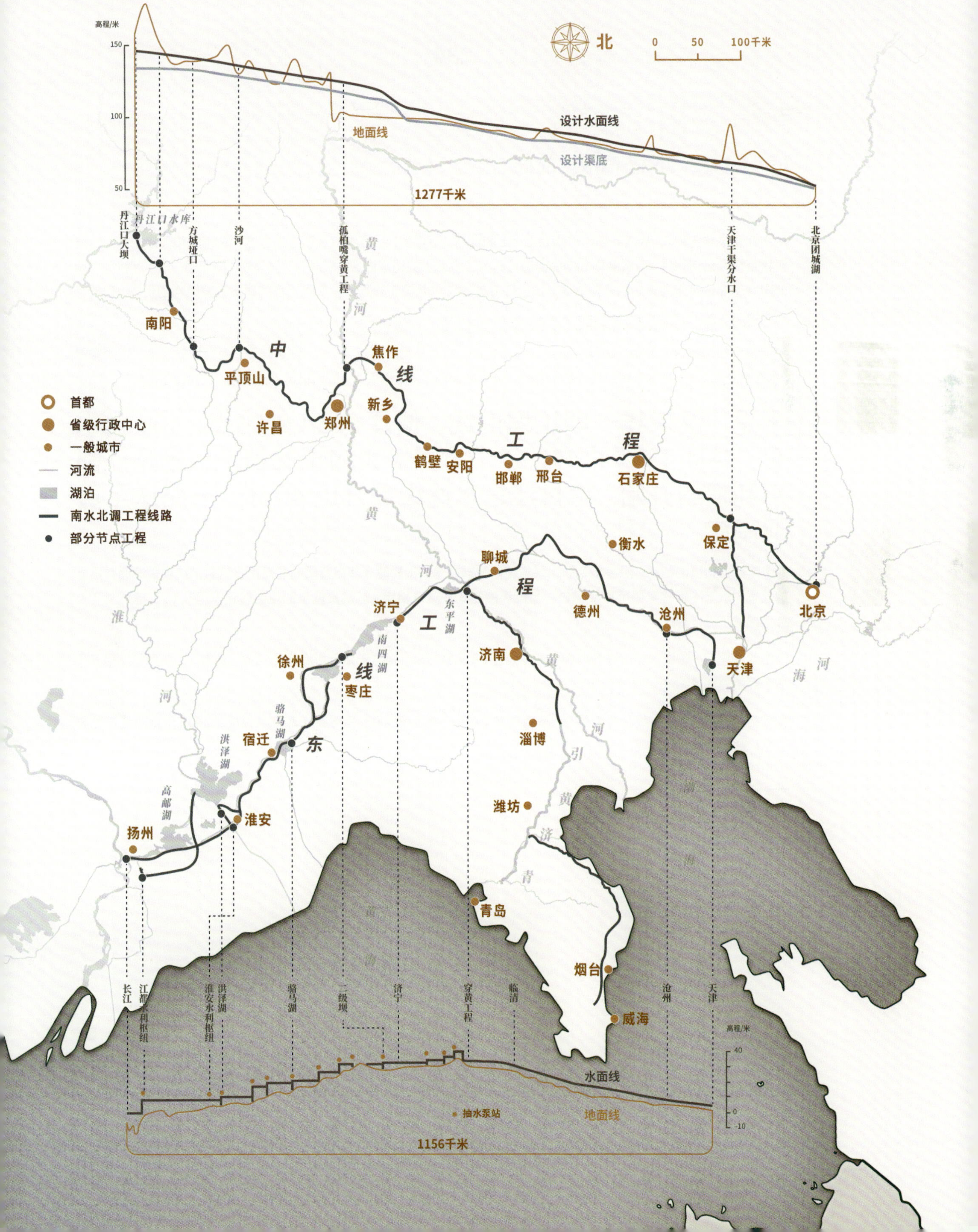
高程/米
150
100
50
北
0 50 100千米
设计水面线
地面线
设计渠底
1277千米
丹江口大坝
丹江口水库
方城垭口
沙河
孤柏嘴穿黄工程
天津干渠分水口
北京团城湖
黄
河
中
线
工
程
南阳
平顶山
许昌
郑州
焦作
新乡
鹤壁
安阳
邯郸
邢台
石家庄
保定
衡水
北京
天津
首都
省级行政中心
一般城市
河流
湖泊
南水北调工程线路
部分节点工程
聊城
德州
沧州
济宁
东平湖
南四湖
徐州
枣庄
济南
淄博
潍坊
青岛
烟台
威海
东
线
工
程
骆马湖
宿迁
洪泽湖
高邮湖
淮安
扬州
淮
河
海
河
引
黄
济
青
长江
江都水利枢纽
淮安水利枢纽
洪泽湖
骆马湖
二级坝
济宁
穿黄工程
临清
沧州
天津
高程/米
40
0
-10
水面线
地面线
抽水泵站
1156千米

①东线：水往高处流?

南水北调东线工程[1]，从江苏扬州一路北上，上跨淮河，下穿黄河，最终将长江之水送到山东半岛和天津城区。沿途包括京杭大运河在内，有数条南北向的河道可作为江水北上的现成通道，洪泽湖、骆马湖、南四湖、东平湖等数个南北串联的湖泊可作为天然的调蓄水库，加之江苏省的江水北调工程基础，东线工程的建设有着地利的优势，只待水到渠成。

然而事情却没有这么简单，从调水起点到黄河南岸，地面高程升高近 40 米。这意味着，南水想要北上，必须实现“水往高处流”，直至水流越过最大的高程点，才可顺流而下，抵达天津，或沿引黄济青工程，奔向山东半岛。

于是，仅东线一期工程沿线，便建有 34 处站点、160 台水泵，共计 13 级泵站。这个世界最大的泵站群，从扬州江都水利枢纽开始，将长江之水逐级提升近 40 米，一路送至黄河南岸。

为了降低泵站群的能耗，沿途 1/3 的水泵均使用我国技术人员耗时 3 年自行研制的灯泡贯流泵。这种装置拥有平直的流道，水流不需转弯便可直接通过。与传统的立式轴流泵相比，灯泡贯流泵的电能转化率可从 65% 提高至 81%，大大提高了运行能效。

经由这些泵站，东线一期工程的年调水能力可达 88 亿立方米，相当于每年为沿线的江苏、安徽、山东各省供给 600 多个西湖的水量。

相较之下，南水北调中线工程则显得“节能”多了，其干线上仅建有一座泵站，却依然完成了 1432 千米的超长距离调水，这是如何实现的呢?

---

1. 目前已建成的东线工程一期，干线长 1467 千米。

右页下图　扬州江都水利枢纽 / 摄影 杨奎

扬州江都水利枢纽连通了长江、淮河、京杭运河等水系，具有灌溉、排涝泄洪、发电、航运等多种功能。如今它已成为南水北调东线工程的起点。

灯泡贯流泵与立式轴流泵结构对比示意

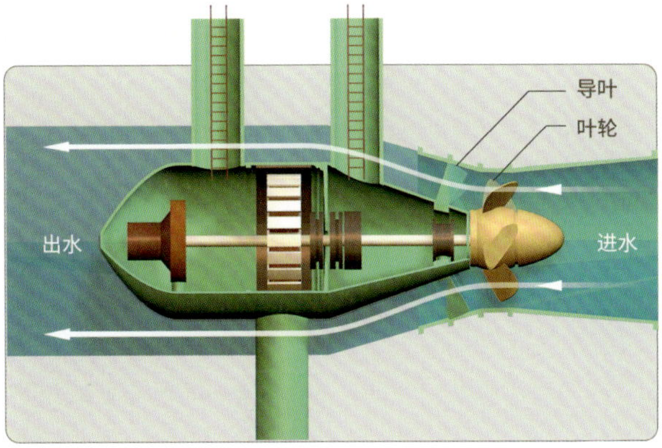

灯泡贯流泵

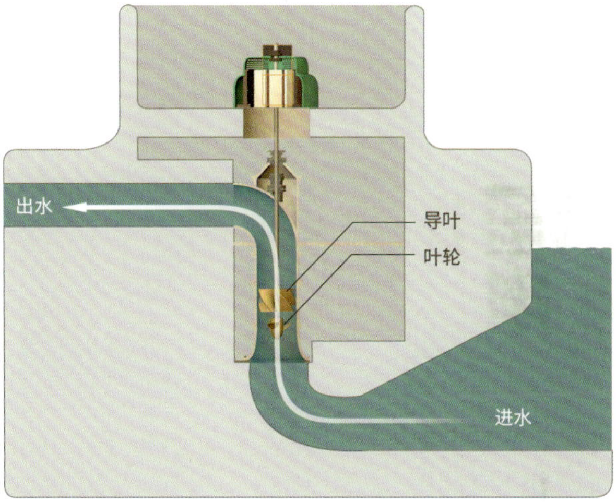

立式轴流泵

②中线：一渠清水向北流

2005 年 9 月，在湖北省汉江与丹江交汇口下游的 800 米处，一声爆破响彻群山之间，丹江口大坝的表层开始被拆除。不久之后，人们在其上方浇筑新的混凝土，让大坝加高 14.6 米，水库面积增加至 1022 平方千米，几乎与三峡库区的水面面积相当。

然而，在一座已服役近 40 年的老坝上，重新浇筑一座新坝并非易事。倘若新老混凝土因温度变化产生不均匀的热胀冷缩，将会令坝体产生裂缝，后果不堪设想。因此，除了严格控制混凝土的浇筑温度，人们还在大坝堰体的老混凝土上切割出一道道键槽，然后植入一根根钢筋，用以加强新老混凝土间的咬合和锚固。同时，人们在大坝顶部向 20 个垂直伫立的闸墩中植入 1164 根钢筋，令闸墩更加坚固。这一工程，历时近 8 年才得以完成。

经过升级改造的丹江口大坝变得更高、更厚，不仅库容量能满足调水需求，水位高程也达到了 170 米，比北京高 100 余米。这就意味着，来自丹江口水库的汩汩清水，不再需要泵站逐级提升，便能一路自流到达北京，或是经位于河北保定的西黑山分水口，转而向东，流入天津。

更幸运的是，分隔长江和淮河流域的秦岭，在河南方城县附近的连绵群山中留出一道“缝隙”，人称“方城垭口”。此处两侧山地的高程在 200 米以上，但垭口处却仅有 145 米，中线工程的水渠可经此“缝隙”穿行而过，避免挖掘数千米的穿山隧洞。

左图　丹江口水库及大坝 / 供图　南水北调中线干线工程建设管理局宣传中心
位于河南省淅川县与湖北省丹江口市交界处的丹江口水库，是南水北调中线工程的起点。丹江口水库初期工程坝顶高程为 162 米，设计蓄水水位为 157 米。经过加高后，大坝坝顶高程达到 176.6 米，设计蓄水水位达到 170 米。

右图　穿过河南平顶山的沙河渡槽 /
供图 南水北调中线干线工程建设管理局宣传中心
沙河渡槽跨越沙河、将相河、大郎河，全长 9050 米，综合流量、跨度、重量、总长等指标排名世界第一，被誉为“世界第一渡槽”。

右页右图　沙河渡槽所采用的巨大的 U 形渡槽 / 摄影　何进文
沙河渡槽采用的是 U 形渡槽，不用特别加厚就能达到较高的结构强度，能够较好地减轻重量、节约成本。

然而鱼和熊掌不可兼得，虽然中线工程不需要大量建设泵站，但由于没有任何现成河道可以利用，1432 千米的水道必须全部从零新建，漫长的修建过程注定困难重重。

中线工程沿途需穿越 686 条大小河流，为保证输水水质，避免洪涝和污染的影响，一座座庞大的“水上立交”横空出世。在其中的 27 座大型梁式渡槽上，南来之水源源不断凌空而过，如同一条蜿蜒北去的“天河”。

河南省境内，在全长达 11.9 千米的沙河渡槽中，巨大的 U 形槽段重达 1200 吨，每次吊装都相当于一次性起吊约 1000 辆轿车。

而位于其南面的湍河渡槽，体量则更为惊人，其内径达 9 米，单孔跨度达 40 米，每孔槽段的重量可达 1600 吨。面对如此巨大的重量，工程师们干脆放弃了吊装设备，转而采用大型造槽机，现场完成混凝土浇筑，就这样一段接一段地筑造出世界上规模最大的 U 形渡槽。

但更多的时候，中线工程的输水水道是以倒虹吸[1]的方式，在地表之下穿越的。其中难度最高、规模最大的，便是穿越黄河的“穿黄工程”。

黄河北岸，巨大的圆筒形竖井深入地下，其内径可达 16.4 米，井深 50.5 米，几乎可以容纳一座 15 层的高楼。负责掘进隧道的大型盾构机从这里出发，在深厚的砂土中前行超过 4000 米，才能穿越黄河天堑。

然而规模庞大的穿黄隧洞，在建设中并非一帆风顺。盾构机的刀盘日夜不休地旋转，被粉碎的砂砾土石随泥浆排出，但由于砂土中石英含量较高，致使盾构机的刀片产生严重破损。工程人员只能依靠人力，前后进出近 400 次，才能在充斥着泥水的盾构机前端完成刀盘的修复和加固。最终，在大河之下穿行 500 多个日夜后，巨大的盾构机在河道对岸重见天日。而河床下平均 30 米处，有两条内径达 7 米的巨大隧洞出现在世人眼前。由此，南来之水得以跨越黄河天堑，继续北上。

1. 倒虹吸是指利用上下游水位差，令水流在垂直方向上呈弓弯向下的弓形流动，从而实现渠道立交。

上图　空中俯瞰南水北调中线“咽喉”工程——穿黄工程 / 摄影 焦潇翔

穿黄工程位于河南省郑州市黄河上游约 30 千米处，人们在这里的黄河河床底部，开凿两条隧道，北上的长江水通过两条穿黄隧洞与黄河立体交叉，成功穿越黄河。穿黄工程过河隧洞全长 3450 米，是南水北调中线中难度最大的工程。

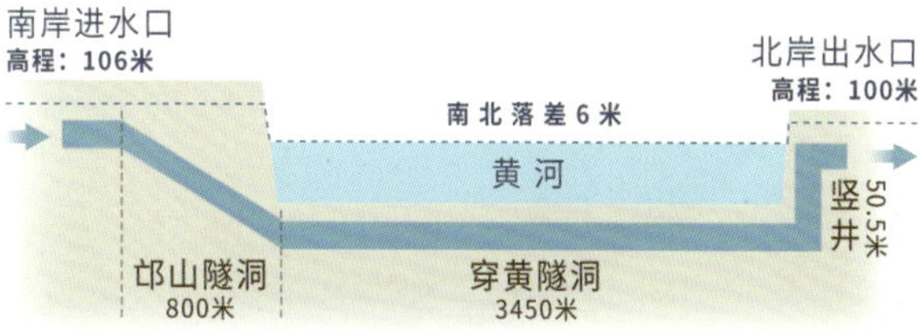

倒虹吸剖面示意

水道“上天入地”固然艰难，但在中线工程中约 1/3 的渠段内，即便是平地修渠，也面临着膨胀土的考验。这是一种吸水膨胀、失水收缩的土壤，极易造成渠道塌陷。在当时，全国上下尚无类似的工程先例，这意味着连设计施工标准，都必须从零开始制定。

同样必须从零起步的，还有在北京市境内为防止污染、减少占地面积而修建的预应力钢筒混凝土管道（PCCP）。这是一种复合结构管材，层层包裹的结构令其防渗、抗震、可靠、耐久。然而，中线工程中的 PCCP 管道直径达 4 米，单管重 78 吨，巨大的体积和重量带来了极大的施工难度，工程人员经过大量实验，才最终确定建设标准。

一路过关斩将，中线工程再经过长约 13 千米的北京西四环暗涵工程，便可抵达终点——北京团城湖。这些南来之水将进入城市的各大水厂，或经京密引水渠反向注入曾不堪重负的密云水库。至此，中线工程全线贯通，再没有什么能够阻挡滔滔江水一路北上。

中线工程水道穿山越岭，穿越城镇，与 31 条水渠、51 条铁路和 1238 条公路相互交错。全程有 27 座渡槽、102 座倒虹吸、17 座暗渠、12 座隧洞、1 座泵站、476 座排水建筑物、303 座控制建筑物，将这条千里水脉逐一串联。

然而，无论是东线工程庞大的泵站，还是中线工程巨大的水渠，都只是整个南水北调工程的冰山一角。水质如何保障？污染如何治理？移民如何安置？文物如何保护？造成的生态问题又该如何补偿？种种问题摆在人们眼前，让这项本已困难重重的工程愈发举步维艰。

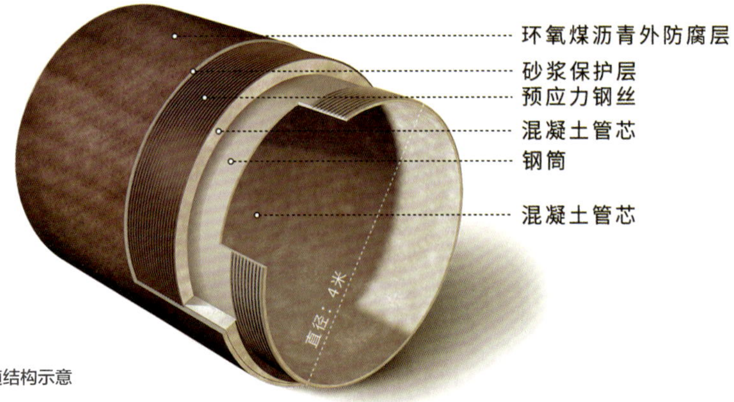

PCCP 管道结构示意

南水北调中线穿过吴庄隧洞 / 供图 南水北调中线干线工程建设管理局宣传中心
吴庄隧洞位于河北满城，这里处于太行山东麓的低山丘陵地带，南来之水必须穿山而过，才能抵达终点。

叁 幕后的故事

2002 年，南水北调工程终于正式开工，但东线工程沿线的城市却显得忧心忡忡。毕竟在当时的工程沿线，黄河以南的 36 个水质断面中，仅有 1 个达到地表水Ⅲ类标准[1]，有的断面污染物甚至超标百余倍，完全无法作为饮用水源。这意味着，东线工程必须在 10 年内达到全线Ⅲ类及以上水质，才能达到通水要求，一项庞大的**污染治理工程**的实施刻不容缓。

于是在这 10 年间，山东有超过 700 家造纸厂，江苏有超过 800 家化工企业因排放不达标纷纷被关停。水面上，山东和江苏两省约 4000 艘水泥船、24000 艘挂桨机被淘汰或拆改。河岸边，仅江苏一省沿线就建成 17 座船舶垃圾收集站和 43 座污水（油）回收站。到 2016 年，江苏省内沿线共 9650 千米的污水收集管网，以及接近全省 1/ 5 的污水处理能力，时刻镇守着沿线的排放关卡。此外，还有大面积的湖泊湿地等 426 项治理工程，如“铠甲”一般“装备”在 1000 多千米长的东线工程调水线路之上。在 2012 年东线通水前夕，沿线主要污染物入河总量减少 85%，全线 36 个监测水质断面终于全部达标。

而在中线工程中，其干渠水道全程封闭，两侧还划出严格的水源保护区，基本杜绝了外界污染带来的影响，堪称一条“清水走廊”。但人们真的可以高枕无忧了吗?

在中线水源地丹江口水库，20 世纪 80 年代时，水质达到Ⅰ类的时间约有 2/3，到了 21 世纪初却仅有 1/3。如何维持水源地的水质，成为无法被忽略的问题。然而，丹江口水库的上游流域涉及陕西、湖北、河南三省的 8 市及其下辖的 43 个县和 600 多个乡镇，若要溯流清源，将是一项浩大工程。

但人们别无选择。于是在上游流域，采矿冶炼、黄姜生产、汽车电镀等高污染工厂相继被关停。截至 2014 年，在上游流域，城市污水处理厂由 5 座增至 174 座，垃圾处理场由 1 座增至 99 座，1.7 万平方千米的水土流失土地得到治理。中线工程通水至今，输水水质达到Ⅰ类的断面比例从 30% 增长至 80%，历时超过 8 年的**水源保护工程**，开始逐渐显现效果。

---

1. 根据我国地表水环境质量标准，地表水质量按功能高低被划分为五类。其中Ⅲ类主要适用于集中式生活饮用水地表水源地二级保护区、鱼虾类越冬场、洄游通道、水产养殖区等渔业水域及游泳区。

右页上图　京杭大运河经过骆马湖 / 摄影　李琼
位于江苏北部的骆马湖，在明清时期就成为保障京杭运河畅通的蓄洪湖泊。图上右侧的航道即京杭运河。

右页下图　丹江口水库库区 / 摄影　徐欣
丹江口水库控制流域面积超过 9 万平方千米，占汉江流域集水面积的 60%。为了保障水质，人们必须严格控制水库上游的污染排放。

然而，青山绿水的丹江口水库，为中线工程提供了清澈的水源，却也为之付出了巨大代价。

当水库水位成功抬高 13 米时，库区周边超过 300 平方千米的土地将被淹没在茫茫碧波之下。这意味着曾经生活在周边 40 个乡镇、441 个村庄的超过 34 万人，不得不搬离原本的家园。此外，工程干线沿途占用土地，又需搬迁安置约 9 万人。所以，中线工程也是一项浩大而艰巨的**移民安置工程**。

于是，在预计被淹没的迁出地，每一村、每一户、每一间房、每一块地、每一口水井、每一片果树，都开始被调查、统计和公示。离开原有土地的人们，将按照这些土地被征收前三年平均产值的 16 倍，获得征地补偿款和移民安置费。而在迁入地，移民新村的建设同样紧锣密鼓。由于每家每户情况不同，政府设计了十余套不同户型的住房，供移民选择。在新村社区中，交通、供电、供水、排水、学校、环保等公共基础设施一应俱全。大多数人的居住条件，从人均 20 平方米的土木房、土坯房，上升为人均 24~34 平方米的砖混楼房。此外，为了让移民有田可耕、有地可种，迁入地必须在有限的耕地中，挤出一部分分配给移民。

至此，万事俱备，超过 34 万移民搭乘浩荡的车队，挥别祖祖辈辈生活的故土，到达一片陌生的土地，重新建设家园。丹江口水库的移民安置，要求在 2 年内基本完成，搬迁工作强度之大在世界水利移民史上前所未有。但艰难的并不只是工程本身，数十万移民告别的也不只是房屋和田地，而是他们最熟悉的土地，是他们赖以为生的生活方式，也是他们世世代代的生活记忆。因此，若要他们真正融入新的家园，需要的不仅仅是政府的支持和补偿，还需要当地人的一视同仁、自己的汗水和勇气，以及一段漫长的时间。

丹江口水库水位抬升后，受到淹没威胁的除了村庄和农田，还有 214 处文物保护点，这当中就包括世界文化遗产武当山古建筑群重要组成部分——遇真宫。它建于明朝永乐年间，距今已有近 600 年历史。

1967 年丹江口水库初次蓄水时，武当山古建筑群中的净乐宫，就因技术限制永远地被淹没在水底。40 多年后，遇真宫绝不能重蹈覆辙。人们提出原址垫高、围堰和异地搬迁三种保护方案，最后采用了原址垫高的方案。

该方案首先是将遇真宫现存的主体建筑和宫墙整体拆除，构件拆卸后标记存放，待地面垫高后予以复原。然后将山门和东、西宫门三座建筑，从地面整体抬升 15 米。从 2011 年经国家文物局批复同意施工，到 2019 年通过工程技术性验收，遇真宫垫高保护工程耗时长达近 9 年，是南水北调工程中保护级别最高、单体投资额度最大的文物保护项目。

在南水北调东线和中线工程沿线，总共涉及 710 处文物，这让此项庞大的调水工程也成为一项规模空前的**文物保护工程**。从规划到施工，为了保护沿途文物，工程历经多次让路、改线，沿线区域的考古调查和紧急发掘从未停止，其中有多个考古项目先后被列为“全国十大考古新发现”。

左页上图　丹江口库区就近迁移的移民新村 / 摄影　徐欣
丹江口水库的加高，将淹没近 300 平方千米土地，超过 34 万移民将搬迁至湖北、河南 2 省 14 市中的移民新村。

左页下图　顶升完成后的遇真宫 / 摄影　石耀臣
武当山遇真宫始建于明永乐年间，传说张三丰曾在此地修炼，明成祖在此下令修建遇真宫以示纪念。丹江口水库加高后，原址被淹没。

左图　荆州引江济汉渠与长湖 / 摄影　傅鼎

“引江济汉”干渠全长超过 60 千米，将长江荆江段的江水补给到汉江兴隆以下河段，并通过节制闸与长湖相通，在干旱时可以向长湖补水，洪水来临时也可借助引水渠进行分洪。2020 年 7 月长江流域发生洪水时，人们就利用引水渠将长湖水排入汉江进行分洪，成功减轻了长湖的防汛压力。

2013 年 11 月 14 日，距离中线工程正式通水还有不到 400 天，在丹江口水库下游约 400 千米处，一座横亘于汉江之上的水利工程竣工，即兴隆水利枢纽。不到一年后，在其下游不远处，一条从西南方向延伸而来的水渠将长江之水输送到这里，每年约有 30 亿立方米的长江水注入汉江河道，这就是引江济汉工程。

作为南水北调配套建设的**生态补偿工程**，这两项工程为避免南水北调中线工程调水导致汉江下游水位降低，进而影响两岸农田灌溉和流域生态，做出了重要贡献。通过上游蓄水和下游补水，汉江上游的灌溉面积增加了 60% 以上，下游多年平均水位抬高了 0.15~0.30 米。

当流入华北的滔滔江水带来新机遇时，很少有人会注意到，南水北调已不仅仅是一项输水工程，而是涵盖污染治理、水源保护、移民安置、文物保护、生态补偿等诸多配套的一项系统性工程。

肆 下一个奇迹

南水北调一期工程干、支渠总长达 5599 千米，混凝土浇筑量约为 6300 万立方米，相当于三峡工程的两倍，可谓我国水利工程建设的又一大奇迹。

一期工程通水后，长江水可直接供应给近 300 个县市，提供了北京城区的七成以上供水，郑州中心城区的全部供水，天津 14 个区的全部供水，以及石家庄、邯郸、保定、衡水等城市主城区的 75% 以上的供水。上万平方千米的农田可新增近 20 亿立方米的灌溉用水，曾经被城市挤占的农业用水及污水净化处理后的再生水，共计近 60 亿立方米的水资源将重新流入农田。

在南水的补给下，密云水库的蓄水量逐年刷新纪录，一度突破 26 亿立方米，是 2003 年的 3 倍。可用水源的增加，让北方地区每年可以减采近 50 亿立方米的地下水，甚至还有余量回补原先的亏空。截至 2020 年年末，北京平原区地下水平均埋深为 22.03 米，较 2015 年末回升了 3.72 米，并实现连续 5 年回升。

而随着地下水使用的削减，北京的自来水硬度下降了近 70%，华北地区超过 500 多万人结束了长期饮用高氟水和苦咸水的历史。在繁华的天津中心城，在荷花摇曳的白洋淀，由于得到充足的生态补水，水体污染情况也得到明显改善。

此外，东线一期工程建成后，京杭大运河自黄河以南直通长江，新增运力达到 1350 万吨，相当于在水上架设了一条新“京沪铁路”。

上图 北京密云水库 / 摄影 魏建国

南水北调工程实施前，密云水库的蓄水量曾连年下降，不少地区露出库底。当有了南水的回补后，干涸的库区逐渐恢复曾经碧波万顷的模样。

不得不说，南水北调是一个奇迹，是一个在重重难关中规划论证，在重重限制中建设运营，曾面临种种争议，却最终实现的奇迹。也是一个由几十万移民、数十万工程建设者、数千名科技工作者共同创造的奇迹。

今天，南来之水为长年干涸的华北大地带来了片刻的喘息，带来了发展的机遇。

在未来，如何用好南水？如何节约用水？如何让翻山越岭而来的长江水不至于如同杯水车薪？

对受益于南水北调的 40 多座大中城市、260 多个县区以及近 1. 2 亿人来说，这些问题正等待着他们去寻找答案。

这片土地的下一个奇迹，正等待着他们去创造。

右图　华北明珠白洋淀 / 摄影 魏建国

白洋淀位于河北省中部雄安新区一带，南水北调中线工程建成后，源源不断的江水开始对白洋淀一带进行生态补给，水波荡漾、舟楫穿梭的景观回到了这里，极大地改善了这里的生态环境。

④2

西气东输

一场乾坤大挪移

天然气正在深刻地影响中国

放眼全国，每年必须将数千亿立方米的天然气
通过里程约 11 万千米的天然气管道，送往全国各地
才能让 96% 的城市和近 5 亿中国人，维持生产和生活的运转

这些天然气的源头，位于中国的西部
中亚的大漠戈壁、西伯利亚的茫茫雪原
甚至是相隔万里的大洋彼岸

它们翻山越岭、远渡重洋
穿越数百、数千乃至数万千米
最终进入中国的城市和千家万户

这是一场天然气的“乾坤大挪移”
我们为何要建设如此浩大的工程？
它们又是如何建成的？

翻越山岭的西气东输二线工程 / 摄影 余海

西气东输二线工程西起新疆霍尔果斯，东达上海，南抵广州、香港，它与中国—中亚天然气管道衔接，是我国第一条引进境外天然气资源的大型管道工程。“西二线”管线全长 8819 千米，年输气能力为 300 亿立方米。

壹 清洁能源

时间回到 1999 年，当时中国的 GDP 以近 8% 的速度迅猛增长。为了支撑日新月异的经济发展，这一年全国消耗的煤炭多达 13 亿吨，同时有 1100 万吨烟尘、1800 万吨硫氧化物和 1100 万吨氮氧化物被排放到空气中。

也是在这一年，空气污染物让全国超过 60% 的城市的空气质量无法达到国家二级标准。排入空气的硫氧化物和氮氧化物进一步给环境造成危害，它们溶于雨水并发生反应，形成的酸雨腐蚀着地表上的一切，植被、建筑、土壤、水体，无一幸免。[1]

污染的发生并非偶然。作为一个煤炭资源大国，煤炭在我国一次能源中的地位几乎无可撼动，其占比至今仍高达近 60%。而在清洁利用技术普及之前，粗放的煤炭利用使脆弱的生态不堪重负，高速发展的中国从未如此迫切地渴望一场能源变革。于是，许多煤炭清洁利用研究纷纷被提上日程，人们也在马不停蹄地寻找更加清洁的替代能源。

此时，天然气进入了人们的视野。这种以甲烷为主的气体燃料，燃烧时主要产生二氧化碳和水，几乎不排放硫氧化物和烟尘。另外，在产生相同热量的情况下，天然气的二氧化碳排放量仅是煤炭的 56%，是石油的 71%。既清洁又低碳的特性，让天然气在化石能源中脱颖而出，被世界各国竞相开发利用，它在世界能源结构中的地位也越发重要。

历经近 20 年的发展，天然气走进了中国的工厂和家庭，涉及社会的方方面面。2020 年，全国的天然气消费量达 3280 亿立方米，相当于 58 个太湖的水容量。

可是，如此大量的天然气从何而来？

1. pH 值小于 5.6 的雨水、冻雨、雪、雹、露等大气降水均被称为酸雨，酸雨最主要是由二氧化硫和氮氧化物在大气或水滴中转化为硫酸和硝酸所致。

其他
石油
煤炭
天然气

* 右图中白色箭头所指
为占比最高的能源

中国一次能源消费占比变化（1985—2019年）
（数据来源：国家统计局）

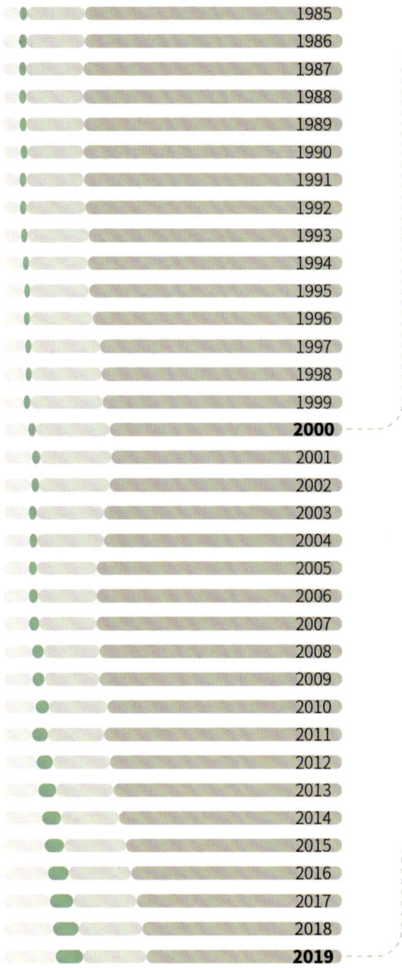

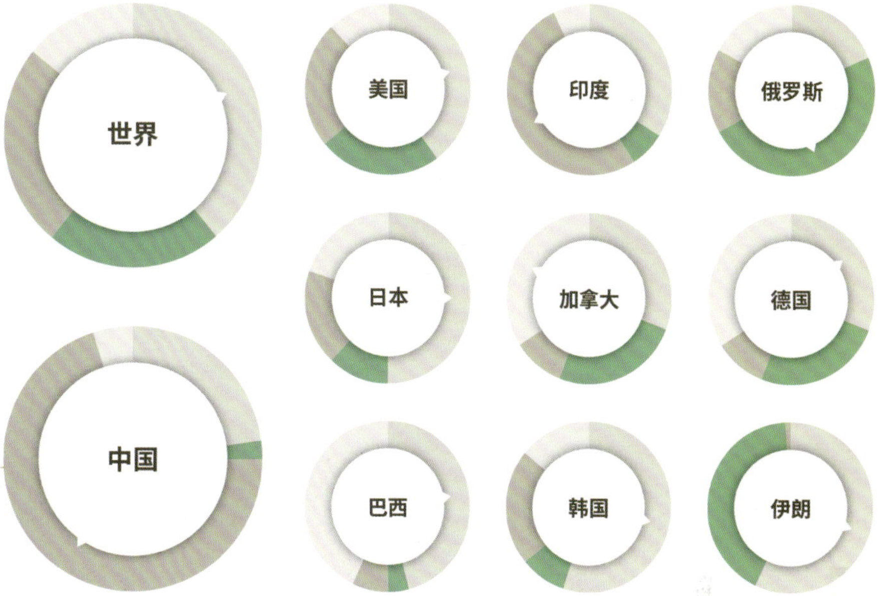

2000年 世界部分国家能源结构对比
（数据来源：BP世界能源统计数据库）

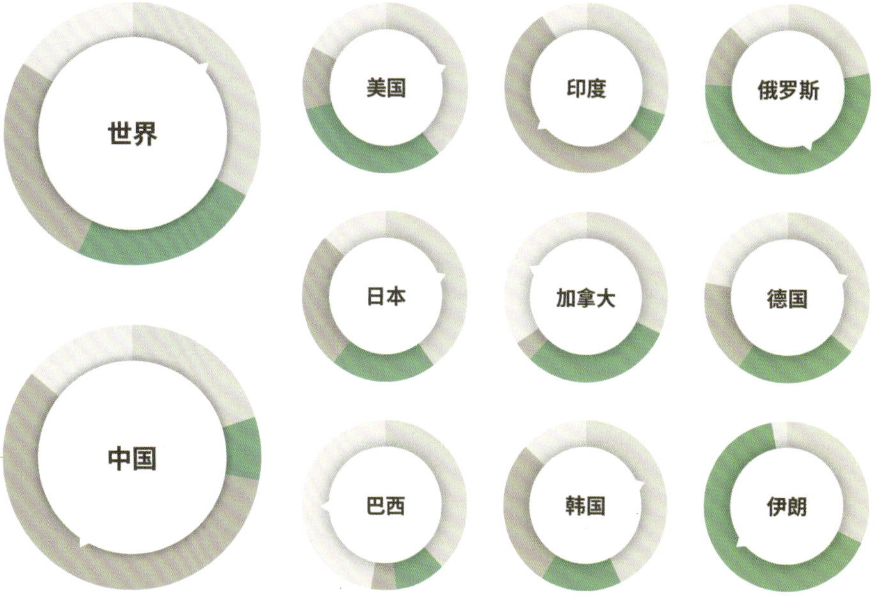

2019年 世界部分国家能源结构对比
（数据来源：BP世界能源统计数据库）

贰 气在何方

要回答这个问题，我们就必须将目光聚焦地下深处。

亿万年来，在这颗蓝色星球上，形形色色的生物接连登场，它们生长、繁衍、死亡，完成一次次生命的更替。它们的遗骸随着经年累月的地层沉降，而被层层掩埋，进而在高温、高压和微生物的作用之下，转变为化石能源。

其中，以高等植物为主的生物遗骸最终转变为煤炭，被固结和封存于地层之间。以浮游生物为主的生物遗骸则最终转变为石油和天然气，成为地球上最主要的油气来源。[1]

液态的石油和气态的天然气有时并不“安分”，在“出生地”生成后便会向孔隙、裂缝等更为宽敞的空间运移、聚集，它们最终可能共占一处空间，也可能互相独立存在，成为人类大规模开采的常规油气资源。有的时候，它们按兵不动，直接赋存在“出生地”。由于开采难度大、成本高等原因，它们被视为非常规油气资源。[2]

21 世纪初，在中国的广袤大地之下，天然气的探明地质储量达 2 万亿立方米，其中的 71% 集中于西部众多的沉积盆地。反观东部地区，这里人口密集、经济发达，能源消费需求更大，但天然气资源稀少，对清洁能源的需求也更为迫切。

资源在西，需求在东，一个巨大的矛盾日益凸显。为了将供求双方连接起来，一项横跨中国东西的能源输送工程势在必行。

---

1. 自然界中还有部分天然气属于无机成因气，即在没有生物参与的条件下，由不同元素经地壳运动、岩浆作用、变质作用等反应形成的天然气。
2. 本篇讨论的主要是常规天然气。

左上图　克拉玛依油田 / 摄影　项玥

克拉玛依油田位于新疆准噶尔盆地西北缘，是新中国成立后开发建设的第一个大油田。今天的克拉玛依油田是以黑油山为基点，向南、北、东三方辐射的千里油区。

左下图　四川元坝气田 / 摄影　袁鹏 · 中国石油化工集团有限公司

位于四川广元、南充、巴中三市境内的元坝气田，是世界首个埋深超 7000 米的高含硫生物礁大气田，具备年产 40 亿立方米天然气的能力。自 2014 年 12 月投产以来，累计生产天然气超 200 亿立方米，保障了川气东送沿线 70 多个城市清洁能源的长期稳定供应。

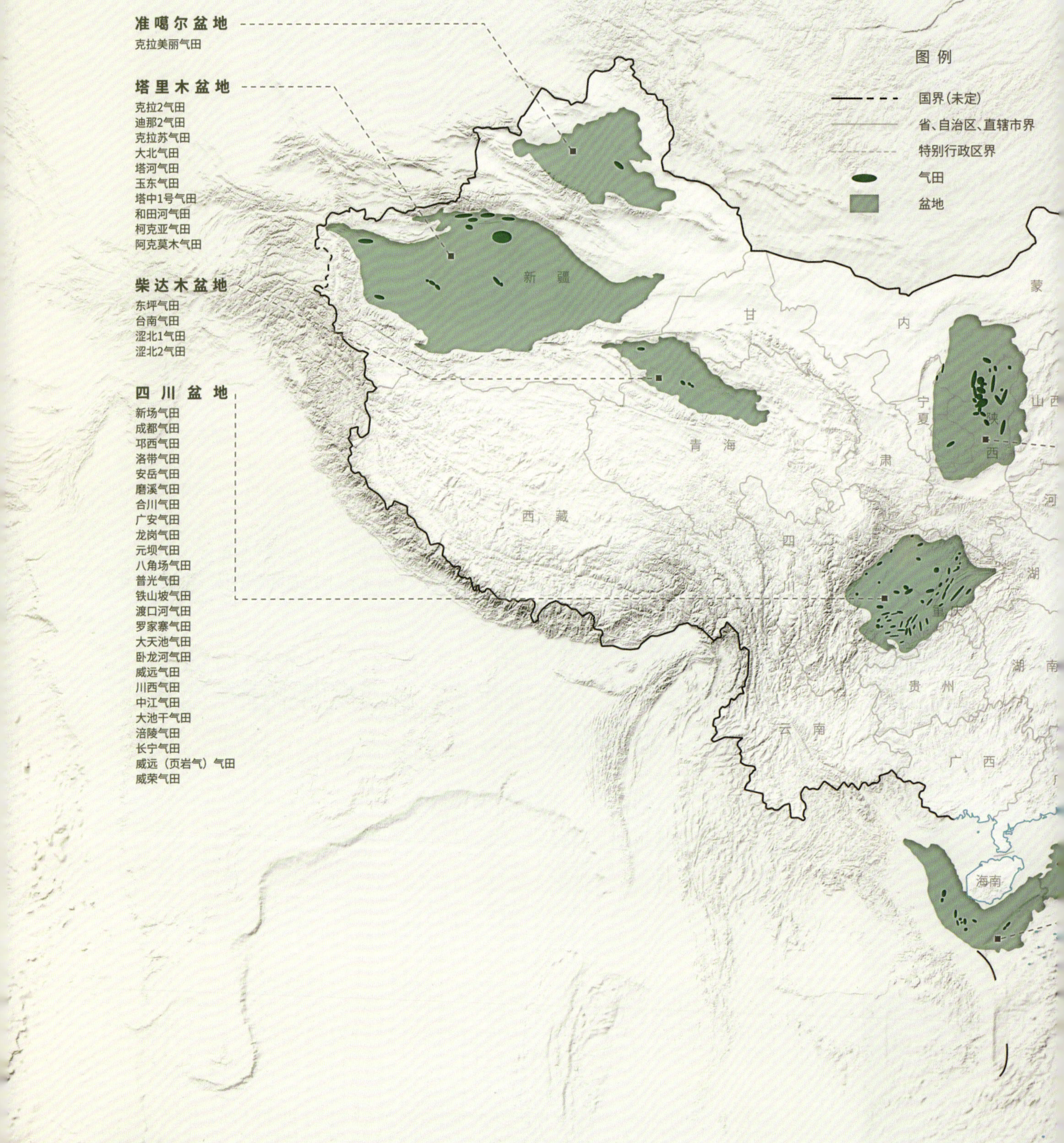

中国天然气资源分布

我国天然气资源主要分布在中西部的众多盆地中，现探明储量集中在 10 个大型盆地，分别为松辽、渤海湾、鄂尔多斯、东海、珠江口、莺琼、四川、柴达木、塔里木和准噶尔盆地，其中以塔里木盆地、鄂尔多斯盆地、四川盆地资源最丰富。

2017年全国各省（区、市）天然气产量
（数据来源：国家统计局）

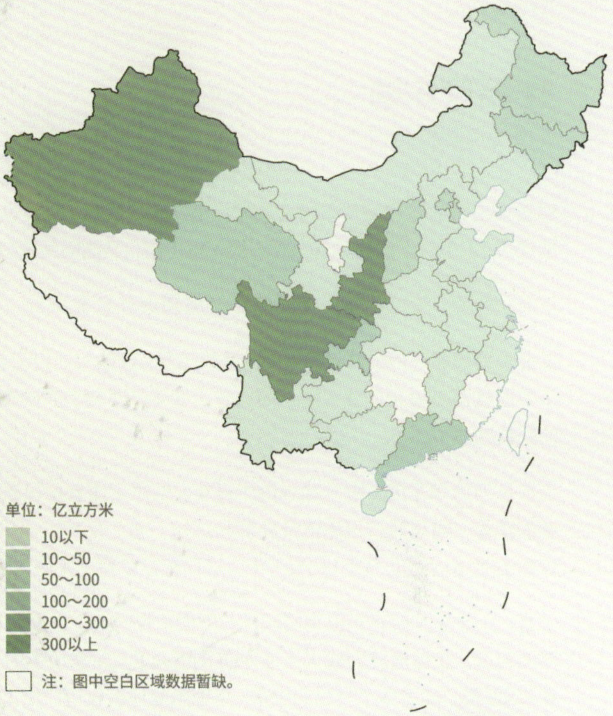

2017年全国各省（区、市）天然气消费量
（数据来源：国家统计局）

叁 西气东输

输送天然气的最佳方式是管道。相比于铁路、公路、水运等运输方式，管道一旦建成便可 24 小时不间断输送，既不受天气影响，又能够保证效率，一举多得。

然而，敷设一条长度超过 4000 千米的管道绝非易事。

这是一项兼顾产气、输气、用气的系统工程，仅输气的投资就超过 1200 亿元，相当于青藏铁路总投资的 3.6 倍。我们必须拥有足够庞大的资源储量，才可能实现足够的规模效益。

这也是为何早在该工程立项前的十多年，地质工作者便已跋山涉水，深入塔里木盆地的荒漠，数年如一日地进行勘测和钻探。直到 22 个气田相继被发现，天然气累计探明储量达到近 5000 亿立方米，这项工程才有了实施的可能。

于是，一座座井架在荒漠中竖起，一根根钻杆向地下进发。轰鸣的钻机钻穿气层上部的岩石，在地层压力或人工注水的挤压之下，深藏地下的天然气便开始涌向地表。到 2005 年，随着多个气田的投产，塔里木盆地每年可产出 120 亿立方米天然气，占全国天然气总产量的 24%。

右图　沙漠地区管道敷设 / 供图　国家石油天然气管网集团有限公司西气东输分公司
西气东输管道线路途经大面积的沙漠戈壁，施工环境恶劣。图中的房子是焊接和防风装置，安装在内对口器附近，并跟随内对口器移动，不仅能起到防风沙的作用，还能对钢管进行清洁，同时工作人员可以在里面完成焊接操作。

当以百亿计的天然气得以重见天日，另一个难题接踵而至——运输动力。从井口流出的天然气，仅靠初始的动力不足以完成数千千米的超远距离输送。为此，建设者只能“化长为短”，将一条长管道分割为若干段，并在间隔处设置压气站，通过一次次加压，保证气体持续流动输送。

在实际方案中，管道的输气压力可达 10MPa，相当于大气压的 100 倍，这对管材的强度和韧性都是巨大的考验。在承受高压的同时，管道必须尽可能扩大口径，以实现更高的输气效率，因而管道的制造要求十分严苛。

严苛要求之下，建设者经过反复论证和多方比对，才完成管道材料的研制，实现自主生产。这种型号为 X70 的管线钢材，强度、韧性和焊接性能都能满足工程需求，而且管径可达 1.016 米，创下当时全国油气管道的新纪录。[1] 总长超过 4000 千米的输送管道，意味着钢管的使用量将超过 30 万节，数量之多、规模之大可谓前所未有。

不仅如此，横跨东西的管道既要跨过山地、平原、水网，还要穿过沙漠、戈壁、黄土，人们要面对的将是错综复杂的施工条件。在那些远离城镇、无路可走的山地、沙漠、水网，建设者们只能想方设法，造出一条条运输钢管的通道，保证钢管提前就位。

在具体敷设前，钢管还要进行组对、焊接、无损检测、补口补伤，或者为适应地形进行人工弯折。最后，开挖管沟，下放管道，回填管沟，这才完成管道的敷设。

1. 工程后期升级为 X80 钢材，管径达 1.219 米。

左页上图　西气东输二线工程永昌压气站 / 摄影　刘忠文
图中为河西走廊最狭窄处的西气东输二线工程永昌压气站，河西走廊不仅是东部通往西部的交通要道，也是我国将西部油气资源输往东部的重要能源通道。

左页左下图　沙漠中的管道填埋施工 / 供图　国家石油天然气管网集团有限公司西气东输分公司

左页右下图　输气管道下沟作业 / 摄影　余海
管道施工工序包括管道焊接、管道下沟、连头、回填、试压、地貌恢复等，其中管道下沟是整个管线敷设的关键性工序，管道长龙一般用吊管机吊入沟底。

如果只是沙漠、高山、平原，上述常规的挖沟敷设方法足以应付，但管道还要穿越黄河、长江、淮河等 1500 多条河流与沟渠，在大江大河之下挖沟埋管，几乎不切实际。于是，一条条桥隧应运而生。

建设者们或者利用钻机和炸药，在河底凿出一条隧道，以供管道穿行；或者利用较细的导向钻先完成河床底下的穿越工作，再将较粗的扩孔器和管道沿原线回拖[1]；又或者利用液压千斤顶，将一段段混凝土管直接顶入河床之下，再将输气管道敷设其中[2]；或者甚至直接使用盾构机，掘出一条内径可达 3.8 米的通道，让多条管线在其中穿过。在一些较为特殊的情形下，为了避开河床的断裂带，管道直接放弃地下穿越，改为凌空架桥，跨越而过。当然，建设者们面对的不只是重重天堑，还要避免管道施工对周围环境的影响。工程既要保护历史文化遗址，也要避让保护区。即便在穿越生态脆弱区之后，还要进行边坡防护，甚至植树、种草以恢复生态。

最终，一条横贯东西、全长 4380 千米的“能源大动脉”横空出世。此后的每一年，将有 120 亿立方米的天然气从远古地层中源源不断地喷涌而出，沿着这条“大动脉”，从沙漠出发，翻过高山，越过沟谷，穿过平原，连接沿途气田，最终进入千家万户。这就是西气东输一线工程，一项集找气、产气、输气、用气于一体的超级工程。它西起新疆轮南油田，东至上海的白鹤镇，串联起沿线的新疆、甘肃、宁夏、陕西、山西、河南、安徽、江苏、浙江、上海这 10 个省区市。一经建成，它便成为当时中国距离最长、管径最大、压力最高、施工条件最复杂、运输能力最强的输气管道工程。

尽管有了这项工程，面对全国的用气需求，它的作用仍显得杯水车薪。我们需要更多的气源，需要更多、更长的管道。

1. 这一施工方法被称为“定向钻施工”。定向钻施工技术是一种常用的油气管道施工技术，可以实现管道的无沟敷设作业。
2. 这一施工方法被称为“顶管施工”。顶管施工是一种不开挖或者少开挖的管道敷设施工技术，主要借助于顶进设备产生的顶力，将管道按设计的角度顶入土中。

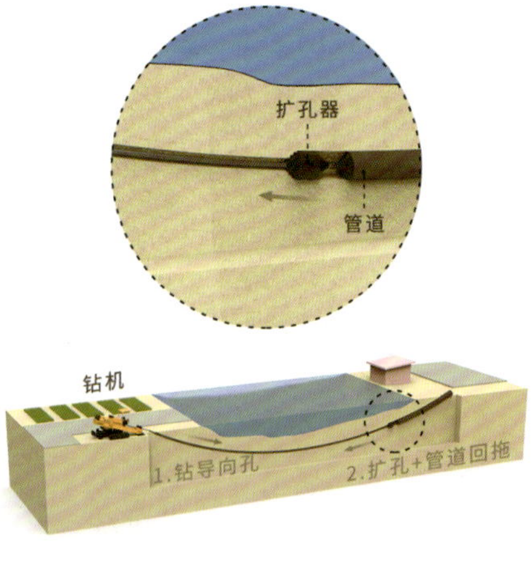

定向钻施工示意

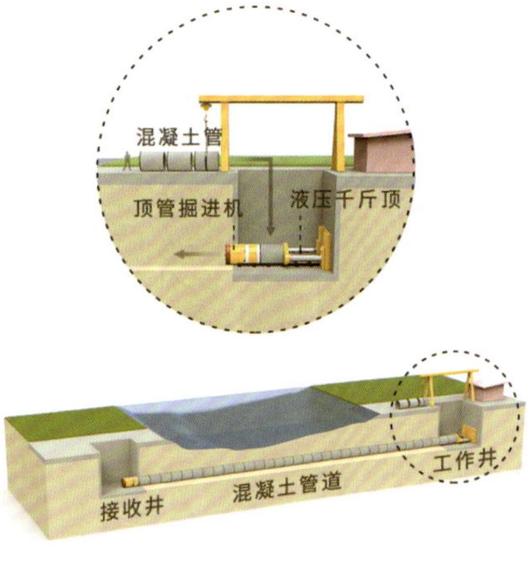

顶管施工示意

宁夏中卫沙坡头黄河特大桥 / 摄影 曾国福

近处为沙坡头黄河特大桥，远处是西气东输工程跨越黄河的输气管道——西气东输中卫黄河跨越工程。这是西气东输工程首次，也是唯一一次以跨越的方式通过黄河。

肆 超级网络

1997 年，距离西气东输一线工程开工还有 5 年，一条连接鄂尔多斯盆地与北京的输气管道即已投产运营，这便是陕京线。如今，它不再孤军奋战，而是从一线扩充到四线，为数百万家庭和企业送去了清洁能源。

西气东输一线工程建成后，越来越多的输气管道相继建成，包括连接柴达木盆地与兰州的涩宁兰线，连接四川盆地与武汉、长三角的忠武线、川气东送工程[1]，还有将川渝管网、西气东输管道连为一体的中贵线[2]……

至此，在中国大地之上，管道串起气田，管道连通管道，将中西部丰富的天然气昼夜不息地送往人口、产业密集的地区，为国家发展注入清洁的动力。

与此同时，我国天然气的探明储量和产量与日俱增，非常规天然气的开采也日渐升温。以页岩气[3]为例，尽管我国在 2013 年才实现商业化开采，但到 2020 年，全国页岩气的产量已达 200 亿立方米，占全国天然气总产量的 10%。

但与飞速发展的社会经济相比，我国的天然气并不能自给。自 2007 年起，国内生产的天然气开始出现缺口，并持续扩大。国产天然气无法满足自身的需求，人们不得不将目光投向国外。于是，在广袤的欧亚大陆上，一条条输送距离更长、规模更大的输气管道相继诞生。

全长 2520 千米的中缅天然气管道，连通缅甸和中国，每年将孟加拉湾的 120 亿立方米天然气由陆路直接送往云南、贵州、广西等地，这相当于在西南地区建了一个西气东输一线工程。

全长超过 7000 千米[4]的中国—中亚天然气管道，在国外串联起土库曼斯坦、乌兹别克斯坦和哈萨克斯坦三国，在国内连接起西气东输二线和三线工程，它将中亚的天然气一路送往中国东部，年输气量是西气东输一线工程的 5 倍。

全长 8111 千米的中俄东线天然气管道，是目前世界上最长、单管输气量最大的管道，它从东西伯利亚出发，经黑河入境后便一路南下，直至长三角地区，其全部投产后的年输气量将是西气东输一线工程的约 3.2 倍。

虽然相继建成了中亚、中缅、中俄跨国输气管道，但经由这些途径进口的天然气仅占全国进口总量的 34%，更大规模的天然气是来自海外的液化天然气（LNG）。

---

1. 忠武线即重庆忠县—武汉线，川气东送即四川达州—上海线。
2. 中贵线即中卫—贵阳线。
3. 页岩气是一种以游离和吸附为主要赋存方式而蕴藏于页岩层中的天然气。
4. 这里指的是线路途经的距离，不是所有管道的总长度。

右上图　中贵线跨越乌江 / 供图　国家石油天然气管网集团有限公司西气东输分公司

中贵线起于宁夏中卫，终于贵州贵阳，途经 6 省市，全长 1898.37 千米。它北接西气东输管线及陕京线，中联川渝管网，南接中缅天然气管道，是全国干线管道联通的“联络线”。

右下图　中缅油气管道通过悬索桥跨越澜沧江 / 供图　国家石油天然气管网集团有限公司西气东输分公司

桥梁跨度为 280 米，澜沧江跨越工程是中缅油气管道工程中最艰险的控制性工程之一，也是我国首例在悬索桥跨越中采用三管（原油、天然气和成品油）同桥的跨越工程。

L N G

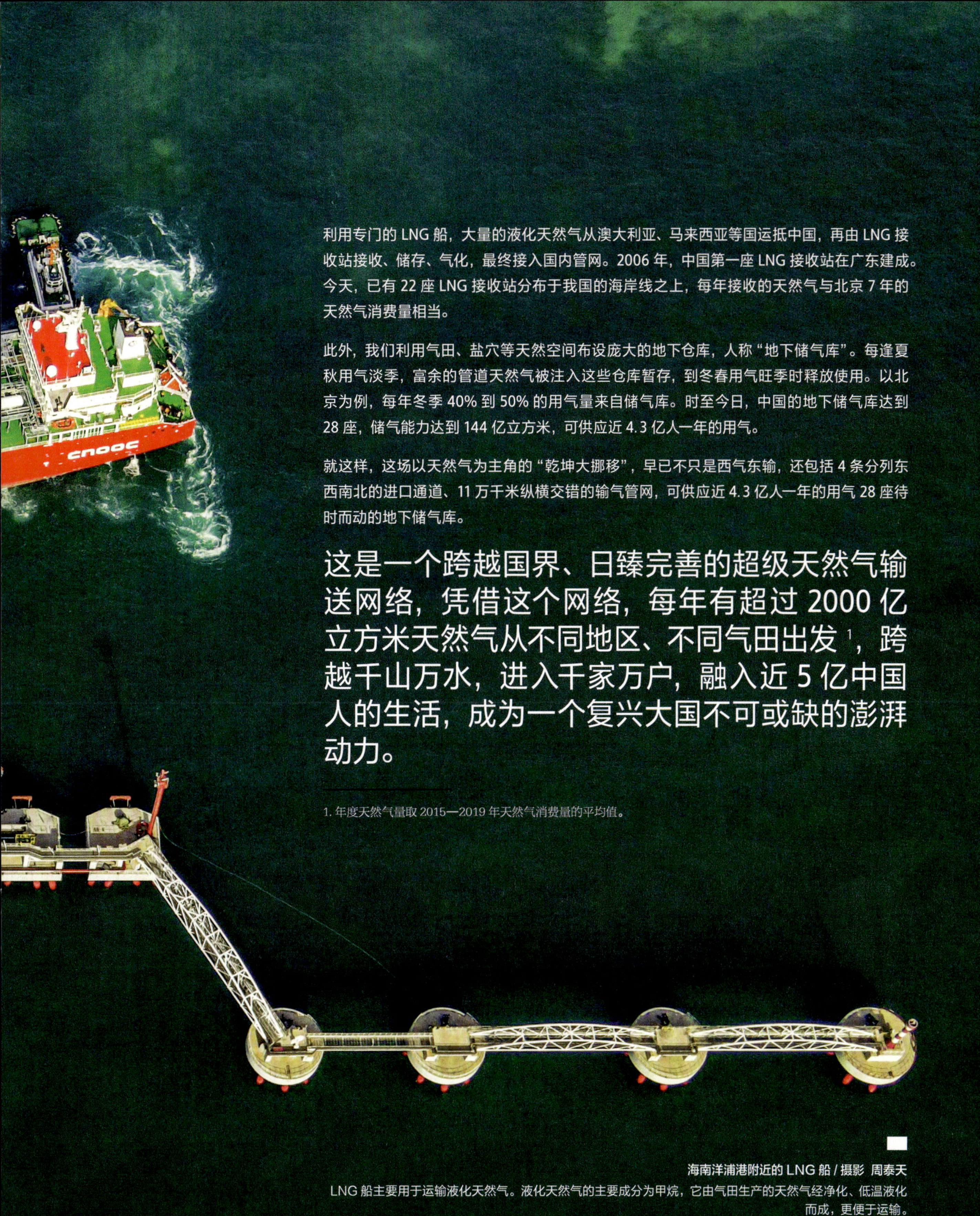

利用专门的 LNG 船，大量的液化天然气从澳大利亚、马来西亚等国运抵中国，再由 LNG 接收站接收、储存、气化，最终接入国内管网。2006 年，中国第一座 LNG 接收站在广东建成。今天，已有 22 座 LNG 接收站分布于我国的海岸线之上，每年接收的天然气与北京 7 年的天然气消费量相当。

此外，我们利用气田、盐穴等天然空间布设庞大的地下仓库，人称“地下储气库”。每逢夏秋用气淡季，富余的管道天然气被注入这些仓库暂存，到冬春用气旺季时释放使用。以北京为例，每年冬季 40% 到 50% 的用气量来自储气库。时至今日，中国的地下储气库达到 28 座，储气能力达到 144 亿立方米，可供应近 4.3 亿人一年的用气。

就这样，这场以天然气为主角的“乾坤大挪移”，早已不只是西气东输，还包括 4 条分列东西南北的进口通道、11 万千米纵横交错的输气管网，可供应近 4.3 亿人一年的用气 28 座待时而动的地下储气库。

这是一个跨越国界、日臻完善的超级天然气输送网络，凭借这个网络，每年有超过 2000 亿立方米天然气从不同地区、不同气田出发[1]，跨越千山万水，进入千家万户，融入近 5 亿中国人的生活，成为一个复兴大国不可或缺的澎湃动力。

1. 年度天然气量取 2015—2019 年天然气消费量的平均值。

海南洋浦港附近的 LNG 船 / 摄影 周泰天

LNG 船主要用于运输液化天然气。液化天然气的主要成分为甲烷，它由气田生产的天然气经净化、低温液化而成，更便于运输。

中国天然气输送管道与调配

目前，我国已建成由跨境管线、主干线与区域联络线、省内城际管线、城市配气网等组成的全国天然气管网，初步形成“横跨东西、纵贯南北、联通境外”的天然气输送格局。截至 2020 年年底，天然气管道里程达到 11 万千米。

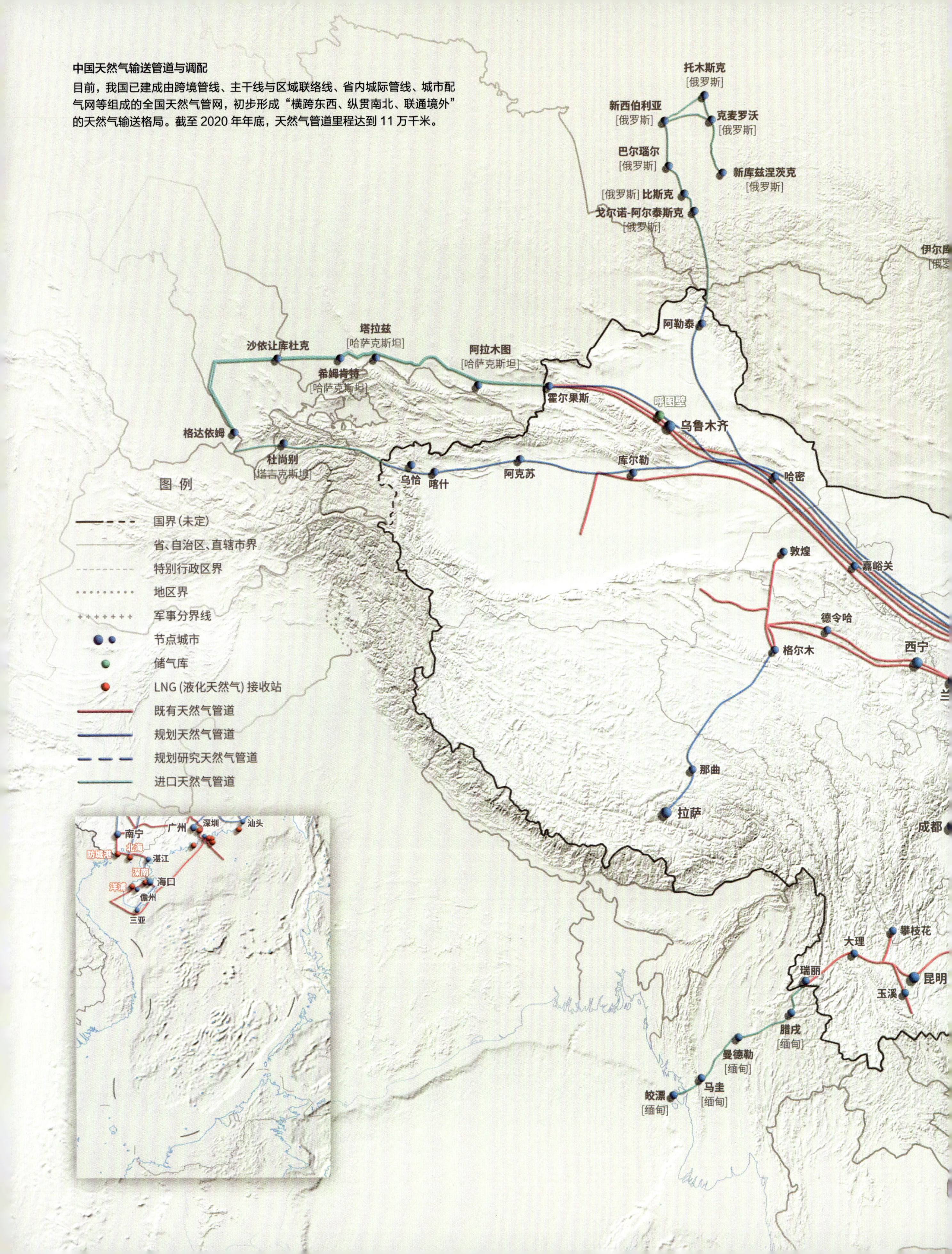

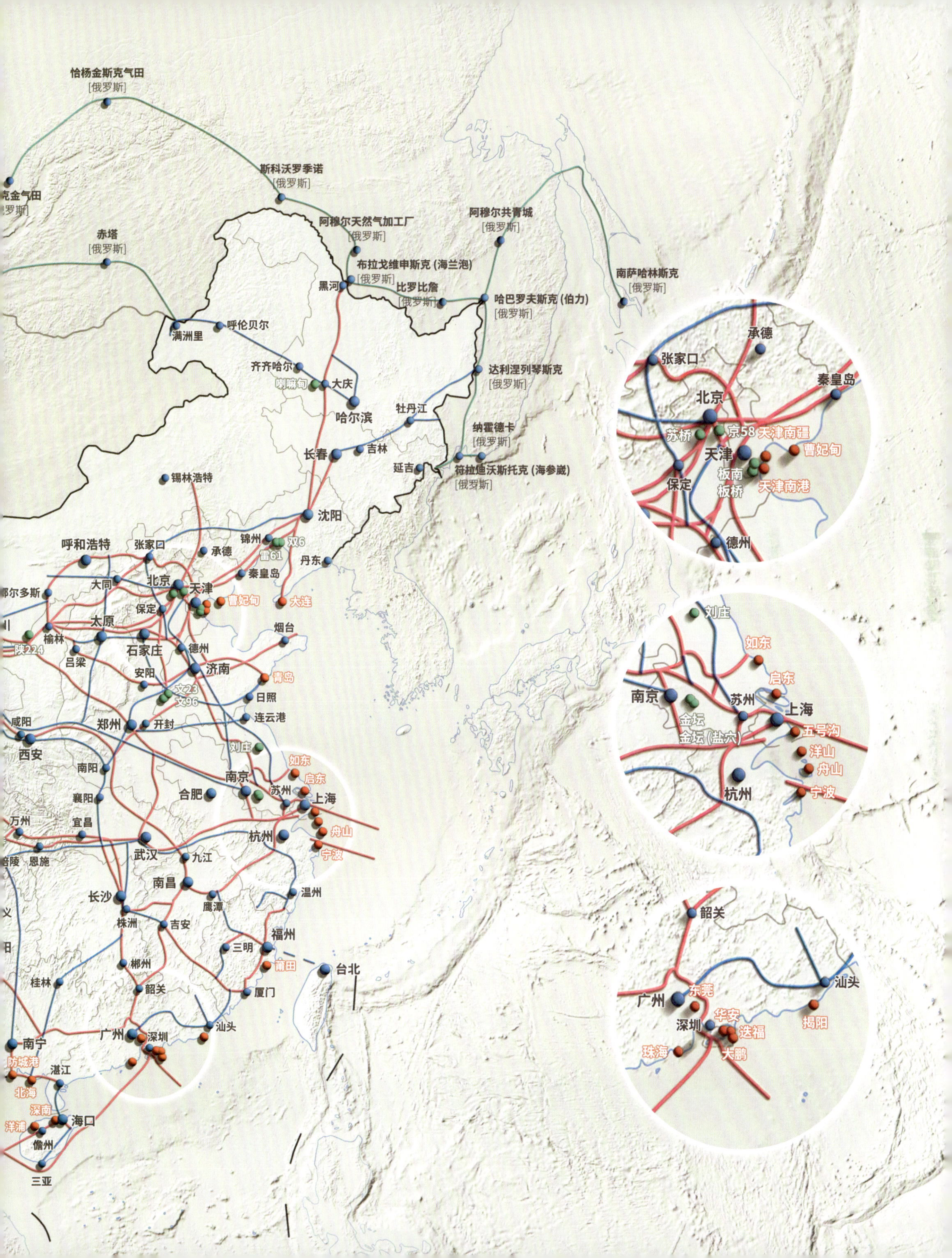

恰杨金斯克气田
[俄罗斯]
斯科沃罗季诺
[俄罗斯]
赤塔
[俄罗斯]
阿穆尔天然气加工厂
[俄罗斯]
布拉戈维申斯克 (海兰泡)
[俄罗斯]
比罗比詹
[俄罗斯]
阿穆尔共青城
[俄罗斯]
哈巴罗夫斯克 (伯力)
[俄罗斯]
南萨哈林斯克
[俄罗斯]
黑河
满洲里
呼伦贝尔
齐齐哈尔
喇嘛甸
大庆
哈尔滨
达利涅列琴斯克
[俄罗斯]
牡丹江
纳霍德卡
[俄罗斯]
符拉迪沃斯托克 (海参崴)
[俄罗斯]
长春
吉林
延吉
锡林浩特
沈阳
锦州
双6
雷61
呼和浩特
张家口
承德
秦皇岛
丹东
大同
北京
天津
曹妃甸
大连
保定
太原
榆林
陕224
烟台
石家庄
德州
吕梁
济南
安阳
青岛
文23
文96
日照
咸阳
郑州
开封
连云港
西安
南阳
刘庄
如东
启东
南京
合肥
苏州
上海
襄阳
万州
宜昌
舟山
杭州
宁波
武汉
九江
恩施
长沙
南昌
鹰潭
温州
株洲
吉安
福州
三明
莆田
台北
郴州
桂林
韶关
厦门
广州
深圳
汕头
南宁
防城港
湛江
北海
深南
海口
洋浦
儋州
三亚
承德
张家口
秦皇岛
北京
苏桥
京58
天津南疆
曹妃甸
天津
板南
板桥
保定
天津南港
德州
刘庄
如东
启东
南京
苏州
上海
金坛
金坛 (盐穴)
五号沟
洋山
舟山
宁波
杭州
韶关
东莞
广州
汕头
深圳
华安
迭福
揭阳
珠海
大鹏

当然，我们绝非就此高枕无忧。

随着进口量的与日俱增，中国天然气的对外依存度高达43%，供应中断、价格波动等未知因素仍是潜在的风险和挑战。

在能源结构变革这条艰难且漫长的道路上，我们无法点石成金，更无法指望他人，发展自身的科学技术才是我们唯一的出路。

毕竟数十年来，正是因为科技的发展，我们才不断发现了新的矿藏。尤其是近十年间，21 个千亿立方米级的大气田被接连发现，让中国能源的家底更加丰厚。

正是因为科技的发展，从国内到国外，我们的管网开始互联互通。从管道到 LNG，我们的气源开始互相补充，“全国一张网”逐渐形成。

正是因为科技的发展，我们得以同时开发水能、风能、核能、太阳能等清洁能源，它们与天然气一起，使我国煤炭的消费占比从 2002 年的 68% 降低至 2019 年的 57%。

未来之路可能依然荆棘密布，但我们仍将坚持这条道路，直到迎来那个清丽的、可持续的明天。

左图　物探队员在西气东输工程气源地勘探 / 摄影　余海
此图拍摄于新疆库车西秋里塔格山区。

3 家园

1
2
3
4
5

国土绿化 | 平凡的生命，伟大的工程

雾霾治理 | 对流层保卫战

国家公园 | 大熊猫最后的栖息地

大坝 | 十万“勇士”的诞生

长江防洪 | 看得见、看不见的防线

13

国土绿化

平凡的生命，伟大的工程

中国大地上

有无数伟大的工程

其中一类较为特殊

它们没有固定地点

从西北大漠深处

到东南沿海之滨

处处可见它们的身影

它们的“零件”不是钢铁

而是柔弱的草木

它们曾引起争议

它们并不完美，也尚未完成

实际上，它们根本没有“完成”之日

而是需要一代人接着一代人

不断探索，实践，改进

你也许听过它们的名字：三北防护林工程，天然林保护工程，京津风沙源治理工程，退耕还林、退牧还草工程……这些工程，我们可以概括为“国土绿化”。

1949 年，我国的森林覆盖率约为 11.4%。而根据第九次全国森林资源清查，截至 2018 年年底，我国的森林覆盖率达到 22.96%。新中国成立至今，我国净增的森林面积几乎可以铺满整个内蒙古，这让中国成为世界上同期森林资源增长最多、最快的国家。

除了植树造林，我们每年还要对几万乃至几十万平方千米的退化草原进行种草、改良或围栏封育。一棵棵树、一株株草，共同铺就了中华大地的绿色。

今天，我们能生活在一个充满繁花绿树的中国，离不开这些持续不断的国土绿化工程。

我们不禁要问，这一切因何开始？又是如何做到的？

右图　青海祁连山“退牧还草”的草原与林地 / 摄影　沈龙泉

青海祁连山地区是维系青藏高原东北部和河西走廊生态水系安全，以及控制西部荒漠化向东蔓延的天然屏障，在中国生态建设中具有重要的战略地位。为此，青海实施“退牧还草”工程，使过度退化的草场得到恢复。

壹 大地

数千万年来，青藏高原的隆升改变了亚洲东部的环境。由于地形的阻隔，来自海洋的丰富水汽无法深入内陆，中国西北出现大范围的干旱区，进而形成大片荒漠。

沙质的荒漠为沙漠，我国的沙漠面积高达 58.8 万平方千米，约占陆地面积的 6.1%。石质、砾质的荒漠为戈壁，分布在沙漠的上游，与沙漠相伴而生。我国戈壁面积为 92.8 万平方千米，约占陆地面积的 9.6%。

新疆鄯善库木塔格沙漠 / 摄影 蒋涛

库木塔格沙漠位于新疆东部、鄯善县以南，面积约为 1880 平方千米，也是距离城市最近的沙漠，站在县城高处就可欣赏到雄浑壮观的金色大漠。

临策铁路途中的防沙明洞 / 摄影 王璐

临策铁路东起内蒙古巴彦淖尔市临河区，西至内蒙古额济纳旗策克口岸，穿越了乌兰布和沙漠、巴丹吉林沙漠及广袤的戈壁分布区。为了应对流动沙丘的威胁，临策铁路部分路段修建了封闭的防沙明洞，以保障铁路运行的安全。

数百万年来，全球气候的干湿交替、冷暖变化，导致我国北方半干旱区和半湿润区诞生了毛乌素、浑善达克、科尔沁和呼伦贝尔四大沙地。

近百年来，人类过度开垦、放牧、采伐，导致大量森林被砍伐，草原变为耕地……新中国成立之时，我们面对的是一片疲倦的大地。

首先是荒漠化和沙化。根据第五次全国荒漠化和沙化土地监测结果，截至 2014 年，中国的荒漠化土地有 261.16 万平方千米，约占陆地面积的 27.2%，沙化土地则有 172.12 万平方千米。草原和耕地退化，土壤变为黄沙。在风的助力之下，黄沙成为肆虐的沙尘暴，侵蚀着农田、牧场，掩埋了铁路和公路。

其次，缺少植被的地表，在风和水的侵蚀下会导致水土流失。根据 2019 年全国水土流失动态监测结果，我国现有水土流失面积达 271.08 万平方千米，约占陆地面积的 28%。华北和西北的荒秃坡地，被季节性的集中降水冲刷成千沟万壑，草木难以扎根，人们的交通出行也变得艰难。黄河中上游流失的泥沙常导致下游河道淤积，引发严重的洪涝灾害。

此外，土壤盐渍化、石漠化、生物多样性锐减等问题，同样威胁着人类的生存与发展。

面对严峻的生态问题，面对数以亿计的贫困人口，新中国施行的一项重要措施便是国土绿化。这场绿化之战，是从最艰苦的地方打响的。

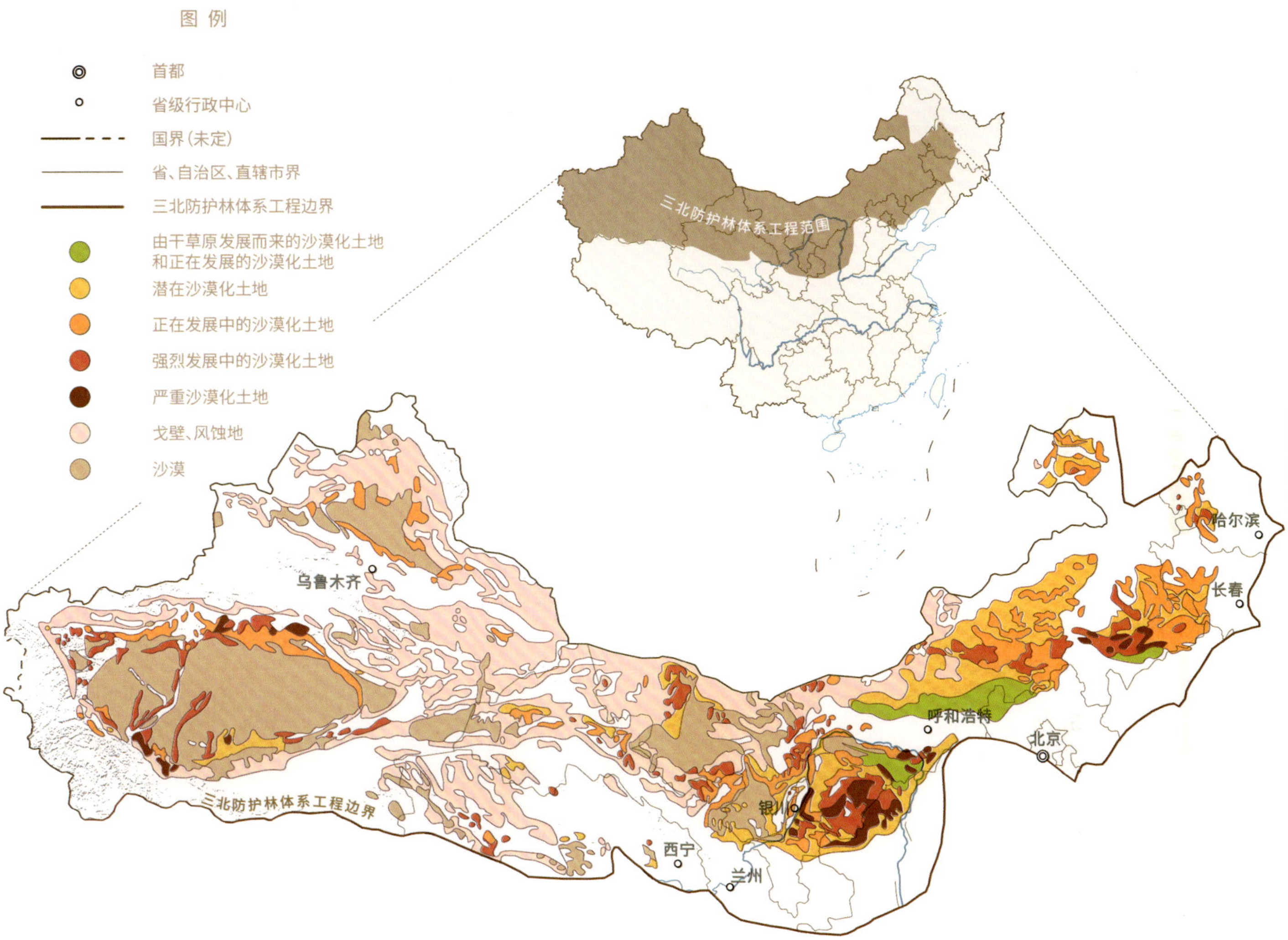

中国北部沙漠化地区分布

沙化是指在各种气候条件下，由自然和人为因素导致土地呈现沙质或砾质为主的土地退化，我国是世界上受荒漠化和沙化危害最严重的国家之一。截至 2014 年，我国沙化土地面积达 172.12 万平方千米，约占陆地国土总面积的 17.93%，主要分布在新疆、内蒙古、西藏、青海、甘肃 5 个省区。

包兰铁路穿过腾格里沙漠边缘 / 摄影 徐晨宇

作为华北至西北铁路通道的关键部分，包兰铁路需要 6 次穿越腾格里沙漠。在施工期间，就曾多次发生风沙侵蚀、掩埋路基的事故。为了保障铁路的安全，人们需要固沙、植树种草，来解决风沙问题。

贰 沙海先锋

从东北部的呼伦贝尔沿大兴安岭南下，经燕山、陕北、甘宁南部到喜马拉雅山脉东部，一条无形的线将中国分出干湿两个世界，这便是 400 毫米等降水量线。这条线以西和以北的区域是干旱、半干旱区，也是风沙肆虐的主场，国土绿化“第一梯队”的防风固沙林在此登场。

1954 年，为打通华北与西北的铁路交通线，人们开始规划从内蒙古包头到甘肃兰州的包兰铁路。然而，这条铁路必须 6 次穿越腾格里沙漠，长达 40 余千米的铁轨直接被暴露在沙漠中。在宁夏沙坡头段，高达 10 到 30 米的沙山俯视着“纤细”铁轨，保卫铁路不被风沙侵蚀成了重中之重。

但不断移动的沙丘让植被没有立足之地，如何才能固沙？

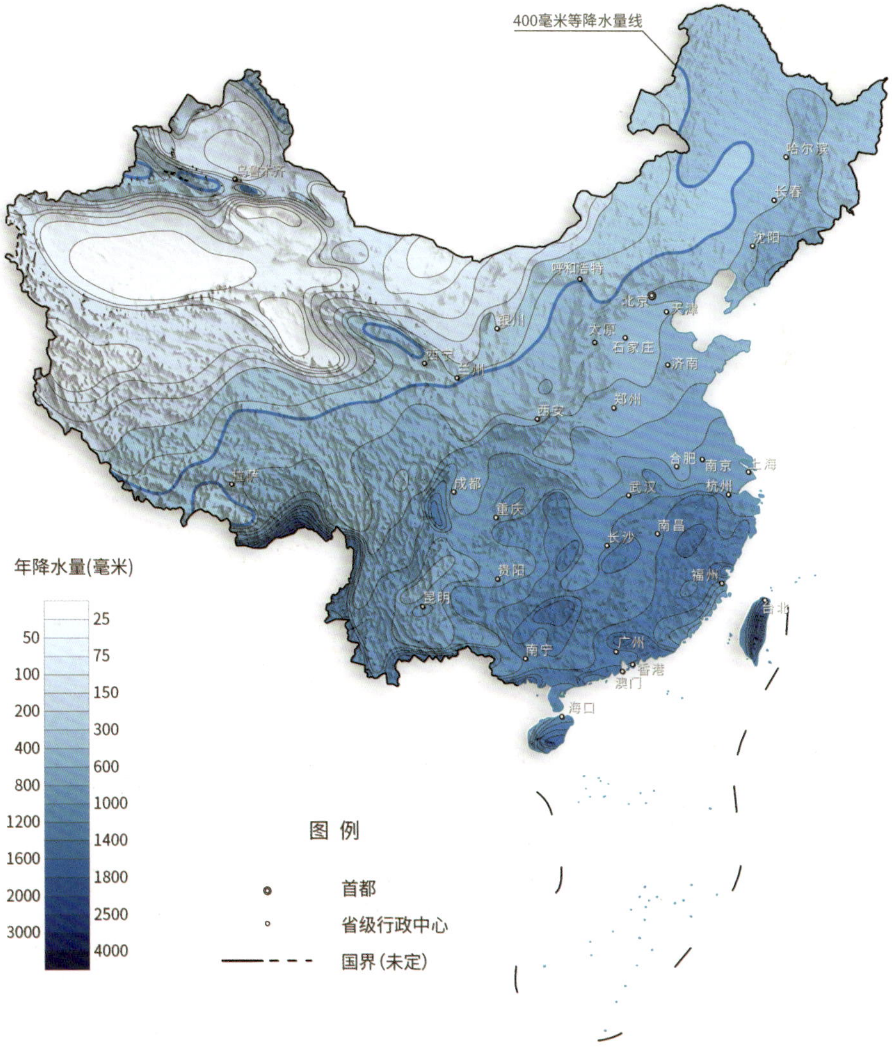

中国等降水量线示意

新中国成立初期，中国科学院便在沙坡头腹地设立了沙漠试验研究站。在苏联专家的协助下，通过数年的试验研究，研究者们最终找到了固沙“秘籍”——草方格。

人们将麦草或其他植物的茎秆对折插入沙漠，半埋半露，栽植成一个个 1 米 × 1 米的方格，形成网格。沙粒被草方格拦截，被风搬运的沙粒在网格中堆积，可减缓沙丘的移动速率，起到固沙作用。在草方格内部，水会在沙丘浅层聚集。在微生物的作用下，沙丘表面会形成一层“生物结皮”，这层结皮能够加快缺水、缺营养的流沙向固定表面转变，人工栽植的沙生植物和随风飘落的草籽便在沙丘表面萌发、生长。

就这样，在一个个方格之间，不仅沙被固定下来，地表也逐渐出现绿色。效果显著的草方格固沙技术迅速被推广至整个干旱区，从青藏铁路沿线到塔克拉玛干沙漠公路沿线，乃至水渠、管网沿线，人们都可以见到它们顽强的身影。

草方格及与之类似的土方格、石方格，是固沙的第一步。要想从根本上改造荒漠化和沙化土地，还需要植树种草。这就需要灌木的协助：梭梭、柽柳、驼绒藜、白刺、沙棘、沙柳、柠条……这些沙生植物的地上部分其貌不扬，地下却拥有极度发达的根系，耐旱、耐寒、抗盐，适应能力极强，是改造荒漠化和沙化土地的有力援军。

沙漠中的含水沙层，常在地表干沙以下几十厘米处，甚至更深。因此，栽种树苗时，需要使用挖坑机进行深栽。沙漠含水层的水远不能满足新栽苗木的正常生长，苗木栽下后必须进行人工灌溉。为了最大限度减少蒸发和渗漏损耗，人们采用节水的滴灌技术。管道上的小孔将水和养分直接送至植物根部，既能保证苗木的成活率，又有效地利用了宝贵的水资源。

在水分相对充足的区域，可以栽种乔木。天山、祁连山等山脉，聚集了大量冰川和积雪，冰雪融水汇成塔里木河、黑河等内陆河。河流穿过沙漠，滋润绿洲。河流两岸、湖泊周边，白杨成排、胡杨成片。人们还开挖沟渠，利用季节性降水进行灌溉，也可以在沙漠中创造出满足乔木生长的环境。茁壮生长的乔木，成了防风固沙的又一道屏障。

乔、灌、草结合，形成一个防风固沙体系。最外层由草和灌木组成第一道防线，中间则是灌木和乔木组成的第二道防线，绿洲内部则通过林网组成第三道防线，层层嵌套，庇护农田、牧场、公路和村镇。各类防风固沙林，在中国的广大干旱半干旱区围起一个个绿色堡垒。

但防风治沙的战役并未到此结束，在 400 毫米等降水量线的两侧，防护林即将升级，成为一个更加庞大的体系。

草方格原理示意

由于大部分被风搬运的沙粒是在近地表移动的，所以矮小的草方格能拦截很大一部分沙粒，如此便可减缓整个沙丘的移动速度，起到固沙的作用。

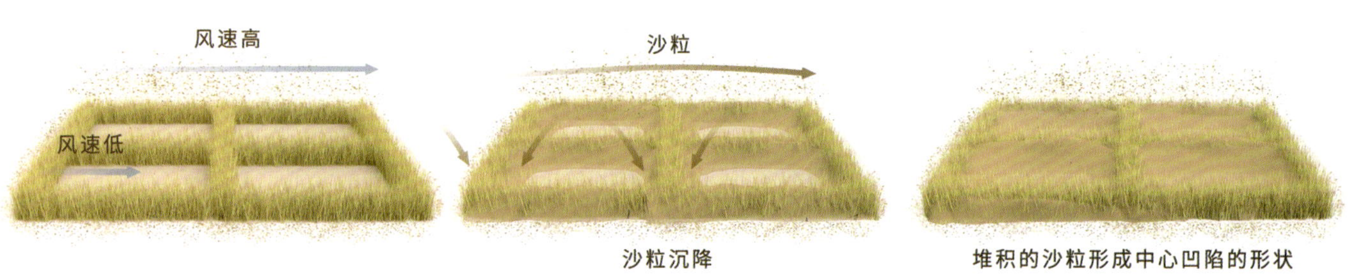

塔克拉玛干沙漠公路 / 摄影 王汉冰

穿越塔克拉玛干沙漠的公路，其两侧密集的草方格能够减缓沙丘的运动，保障公路安全。

新疆喀什地区巴楚县胡杨林 / 摄影 宋文君

胡杨是生活在沙漠的乔木树种，耐寒、耐旱、耐盐碱、抗风沙，有很强的生命力，在我国西部地区广泛分布，对防风固沙有重要作用。

叁 绿色长城

400 毫米等降水量线承载了很多意义，它分隔出干旱与湿润之地，划分出森林与草原，还区分出农耕与游牧地区……从西北往东南，跨过 400 毫米等降水量线，便是一望无际的东北和华北平原。这也意味着，只要北方的风沙滚滚向南，西北、东北和华北的农田与城镇便会暴露在万里风沙之下。在距离北京仅 180 千米处，一个巨大的沙源——浑善达克沙地，便源源不断地在向南输送风沙。

人们决心建设一道绿色长城，守卫这条线以南的村庄与城市、田野与工厂。1962 年，在河北承德与内蒙古交界处，一个国营林场正式成立，名为“塞罕坝机械林场”。

在明末清初，塞罕坝曾拥有广袤的林海。1961 年，林业专家来此考察时，此地却已布满飞沙走石，寸草不生。经过多天的考察，专家才在塞罕坝东北部的红松洼内发现了一株落叶松。这株孤独的松树，既是环境恶化的证明，也是恢复生态的希望。

要在此种树，人们就需要克服重重困难。最大的困难是要面对塞罕坝较为恶劣的自然环境。塞罕坝年均气温仅有零下 1.2℃，极端最低气温低至零下 43.3℃。低温、大风及干旱，让从外地运来的树苗成活率不到 8%。为了解决这一问题，林场工作人员开始自主育苗。从精心选育树种开始，采用全新的育苗技术，以提高树苗的质量。当冬季严寒到

左页上图　塞罕坝石质山地上的造林 / 摄影 王龙

塞罕坝机械林场位于河北承德与内蒙古交界处，曾是清王朝木兰围场的一部分，后来的开围放垦，致使千里松林遭到破坏。直到 1962 年，塞罕坝机械林场建立，一代代工作人员让塞罕坝开始重现往日生机。

上图　塞罕坝人工落叶松林 / 摄影 徐树春

塞罕坝机械林场自建场起，便集中连片地种植华北落叶松人工用材林。如今，这里的森林覆盖率达 80%，林地面积 112 万亩。经过半个多世纪的艰苦创业，塞罕坝建成了世界上面积最大的人工林，创造了“沙地变绿洲、荒原变林海”的绿色奇迹。

来时，人们将育成的树苗埋在冰雪之下，待到春天再迅速栽种，从而提高树苗的成活率。树苗的栽植，采用来自波兰的拖拉机和苏联的植树机，首开机械栽树的先河，大大提升了造林的效率。

在早期，塞罕坝的造林区域大多处在相对平坦的地方。随着技术的提升，人们开始向较难处理的石质山坡攻坚。这些石质山坡山高坡陡、土壤贫瘠，造林需要花费更多的人力和时间。最终，从一个个小坡到一整面大山坡，塞罕坝的“硬骨头”被逐一啃下。

如今的塞罕坝，已有 112 万亩人工林，森林阻止了流沙的移动与扩大，6 级以上大风日数也大大减少。

在 400 毫米等降水量线附近，塞罕坝林场并非中国人恢复植被的唯一努力。在农田、村镇和城市，人们营造了各类防护林。

农田防护林主要分布于田地周边，人们在垂直于主要风向的道路、沟渠边，种植成排的树木，组成防护林带。若干林带交错形成防护林网。林网使得风速降低，改善了局部的温度和湿度，形成适宜农作物生长的小环境，有助于提高农作物产量。如东北的农田林网，可将玉米产量提高 10%。

与农田防护林类似，人们还在草原上营造草场防护林，其中包括为了保护牧场而种植的“田”形和“目”形林网，也包括能够保护牲畜而种植的、被称为“绿岛”或“树伞”的岛状树丛。

在村镇、城市和工矿区，则有为改善环境而营造的防护林带，以及道路两旁的行道树、公共绿地、公园等。在燕山、太行山、阴山等山脉，各类防护林组成太行山绿化工程、京津风沙源治理工程，让绿色铺满高山，生态环境得到改善。

在生态问题之外，我们也面临着经济发展的诉求。一些地区乱砍滥伐，主要源于对木材、燃料、饲料等物资的需求。因此，防护林不应只有生态功能，也应担负部分经济功能。生产木材的用材林，生产燃料的薪炭林，生产水果、油料、药材的经济林都成了防护林的重要组成部分。

经济效益与生态保护相结合，使防护林成为经济型生态工程。在巴丹吉林沙漠，人们利用梭梭防治流沙，当梭梭长成后，便可在其根部接种可用作中药材的寄生植物肉苁蓉。生态与经济的双收益，保证了防护林的持续发展。

左页上图　内蒙古土默特左旗农田旁的防护林带 / 摄影 李琼

在干旱区和半干旱区，农田防护林网能够有效减轻风沙危害，改善农田局部小气候，增温增湿，进而提高农作物产量。

左页下图　甘肃嘉峪关峪泉镇的防沙人工林 / 摄影 陈剑峰

嘉峪关地处干旱少雨的戈壁荒漠地区，面对恶劣的自然条件，人们大力实施城镇绿化、退耕还林、防沙治沙等大规模国土绿化建设。

遍布于东北、华北、西北的防护林，终于在 1978 年汇聚成一个完整的体系工程——三北防护林体系工程。

它不是单一的林场，而是覆盖从黑龙江到新疆的广达 406 万平方千米土地的防护林体系。在它的范围内，有雪峰冰川、大漠戈壁，有茫茫草原、片片农田，从海拔 5000 米到海拔 100 米，从季风气候到高原气候，适应不同环境的植物种类多达 3500 余种，是一个当之无愧的“超级工程”。

从 1978 年到 2017 年，三北防护林体系工程历年总造林面积达 46 万平方千米，使得区内水土流失面积减少 67%，扭转了我国荒漠化和沙化土地面积不断扩大的趋势。从 2000 年到 2017 年，该工程让三北地区的沙化面积减少了 1.8 万平方千米。

三北防护林体系工程开启了中国的“生态工程时代”，更多的生态工程相继在全国范围内展开，为中华大地带来更多绿色与生机。

右上图　阴山山脉人工绿化林带 / 摄影　叶长春

阴山山脉地处内蒙古自治区中部，是我国北方地区重要的生态屏障区。2018 年起，内蒙古启动实施阴山绿化工程，预计到 2025 年，完成阴山绿化 1328.8 万亩，使阴山地区森林覆盖率增加 4.5 个百分点，达到 24.64%。

右下图　宁夏西海固山坡梯田绿化 / 摄影　高泽安

“西海固”今天指的是宁夏南部山区一带，曾有“苦瘠甲天下”之称。1972 年，世界粮食计划署认为这里是最不适宜人类生存的地区之一。在退耕还林、荒山造林、生态移民等一系列重大生态工程的实施下，这里的生态环境明显改善，植被恢复，昔日的黄土高原已是满眼绿色。

肆 江河湖海

到此为止，我们的目光只扫过中国的西部和北部。在 400 毫米等降水量线以南，是广大的季风区。这里的降水相对充沛，但这一地区的国土绿化同样面临困境。

首先，地形给季风区的国土绿化带来了障碍。这里遍布山地和丘陵，在陡坡上造林，需要进行大范围的人工整地，必须实施坡面工程。对于坡度较缓的区域，可进行“水平阶整地”，即沿着等高线，像梯田一样挖出一级级台阶。

在坡度较陡的区域，为了保证坡面径流能够最大限度流向植物根部，需要进行“反坡梯田整地”，将坡地向内倾斜，或在坡面上挖出一个个半圆形树坑，坑与坑之间呈“品”字形排列。这种整地方式从空中望去仿佛鱼鳞，因而被称为“鱼鳞坑整地”。

从北方的山地到南方的丘陵，以及库区、河岸，都可以通过大规模整地，建起绿色阶梯，其中最具代表性的是遍布江河中上游的水土保持林。

在黄土高原，水土保持林的建设让这一地区的植被覆盖率急剧增加，从 1999 年的 32% 增加至 2013 年的 59%。增加最明显的延安，植被覆盖率在 2017 年甚至达到 81%。植被的增加能够有效遏制黄土高原的水土流失，让黄河的年均输沙量从 20 世纪 70 年代的 13 亿吨下降到不足 3 亿吨。

黄土高原之外，水土保持林也有效缓解了岩溶地区的石漠化问题。根据我国第二次和第三次石漠化监测，从 2011 年到 2016 年，我国岩溶地区的石漠化面积减少了 16%。石漠化面积最大的贵州减少的面积最多，共减少了 18.3%。

左页上图　宁夏彭阳的蚂蚁森林 / 摄影　赵乐源

持续的植树造林活动正在让黄土高原的植被覆盖率提高、水土流失减少。蚂蚁森林的最新数据显示，已有四成中国人用手机种树，累积碳减排 1100 万吨，至今已种下 1.22 亿棵真树，种植面积达 168 万亩。

左页下图　昆明滇池东岸的王官湿地公园 / 摄影　施扬

为了保护滇池，云南省制定《云南省滇池保护条例》，滇池附近的一些工厂被拆除，改建为湿地公园，利用植被保护滇池、防范污染。

在江河源头，种植的是水源涵养林。从祁连山、阴山、秦岭等黄河主要产流区到东北的大小兴安岭和长白山，再到辽河、淮河、太湖、珠江，全国主要河流的流域内均建成防护林体系。

其中，防护林体系覆盖面积最大的在长江中上游，茂盛的林海将金沙江、雅砻江、岷江、汉水、嘉陵江、乌江等江河两岸涂抹成绿色。遍布长江中上游的水土保持林和水源涵养林，组成了又一大型林业生态工程——长江中上游防护林体系工程。

当我们沿着江河而下，来到沿海地区，又会面临新的问题：风暴潮造成的灾害、沙质海岸地区的风沙危害、沿岸山区的水土流失等。因此，我们还需要沿海防护林。其中最为独特的，便是南方沿海的红树林。红树并非一种树，而是多种适应滨海盐渍化、风浪环境的植物统称。在中国东南沿海，人工种植的红树林形成了一道屏障，减弱了风浪对陆地的侵蚀。

从大江、大河到湖泊、海岸，众多生态工程形成了一张巨大的保护网，让绿色铺满整个中国。但众多生态工程并非完美无瑕，它们仍存在许多问题。我们该如何面对过去的问题？又如何走向更好的未来？

下图　海南儋州新英湾红树林 / 摄影　蒋丰

中国防护林体系工程分布

从 20 世纪 80 年代起，我国就开始构建防护林体系，防护林体系覆盖了从西北边疆到东南沿海的广袤国土。其中，三北防护林体系工程堪称世界生态工程之最，是我国的第一个重大生态工程。40 多年来，三北防护林体系工程累计完成造林保存面积 3014 万公顷，工程区森林覆盖率由 5.05% 提高到 13.57%。

注：港澳台数据暂缺。

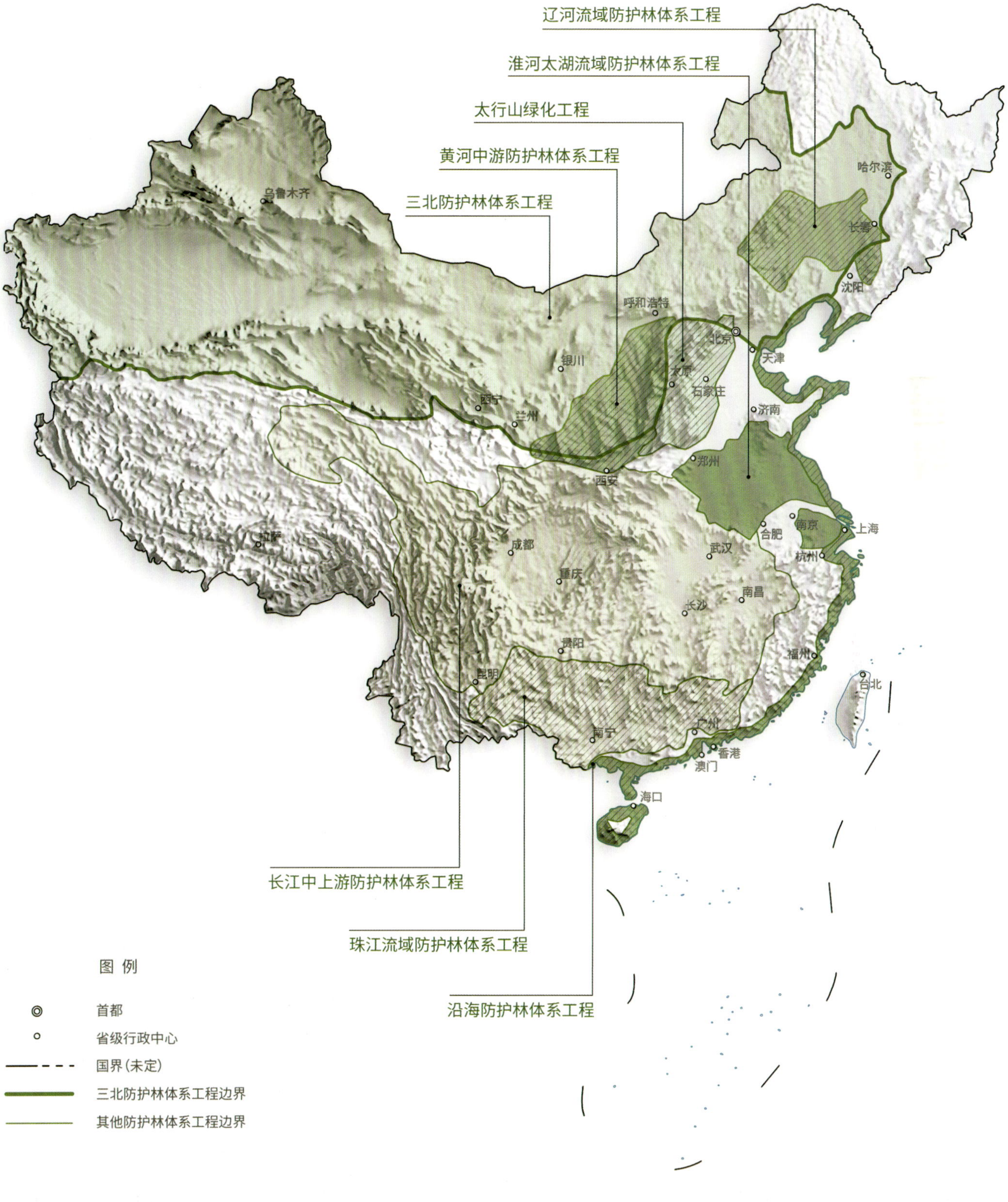

伍 过去与未来

中国的植树造林等国土绿化工程，自实施以来就面临许多问题和争议。

首要的争议，便是在不适宜种树的区域种树是否合理。400 毫米等降水量线以西，大部分区域本不适宜乔木生长，但为了迅速达到防风治沙的效果，我们曾在西北地区种植了大量的杨树。杨树生长快、耗水多，可能导致种植地区缺水情况进一步加剧，而缺少水分补充且物种单一的人工杨树林也逐渐死去。

此外，早期的人工林在栽种后常因缺少后续的抚育，或因为造林树种单一，林木的保存率较低。

我们走过许多曲折的道路，也不断做出改变，更注重物种的多样性、乔灌草结合、多树种搭配、多林种同窗等，让绿化事业更科学、造林质量更高。更重要的是，我们从植树造林转向了生态修复。

我们通过天然林保护工程、退耕还林、退牧还草，将土地退化、水资源短缺地区的人们，迁居到水源相对充足、土地质量较好的区域，进行生态移民，让大地休养生息，恢复原始生态。同时，建立自然保护区、森林公园、各类自然公园，以及更加综合的国家公园，以推行和完善各类生态保护法律法规。

右图　黄沙与绿地界限分明的毛乌素沙地 / 摄影　任世明

毛乌素沙地位于陕西榆林以北，在古代曾给当地居民带来巨大的威胁。新中国成立以后，经过几十年的治理，榆林沙化土地治理率已超过 90%，昔日肆虐的黄沙逐渐在这一地区消失。

右页右图　塞罕坝林场松林 / 摄影　田卓然

经过几代工作人员的辛勤努力，松涛林浪的景观再次回到塞罕坝，为京津地区筑起生态屏障。

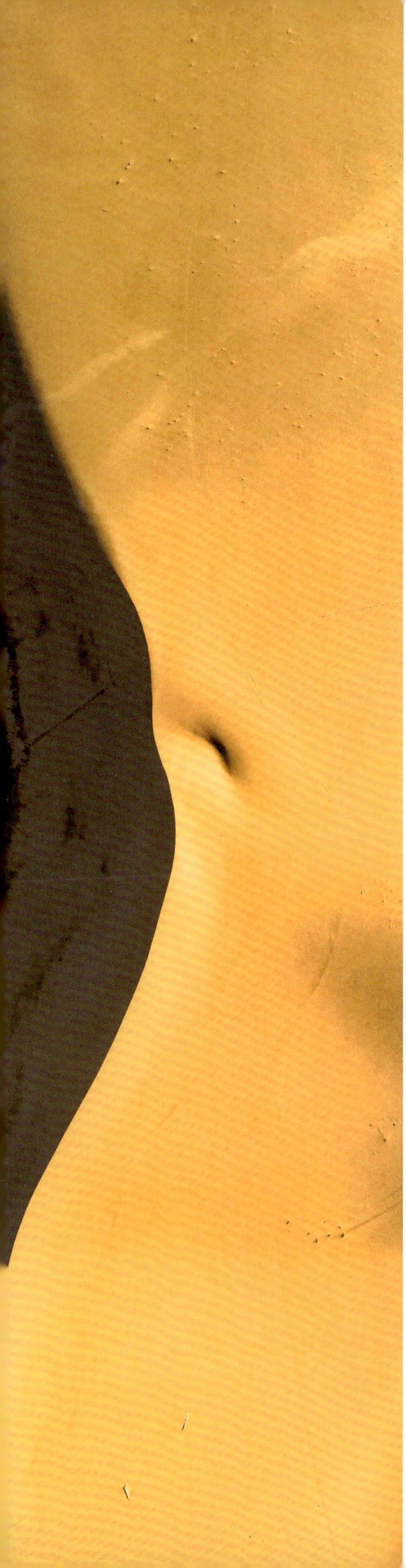

辽河三角洲湿地 / 摄影 颜景龙

退潮之后的辽河三角洲湿地，滩涂上留下的痕迹如同一条腾飞的龙。无序的开垦、水产养殖等活动，曾经严重破坏了辽河口的生态环境。于是，人们开始退耕还湿、恢复植被，建立辽河口国家级自然保护区，试图恢复受损的生态环境。

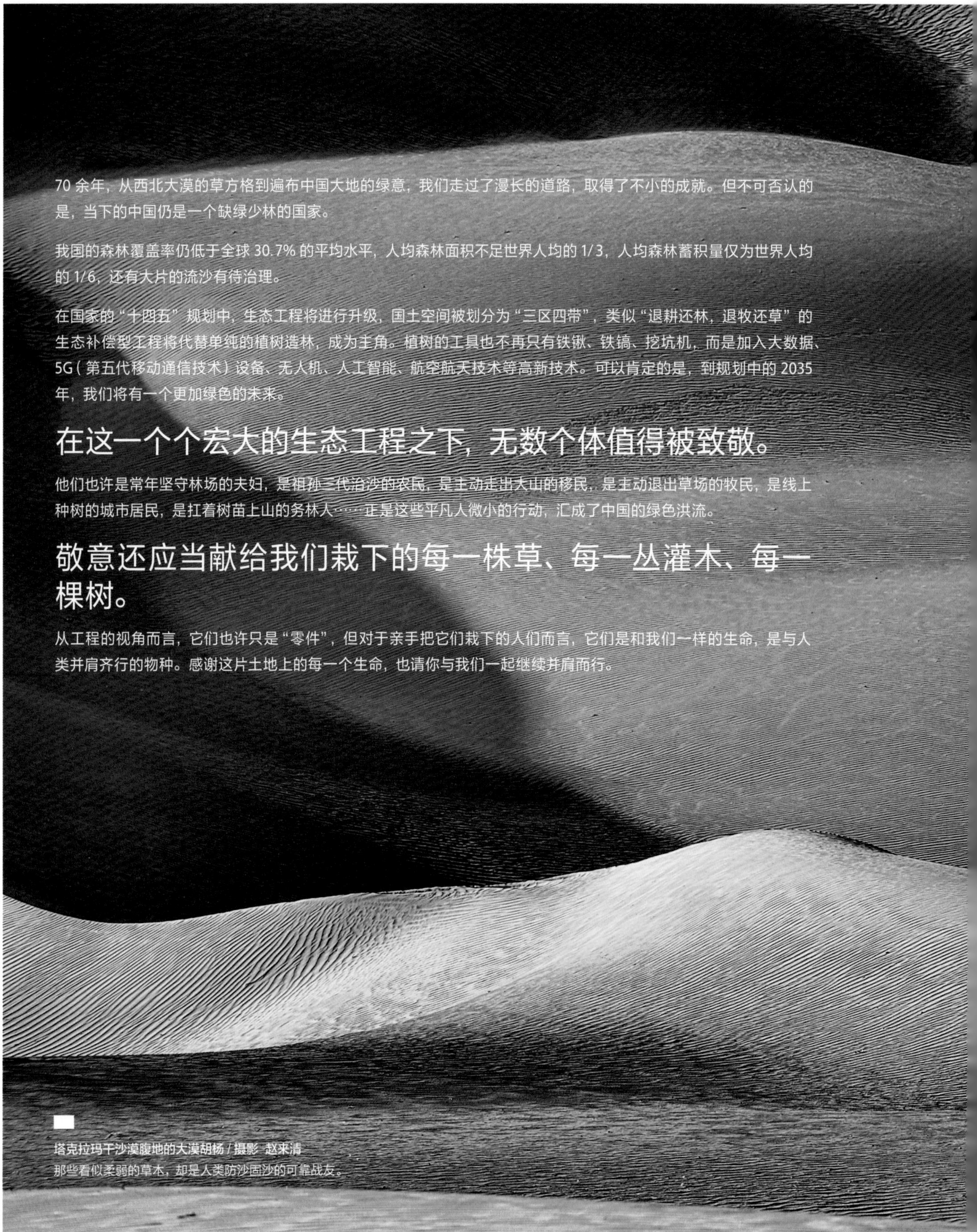

70 余年，从西北大漠的草方格到遍布中国大地的绿意，我们走过了漫长的道路，取得了不小的成就。但不可否认的是，当下的中国仍是一个缺绿少林的国家。

我国的森林覆盖率仍低于全球 30.7% 的平均水平，人均森林面积不足世界人均的 1/3，人均森林蓄积量仅为世界人均的 1/6，还有大片的流沙有待治理。

在国家的“十四五”规划中，生态工程将进行升级，国土空间被划分为“三区四带”，类似“退耕还林，退牧还草”的生态补偿型工程将代替单纯的植树造林，成为主角。植树的工具也不再只有铁锹、铁镐、挖坑机，而是加入大数据、5G（第五代移动通信技术）设备、无人机、人工智能、航空航天技术等高新技术。可以肯定的是，到规划中的 2035 年，我们将有一个更加绿色的未来。

在这一个个宏大的生态工程之下，无数个体值得被致敬。

他们也许是常年坚守林场的夫妇，是祖孙三代治沙的农民，是主动走出大山的移民，是主动退出草场的牧民，是线上种树的城市居民，是扛着树苗上山的务林人……正是这些平凡人微小的行动，汇成了中国的绿色洪流。

敬意还应当献给我们栽下的每一株草、每一丛灌木、每一棵树。

从工程的视角而言，它们也许只是“零件”，但对于亲手把它们栽下的人们而言，它们是和我们一样的生命，是与人类并肩齐行的物种。感谢这片土地上的每一个生命，也请你与我们一起继续并肩而行。

塔克拉玛干沙漠腹地的大漠胡杨 / 摄影 赵来清
那些看似柔弱的草木，却是人类防沙固沙的可靠战友。

23

雾霾治理

对流层保卫战

伟大的对流层

平均厚度约 10 千米

几乎承载着所有人类活动

是我们一生中无可替代的生存空间

然而，工业时代以来对流层[1]却变得越发浑浊

在中国，2013 年全国平均霾日数达 35.9 天

同年 1 月，有约 1/4 国土上空的对流层“沦陷”

近 6 亿人被笼罩在雾霾之下[2]

时至今日，无数科学家、工程师、政府官员

仍在致力于驱散雾霾，保卫对流层

它究竟因何而生？还将持续多久？

它能否被驱散？又如何被驱散？

要回答这种种疑问，必须从雾霾的本质说起

---

1. 大气污染物的传输、扩散和转化，多发生在对流层最下方的大气边界层，厚度为 1~2 千米。

2. 2013 年 1 月，我国发生有记录以来极为严重的一次大规模区域性灰霾天气，范围覆盖 17 个省级行政区，影响近 6 亿人。

2017 年 3 月 17 日，雾霾笼罩的上海，城市上空分界鲜明 / 摄影 陈肖

壹 雾霾的本质

“雾”和“霾”本不应混为一谈，它们是对流层中两种不同的天气现象。

虽然二者形成的关键均在于空气中稳定悬浮的颗粒物，但组成雾的颗粒物主要是小水滴，组成霾的则多为干尘粒。因此，雾常呈乳白色，相对湿度可达 90% 以上，水平方向的能见度不到千米，随着地表温度上升便可逐渐消失。霾则呈现为灰黄色，相对湿度一般不超过 80%，水平能见度不到 10 千米，可以持续多日，难以消散。

在形成“霾”的颗粒物中，直径[1]小于等于 10 微米的颗粒被称为 PM_{10} 或“可吸入颗粒物”。它们能越过人体的重重防线，在呼吸道中沉积。直径小于等于 2.5 微米的颗粒是 $PM_{2.5}$，又称“细颗粒物”。它们更加微小，更易吸附有毒物和病原体，能畅通无阻地深入人体支气管甚至肺泡，引发呼吸道疾病、心脑血管疾病、肺癌等。有研究估计，尽管情况已有所改善，但在 2016 年，我国仍有超过 100 万人因室外空气污染而死亡。

这些颗粒物从何而来?

1. 本篇中的直径均指空气动力学等效直径，即当粒子和密度为 1g/cm3 的球体有相同降落速率时，球体的直径大小。

颗粒物与发丝对比示意

注：d 为空气动力学等效直径。

右上图　平流雾中的深圳 / 摄影　邓飞

当暖湿空气水平移动，经过寒冷的地面或水面时，空气逐渐冷却，水汽凝结成小水滴，从而形成雾，这就是平流雾。

右下图　雾霾之下的北京，从东部高空向西眺望 / 摄影　李珩

雾霾中突出的楼群为国贸 CBD，远处为太行山脉。

左图　上海长江口附近的工厂 / 摄影　华敬源

由人类生活、生产活动造成的排放被称为“人为源”，这些排放既包括一次颗粒物，也包括气体污染物。气体污染物还会在空气中发生化学反应，产生二次颗粒物。在我国多数地区，二次颗粒物已成为影响空气质量的主要因素。

有时，它们来自自然界（天然源），如森林大火、火山喷发、海浪飞溅、荒漠扬沙等。但更多时候，它们来自人类社会（人为源），从烹饪油烟到工地扬尘，从汽车尾气到工厂烟尘……形形色色，不胜枚举。

此外，它们有的一“出生”便是颗粒物，从污染源直接被排放进入大气，是为“一次颗粒物”。而更多时候，它们“出生”时还是气体，经过一系列反应后才“进化”为颗粒物，是为“二次颗粒物”。例如，由二氧化硫氧化形成的硫酸盐颗粒（SO_4^{2-}），由氮氧化物、挥发性有机物（VOCs）在光照条件下反应形成的硝酸盐颗粒（NO_3^-）和有机物颗粒，以及由氨气（NH_3）与大气中的硫酸、硝酸等酸碱中和形成的铵盐颗粒（NH_4^+），都属于二次颗粒物。

这些二次颗粒物的直径大多在 2 微米以内，可长时间存在和远距离传播，是 $PM_{2.5}$ 至关重要的组成部分。催生它们的二氧化硫、氮氧化物、挥发性有机物、氨气等气态前体物，虽不是导致雾霾的直接原因，却是幕后的“始作俑者”。

但是，一次颗粒物也好，气态前体物也罢，它们的“幕后推手”又是谁呢？

雾霾从哪里来

雾霾的来源，途径多种多样，大致可分为天然源和人为源。其中，人为源是人类生产活动的结果，与经济发展息息相关。中国工程院院士谢克昌曾指出，高耗能、重污染产业增长速度过快等因素，是我国大气污染产生的主要原因。

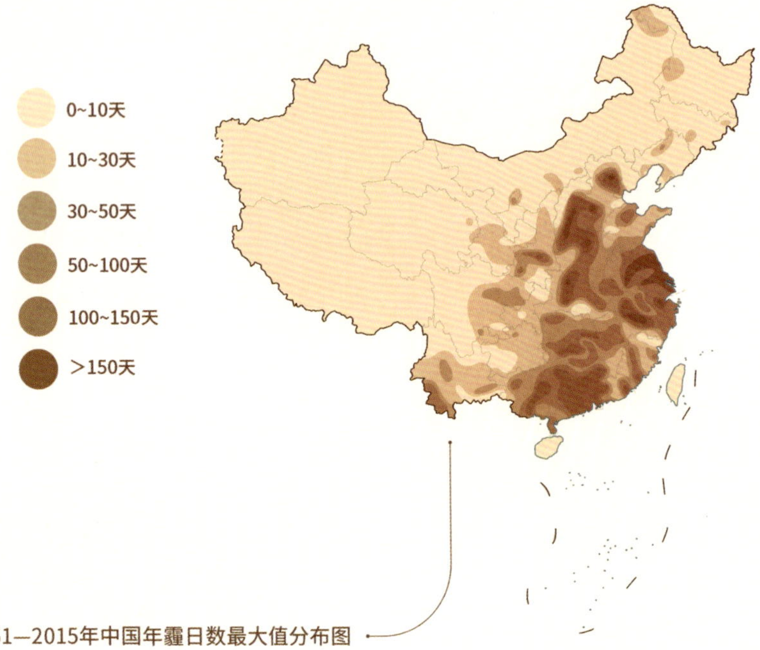

❶ 1961—2015年中国年霾日数最大值分布图

❷ 2013年各污染物主要贡献源示意

●工业 ●电力 ●交通 ●民用 ●农业 ●非主要排放源

❸ 1990—2013年中国大气污染物人为排放量

❹ $PM_{2.5}$主要组成成分示意

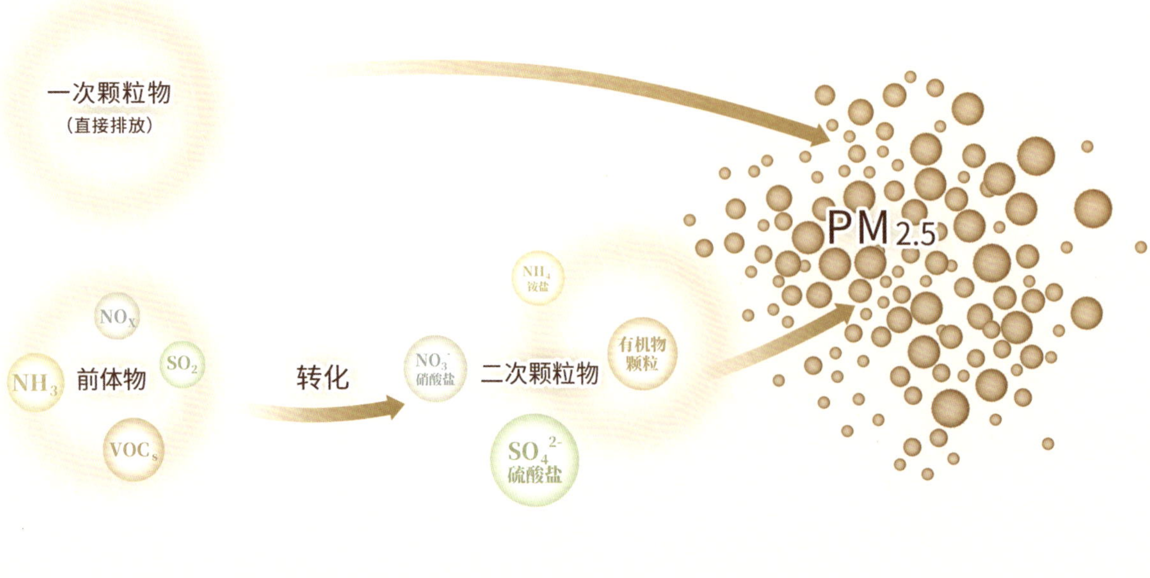

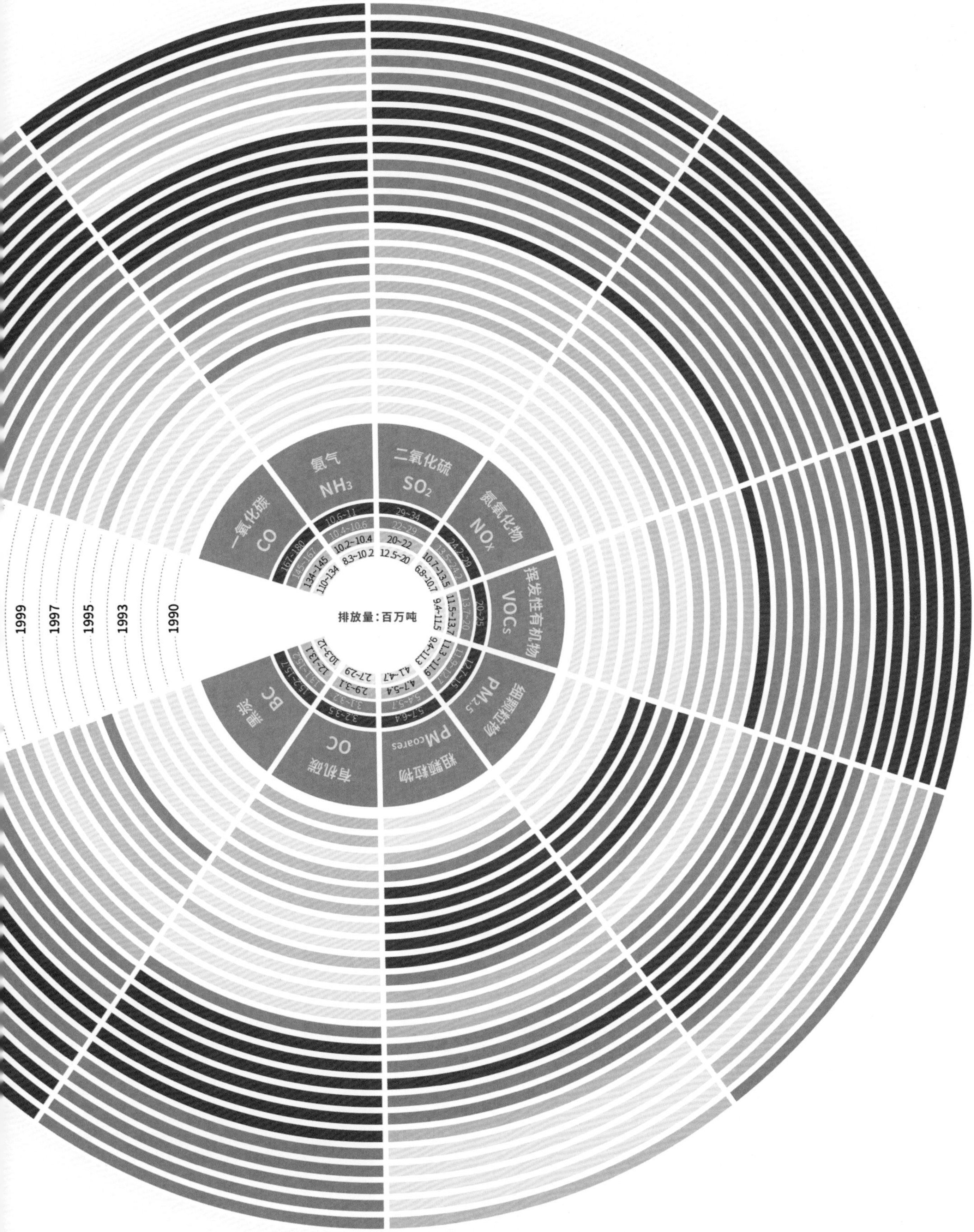

排放量：百万吨
一氧化碳
CO
167~180
145~167
134~145
110~134
氨气
NH3
10.6~11
10.4~10.6
10.2~10.4
8.3~10.2
二氧化硫
SO2
29~34
22~29
20~22
12.5~20
氮氧化物
NOx
24.2~29
13.5~24.2
10.7~13.5
6.8~10.7
挥发性有机物
VOCs
20~25
13.7~20
11.5~13.7
9.4~11.5
细颗粒物
PM2.5
12.7~15
11.9~12.7
11.3~11.9
9.4~11.3
粗颗粒物
PMcoares
5.7~6.4
5.4~5.7
4.7~5.4
4.1~4.7
有机碳
OC
3.2~3.5
3.1~3.2
2.9~3.1
2.7~2.9
黑碳
BC
15.2~15.7
13.1~15.2
12~13.1
10.3~12
1990
1993
1995
1997
1999

贰 发展的代价

1990 年到 2013 年，我国 GDP 增长达 3000%，创造了人类经济史上的一个奇迹。但与此同时，我们还创造了 313% 的氮氧化物排放增长，168% 的挥发性有机物排放增长，131% 的二氧化硫排放增长，29% 的氨气排放增长，以及 28% 的一次 $PM_{2.5}$ 排放增长。

随着排放的增加，空气污染接踵而至。2013 年，当 74 个城市率先开始 $PM_{2.5}$ 监测时，人们发现仅有拉萨、舟山和海口三个城市能够达到空气质量标准[1]。污染最为严重的京津冀地区，年均 $PM_{2.5}$ 浓度更是超标两倍。一场对流层保卫战迫在眉睫。

人们首先要做的便是对雾霾追根溯源。

截至 2013 年，我国总发电量、煤炭产量、钢铁产量、水泥产量、有色金属产量等已持续多年位列世界第一，是名副其实的“世界工厂”。滚滚向前的电力和工业产业消耗了全国一年中 95% 的煤炭和 99.7% 的原油，也产生了全国人为排放中 85% 的二氧化硫、71% 的氮氧化物、69% 的挥发性有机物，以及 60% 的一次 $PM_{2.5}$。

这当中，**电力和热力行业**占据了煤炭消耗的半壁江山，成为部分地区污染物排放的主力。在江苏，煤炭供给满足了近 1 亿人的电力需求。紧随其后的山东，在 2015 年超越江苏，成为全国火力发电第一大省。内蒙古则一度生产着全国最多的原煤，运行着全球规模最庞大的坑口电厂。正因为如此，这三个火电大省（区）的电力和热力行业，就“贡献”了各省内超过 40% 的二氧化硫和氮氧化物。而在内蒙古、黑龙江、辽宁等冬季供热大省（区），电力和热力行业则“贡献”了各省内 30% 到 45% 的一次颗粒物。

另一个耗煤巨头是**化工行业**[2]，其产品包括汽油、柴油、焦炭、农药、涂料、化肥、化纤、轮胎、塑料等，几乎覆盖现代生活的方方面面。2012 年，化工行业不仅消耗了全国 16% 的煤炭，更消耗了全国 97.5% 的原油。而这些化工产品的生产、加工、运输、使用等整个产业链，一年可向对流层“贡献”的挥发性有机物达 1500 多万吨[3]。

耗煤量位居第三的是**钢铁行业**。在我国，无论是辽阔的西北大地，还是发达的东部地区，均有钢铁厂分布。其中，河北省堪称“产钢大王”。2013 年，河北省年产粗钢近 1.9 亿吨，是第二名江苏省的两倍以上。但与此同时，河北钢铁行业排放了全省 36% 的二氧化硫、14% 的氮氧化物，以及 47% 的一次颗粒物，其污染物排放量几乎是江苏省的 2 到 3 倍。

---

1. 如无特殊说明，本文中的“达标”均指《环境空气质量标准 GB3095-2012》中的二级标准。
2. 本篇的化工行业是指“石油加工、炼焦和核燃料加工业”及“化学原料和化学制品制造业”。
3. 该处挥发性有机物数据不包括机动车燃油使用的排放量。

右页图　雾霾笼罩下的火力发电厂与城镇 / 摄影　刘忠文

在我国，电力和热力行业占据了煤炭消耗的半壁江山，熊熊燃烧的煤炭推动着城市和农村的运转，为家家户户带来光和热的同时，也造成了大量颗粒物排放。

在大型工业领域，煤炭绝大多数是被集中利用的。在这之外，还有数亿吨的**散煤**，常见于中小型工业窑炉和人们日常生活当中。散煤煤质较差，使用时未经加工，燃烧分散，燃烧后鲜做废气处理。据估算，燃烧同等质量的散煤，排放量是电煤的 10 到 15 倍。在包括内蒙古、山西、河北、黑龙江等地的北方农村地区，冬季采暖用的散煤，往往是难以监控的污染源，令当地冬季的空气质量雪上加霜。

而生活中另一大空气污染源，便是农村的**生物质燃烧**，例如秸秆焚烧。2011 年 5 月末，正值江南一带冬小麦收割，长三角地区的城市被大霾笼罩，人们发现，在超标近 5 倍的 $PM_{2.5}$ 中，48% 到 86% 的“贡献”源于秸秆焚烧产生的有机碳。类似的情形同样在东北上演，2015 年 11 月初，沈阳、长春、哈尔滨出现大霾，周边共计有 836 个秸秆焚烧点，令三座城市的 $PM_{2.5}$ 日均浓度最大超标 24 倍。

工业和生活之外，**交通**带来的污染排放更是随时随地都在发生。道路之上，小型客车的数量最为庞大，是有机物和一氧化碳的主要来源。重型货车的数量仅占 2%，却排放了 46% 的氮氧化物和 58% 的一次颗粒物。在一些工厂密布和

港口集中的地区，货车密集，其氮氧化物和有机物的排放量可高达全国平均水平的4到5倍。此外，农田的农业机械、城市的工程机械，以及在内河、海洋中穿行的船舶等，由于多使用质量较差的燃油，污染物排放情况同样严重。

左页下图　内蒙古锡林浩特冬日早晨的雾霾 / 摄影　邱会宁

家庭冬日燃烧散煤采暖会形成大量排放源。散煤在存放和燃烧阶段都会造成大量污染，在京津冀地区，散煤燃烧采暖造成的污染曾经是冬季大气污染的主要来源之一。

下图　2016年3月，吉林通榆农田中秸秆燃烧场景 / 摄影　邱会宁

秸秆在露天焚烧中产生大量的有机物和黑碳，对空气中 $PM_{2.5}$ 贡献明显，利于雾霾天气的形成。

时至今日，在北京、上海、广州、深圳等大型城市，机动车排放逐渐超越工业，成为当地 $PM_{2.5}$ 的首要来源。

最后一种主要的人为源是**农业**。我国是农业大国，种植业中的化肥和养殖业中的动物排泄物，一道“贡献”了人为污染源中超过 90% 的氨气排放。一年中全国约有 3200 万吨氮肥进入农田，其中 12.2% 的氮会转化为氨气，从土壤中逸出。而在土壤碱性更强的华北平原，氮的挥发率则可能超过 20%。动物排泄物中的尿素，在微生物的作用下，会转为氨气排出。所以，养猪业集中的四川、河南，蛋禽养殖集中的山东、河南、河北，以及毛用羊养殖集中的内蒙古、新疆，氨的排放量均位居前列。

至此，我们看到，工业、生活、交通、农业各领域，都在源源不断地向对流层输送着各类污染物。

正如《洛杉矶雾霾启示录》一书中写道：

> 人类文明制造烟雾的能力，绝非消除烟雾的能力所能望其项背。

当我们追溯雾霾的源头，会发现它最终指向的，是我们飞速前进的社会。

左页图　北京东四环晚高峰车流 / 摄影 丁俊豪

根据生态环境部发布的《中国移动源环境管理年报（2019）》，我国已连续十年成为世界机动车产销第一大国，机动车等移动污染源已成为我国大气污染的重要来源。

叁 最后一根稻草

大量的颗粒物已成为对流层沉重的负担。此时，只需“最后一根稻草”，一场大霾便在所难免，这根“稻草”就是气象条件。其中最典型的，就是垂直方向上的逆温层。

理论上，对流层的空气温度会随着垂直高度的上升而降低，即“下暖上冷”。当逆温层产生时，这个规律会被打破，大气在一定高度上会出现“下冷上暖”的情况。由于下层温度较低，空气密度更大，难以上升流动，如同一个穹顶扣在大地之上，无法穿过逆温层的污染物只能在其下方积聚，难以向上扩散。逆温层高度越低，污染物扩散空间越小，污染也就越严重。一旦湿度增加，霾便将顷刻笼罩。

逆温层形成的原因多种多样。例如，在晴朗的夜晚，地表温度迅速降低，贴近地面的空气温度逐渐下降，最终低于高空气温，形成“**辐射逆温**”。秋冬季节夜晚漫长，辐射逆温尤为强烈，令大江南北雾霾天气频发。一般情况下，辐射逆温会随着日出后地面升温逐渐消失，但在严寒的北方，白天地表散失的热量远高于太阳辐射带来的热量，就会形成昼夜持续的逆温层。

除此之外，在山间谷地，冷空气沿山坡一路流入山谷，将山谷中的热空气挤到高空，便产生“**地形逆温**”。在山脚下，气流翻越高山后逐渐下沉，过程中空气团上部的升温幅度大于下部，产生“**下沉逆温**”。而在近海地带，暖空气平流至冷空气上方，会造成“**平流逆温**”，此时的冷暖交界处常见平流雾景象。

逆温层的存在让污染物在垂直方向上难以扩散，人们只能指望水平方向上的风来打破静稳天气，以驱散雾霾。然而，由于气候变化等因素，我国冬季风逐年减弱，年平均风速逐年变慢，让污染物的横向扩散动力不足。甚至在一些局部地形的影响下，风反倒成了催生雾霾的推手。

逆温层示意

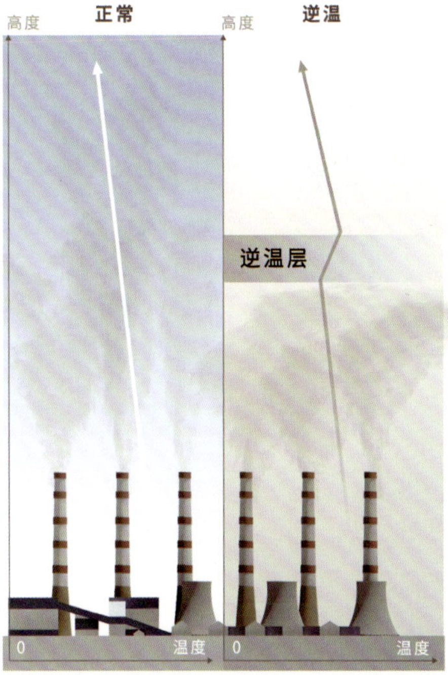

上图　2013 年 11 月的一天，被雾霾笼罩的乌鲁木齐 / 摄影　李杰

当日乌鲁木齐遭遇降温，城市上空形成逆温层。逆温层像一床厚被子，盖在城市上空的近地面，逆温层以下污染物聚集，一片灰霾，而逆温层之上，污染物扩散不上去，仍是蓝天。

在甘肃兰州，以及山西大同、太原、临汾等地，四周山岭合围，夜晚气流从山坡吹往谷地，形成山风；白天则从谷地吹向山坡，形成谷风。交替变化的山谷风令污染物在山间来回往复，难以扩散，也令这些城市常笼罩在一片朦胧之中。而地处关中平原的西安，受南部秦岭山脉的阻挡，空气中的污染物易在山前大量聚集和滞留，因而导致东北风下的霾日数占比高达 31.2%，相较之下，静风时的霾日数则仅占 17.7%。

而在京津冀地区，雾霾的产生常是多因素共同作用的结果。一方面，燕山和太行山盘踞在北侧和西侧，让来自平原的东南风与来自西北的山风在山脉前短兵相接，僵持不下，形成一条沿山脉走向分布的“风向辐合带”，也是一条污染物的汇聚带；另一方面，“辐合带”沿线的城市如同串联的热岛，将周边的冷空气向城市抽吸，令郊区污染物进一步向城市汇聚。与此同时，郊区的冷空气从低空汇入城市，导致垂直方向上“下冷上暖”，形成逆温层。地形、热岛效应和逆温层三管齐下，令“辐合带”沿线的唐山、保定、石家庄、邢台、邯郸等城市，成为雾霾重灾区。此时，若想摆脱“雾霾锁城”的境地，就必须打破稳定的气象条件，比如吹来一阵猛烈的西北风。

然而正所谓“甲之蜜糖，乙之砒霜”，随着冷空气一路南下，气流中裹挟的污染物也随之跨越千里，进入南方地区。根据 2014 年到 2015 年的数据，在京津冀和长三角之间，类似这样的跨区域传输对长三角城市 $PM_{2.5}$ 的“贡献率”可达 20% 到 35%。不仅如此，抵达南方的冷空气还可能形成冷锋，插入暖空气下方，产生“锋面逆温”，阻碍了南方地区污染物的扩散，加重了雾霾的程度。

总而言之，颗粒物造就了雾霾，气象条件催生了雾霾，地形条件加剧了雾霾。

我们似乎找到了雾霾的源头，只待对症下药。但不幸的是，我们无法控制自然界的排放，无法左右大气运动，更无法改变山川地形。在这场对流层保卫战中，除了与人为排放的污染物死磕到底，我们别无选择。

左图　被雾霾笼罩的河北蔚县 / 摄影　李珩

蔚县地处恒山、太行山、燕山三山交会处，处在冀西北山间盆地之中，其南部为太行山区。由于山谷风影响，污染物在盆地中聚集，难以扩散。

肆 对流层保卫战

由于空气污染物的源头几乎无处不在，想要赢得这场对流层保卫战，国家、行业、城市，甚至每一个人的生活都将面临改变。

到 2019 年，在京津冀周边、汾渭平原等重点地区，清洁取暖试点实现了全覆盖，超过 700 万户家庭通过“煤改气”或“煤改电”，结束了散煤燃烧的历史。而全国范围内，煤炭消耗的占比也在持续减少，一场能源结构变革正在发生。

支撑这场变革的，是一个个超级工程。例如，历时近 20 年建设、输气能力达 720 亿立方米的西气东输工程，跨越了 16 个省级行政区，让中东部 100 多座城市用上了更加干净、排放更少的天然气。一座座规模巨大的水电站、核电站、风电基地和太阳能电站，让全国非化石能源发电装机容量达到总装机容量的 42%，总发电量占比突破 30%[1]。超过 75 万千米的 220 千伏以上高压输电线路在全国铺开，把清洁的电力源源不断地送往人口密集的地区。

变革也发生在工业和交通运输业中。2019 年，全国几乎所有的煤电机组均已安装除尘、脱硫、脱硝等废气处理设施。其中 86% 的机组已实现了国际上最严格的“超低排放”。过剩的钢铁产能、落后的煤炭产能持续削减。在重点区域，钢铁、焦化、铸造、电解铝、水泥等高耗能、高排放行业，更被严格禁止新增产能。与此同时，排放严重的柴油货车逐渐被淘汰，2019 年全国铁路货运量比 2018 年增长 7.2%，京津冀铁路货运量增长更是达到 26.2%。

变革还发生在农村和城市之中。2016 年以来，农村中 86.7% 的秸秆变身为肥料、饲料、燃料、能源等，秸秆综合利用逐渐替代直接焚烧。养殖业则更加规模化，以加强动物排泄物的集中处理，并和种植业“珠联璧合”，以有机肥取代化肥。城市逐渐形成多中心的空间结构，以避免城市交通距离过长、过频繁，也避免高污染产业过于集中。

---

1. 根据中国电力企业联合会 2020 年 6 月发布的《中国电力行业年度发展报告 2020》，截至 2019 年年底，全国全口径非化石能源发电装机容量为 84410 万千瓦，占总装机容量的 42.0%。2019 年，非化石能源发电量为 23927 亿千瓦时，占总发电量的 32.7%。

右页上图　青海德令哈塔式熔盐储能光热发电站 / 摄影　吴俞晨
太阳能是重要的清洁能源，目前主要有光伏和光热发电两种形式。其中光热发电是指将太阳辐射转化为热能，再通过热功转换过程（如加热水产生蒸气带动轮机做功）发电的系统。

右页下图　浙江海盐秦山核电站 / 摄影　邵帅 · 秦山核电有限公司
秦山核电站是我国自行设计、建造的第一座核电站，也是我国目前已建成的核电机组数量最多、堆型品种最丰富的核电基地。

● 2013—2020年各地区空气质量指数平均达标天数变化

（数据源自：生态环境部）

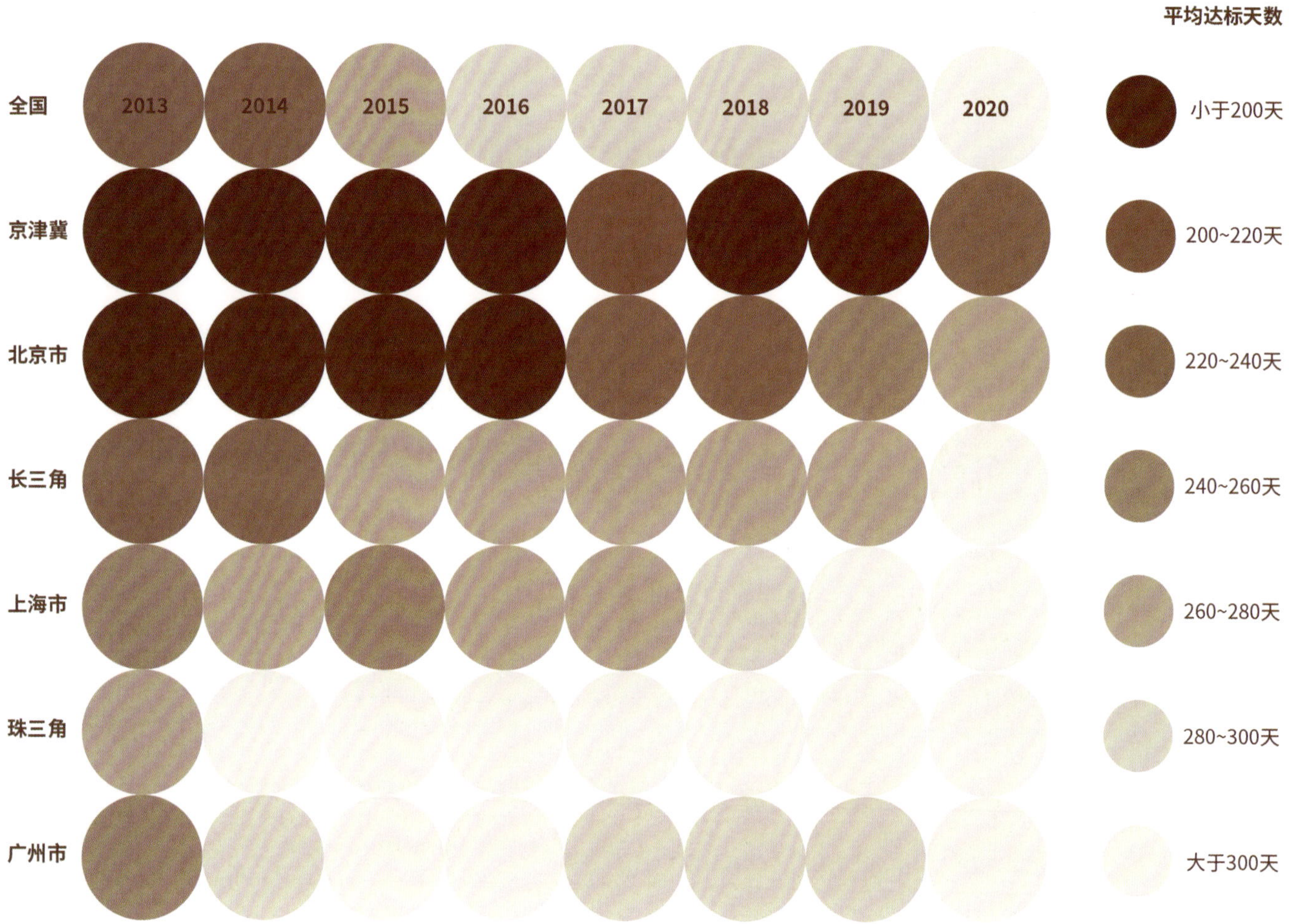

变革同样发生在每一个人的生活中。2019 年，我国平均每天超过 2.5 亿人次乘坐公共交通，比十年前增长了 30% 以上。全国轨道交通运营线路里程突破 6000 千米，公交车运营线路里程更是超过 130 万千米，分别比十年前增长 518% 和 541.5%。

公共交通增长的背后，还有各大城市相继实施的私家车限购政策和限行政策。此外，我们的燃油汽车也面临着更加严格的排放标准和燃油标准。例如在当前的国家第六阶段标准下（即“国六”标准），不达标的汽车无法上牌，不达标的燃油无法上市。与此同时，2019 年全国新能源汽车的保有量达 381 万，同比增长 46%，部分城市的公交车甚至全部由新能源车取代。

此外，我们在城市之内严格控制道路和工地扬尘，城市之外则建设防护林，以防风固沙，保护农田，阻滞颗粒物和净化空气。全国湿地保护率达到 50% 以上，它们的净化作用甚至可达到森林的 8 到 10 倍。

方方面面的改变，有的行之不易，有的代价高昂，幸运的是，我们看到了希望。2019 年，全国年均 $PM_{2.5}$ 浓度相较 2013 年下降 48.6%，每年因 $PM_{2.5}$ 长期暴露导致过早死亡的人数也逐渐减少。空气质量达标城市的比例则提高了超过 30 个百分点，达标天数的比例更是达到 82%，提前一年达成 80% 的规划目标。[1]

当然，这场对流层保卫战的道路依然漫长。

即便我国已实施了新的空气质量标准，但与发达国家仍有不小的差距。以 $PM_{2.5}$ 的年均浓度限值为例，我国的标准仍是欧盟的 1.4 倍、日本的 2.3 倍、美国的 2.9 倍，单位国土面积上的监测点数也远低于英国和日本。

即便全国年均 $PM_{2.5}$ 浓度已大幅下降，但仍未达到标准要求，2019 年空气质量超标城市的比例仍高达 53.4%。在京津冀、长三角等经济发达地区，以臭氧为主要污染物的天数，已超过 $PM_{2.5}$，位列第一。新的挑战正在到来。而在更宏观的层面，雾霾不受行政区划的限制，其治理也绝非一省一市可独立完成。跨省市、跨地域的联动，成为必要之举。

---

1. 数据出自生态环境部《2019 中国生态环境状况公报》和《2013 年中国环境状况公报》。2013 年，全国年均 PM 2.5 浓度为 72 微克 / 立方米，74 个监测城市中，仅 3 个城市空气质量达标；2019 年，全国年均 PM 2.5 浓度为 36 微克 / 立方米，空气质量达标城市为 157 个。

北京雾霾和晴朗天气对比 / 摄影 丁俊豪

雾霾天气拍摄于 2017 年 10 月 20 日，晴朗天气拍摄于 2019 年 5 月 31 日。

冰冻三尺，非一日之寒；破冰之功，非一春之暖。对流层保卫战涉及方方面面，注定困难重重。我们需要的不仅是科学技术的进步、能源结构的调整、产业的升级、交通出行方式的改变，还需要有一颗坚定的决心、一段不短的时间，以及全社会的努力。

但我们相信，这场保卫战终将胜利。

因为，这是我们的家园，再没有谁会比生于斯、长于斯的我们更加希望这片土地拥有碧水蓝天。

33

国家公园

大熊猫最后的栖息地

今日

人类的文明空前繁荣

自然的阵线却加速退却

数十万年前

北至中国北京周口店

南抵越南、缅甸

都是大熊猫的广阔天地

数十万年后

它们退缩到青藏高原东缘一带

守着仅存的一片狭长土地

这是它们在地球上最后的栖息地

面积仅占我国陆地国土面积的 0.3% 左右

大熊猫国家公园占我国
陆地国土面积的约0.3%
甘
肃
陕
西
四
川
距今70万～60万年前
(更新世中晚期)
大熊猫分布范围
白水江片
岷山片区
保护区
栖息地
国家公园
成都
邛崃山—大相岭片区
小相岭片区
0
25
50
75
100千米

大熊猫国家公园及其位置示意

2017 年 1 月，大熊猫国家公园体制试点正式启动。大熊猫国家公园试点区规划范围跨四川、陕西、甘肃三省，地处秦岭、岷山、邛崃山和大小相岭山系。总面积为 27134 平方千米，这里的野生大熊猫数量占全国的 87.5%。

这是“与世隔绝”的 0.3%。

秦岭、岷山、邛崃山、大相岭、小相岭、凉山山系由北向南依次展布，跌宕起伏的高山深谷，遮天蔽日的原始森林，与成都平原的烟火繁华大相径庭。

这也是“热闹非凡”的 0.3%。

至今仍有万余种野生动植物在这方狭小的天地生生不息，包括占全国物种数量 39% 的鸟类、32% 的哺乳动物、26% 的两栖动物、20% 的爬行动物、17% 的高等植物、4% 的鱼类等。

从 2017 年起，以这片土地为基础，人们划定了一个全新的区域，并赋予它一个极其响亮的名字——大熊猫国家公园。

这里究竟有何特别之处？它未来的命运又将如何？

壹 生灵的乐土

以 0.3% 的狭小地带造就养育万千生命的乐园，一切并非偶然。

这里从四川盆地的西缘向北延伸至秦岭一带，一边是高高隆起的崇山峻岭，一边是深深陷落的肥沃平原，泾渭分明的地形分隔了荒野与人间。

以四川盆地西侧的山地为例，这里地处横断山区的东北边缘。在板块的挤压下，大地上峰峦起伏，褶皱连绵。北端的岷山山脉，南北蜿蜒超过 500 千米，号称“千里岷山”。高耸的山脊上海拔超过 4500 米的山峰多达 20 余座，最高峰雪宝顶海拔 5588 米，终年白雪皑皑。

在岷山南部、岷江的西侧，又有邛崃山脉高耸入云。其中的四姑娘山，主峰海拔达 6250 米，人称“蜀山皇后”。高山之上，长年累月的冰川侵蚀，加之风化和重力作用，切削出尖锐、锋利的角峰，直指苍穹。而位于其南部的众山，同样一座比一座声名显赫，如红军长征曾翻越的夹金山，国道 318 穿越的第一道“天堑”二郎山……

继续向南则是位于四川盆地西南侧的大、小相岭和凉山山系。相较北边的群山峥嵘，这里的山势趋于平缓，海拔一般在 1500~3500 米，自古以来便常有人类的足迹。

下图　从成都龙泉山遥望成都平原西侧群山 / 摄影　嘉楠
2020 年 8 月 13 日早上，从成都龙泉山遥望成都平原西侧的连绵群山，荒野与烟火人间的对比鲜明。

大熊猫国家公园栗子坪片区 / 供图　大熊猫国家公园管理局

大熊猫国家公园栗子坪片区位于四川雅安石棉县，海拔最高处达 4310 米，森林覆盖率达 90% 以上，区内生物多样性显著，珍稀濒危物种种类较多，特有种丰富，2013 年建成首个大熊猫放归自然基地。

牛背山云海和远方的雪山 / 摄影 王剑峰

牛背山位于四川雅安，从这里远眺，波涛滚滚的云海之上，一座座山峰梦幻般呈现开来。

从巴郎山花岩子远望邛崃山脉 / 摄影 刘少宇

横断山山区“七脉六江”纵列分布，图中高山与深谷形成了鲜明的高差对比，悬殊的高差催生了多样的环境，为生物提供了多样的家园。

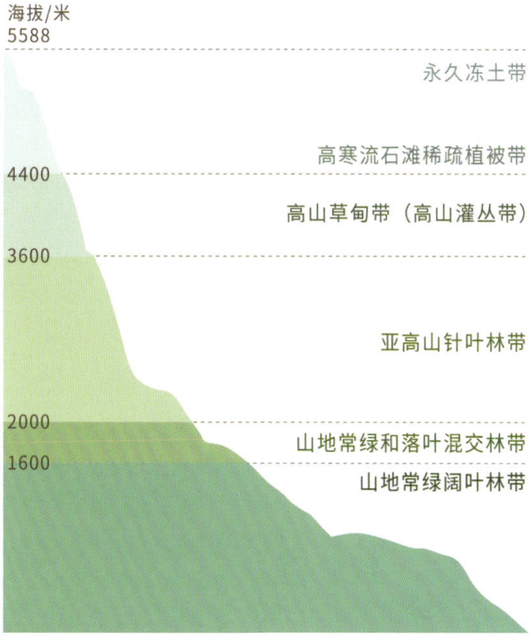

岷山地区垂直自然带分布示意

巍巍群山兀然耸立在四川盆地的西侧，东西方向不到 100 千米的水平距离内，相对高差可达 5000 米。来自太平洋的东亚季风被众多山脉无情地拦截，而来自印度洋的西南季风则在山脉之间长驱直入，高山之间云雾缭绕，宛如仙境。

水汽不断爬升、降温，最终形成降雨，倾盆而下。山麓区年降水量可达 1200 毫米以上，高山区更是高达 2000~2400 毫米，形成“华西雨屏带”。其中四川雅安市年降水多达 263.5 天，相当于一年中超过 70% 的日子都是阴雨连绵，“天漏”之称名副其实。

降水向低处汇聚，加上源源不断的上游来水，山脉间形成了蜿蜒穿行的江河溪流。如若水流继续向下深切，天长日久，将塑造出更加陡峭幽深的峡谷。气势磅礴的大渡河，在邛崃山脉和大雪山脉的夹峙下奔腾而去。其最大谷深超过 2000 米，高山壁立千仞，河水汹涌湍急。而位于大渡河西侧不到 30 千米的贡嘎主峰，海拔高达 7556 米，与海拔 1040 米的大渡河形成了超过 6000 米的高差，令人叹为观止。

悬殊的高差在这片群山密布的区域比比皆是，数千米的海拔差距在垂直高度上催生了多种多样的气候环境。适应不同条件的植被在不同海拔高度上各得其所，偏好不同环境的动物也能找到一方宜居的家园。

一个“一山有四季”的垂直自然带，一片万物生长的生命乐土，就此诞生。

海拔较低处是阔叶林的领地，桦木科、胡桃科、槭树科、山毛榉科、樟科等树种遮天蔽日，欣欣向荣。偏爱湿热环境的野生动物在林间和灌丛中往来穿梭，包括但不限于猕猴、藏酋猴、云豹、红腹锦鸡、豹、黄喉貂、金猫、大灵猫、小灵猫、花面狸、水鹿、水獭、鸳鸯等。松雀鹰、雀鹰、红脚隼等猛禽，也时常在这里落脚。

海拔较高处则是针叶林的世界，冷杉、云杉、红杉、松树等树种高大笔挺，终年常绿。从林缘的峭壁和高地间，到林下的竹林灌丛里，再到林冠甚至高空中，动物们纷纷登场。这些动物包括但不限于大熊猫、小熊猫、川金丝猴、羚牛、鬣羚、斑羚、血雉、红隼、金雕、雕鸮、斑尾榛鸡、灰林鸮、乌雕、普通鵟 (kuáng)、棕尾鵟等。

若海拔继续上升，高大的树木开始销声匿迹，只剩下低矮的灌丛、匍匐的草甸，甚至是植被所剩无几的流石滩。然而即便气候寒冷、环境恶劣，依然有众多野生动物的踪迹。它们包括但不限于雪豹、兔狲、石貂、藏狐、狼、喜马拉雅旱獭、岩羊、鼠兔、绿尾虹雉、藏马鸡、雪鹑、藏雪鸡，以及高山兀鹫、胡兀鹫等大型猛禽。

右图　川金丝猴 / 摄影 邹滔
右页左上图　四川喇叭河小熊猫 / 摄影 邹滔
右页左中图　四川斑羚 / 摄影 徐永春
右页左下图　岩羊 / 摄影 邹滔
右页右上图　秦岭红腹锦鸡 / 摄影 顾晓军
右页右中图　藏酋猴 / 摄影 刘璐
右页右下图　陕西秦岭羚牛 / 摄影 李杰

一山之上，包罗万象，让这里成为气候剧烈变化时的生命庇护所：当冰期来临时，动植物可向低海拔移动；当气温回暖时，它们又可朝高海拔回迁。即使气候波谲云诡，诸多古老的物种也得以在这里幸存。

这些幸存的古老生物被称为“孑遗物种”。演化史长达数百万年的大熊猫便是其中之一。它们憨态可掬，人见人爱，是能够吸引社会公众关注生态保护的旗舰物种。

至此，群山之上，密林之间，动物繁衍生息，植物欣欣向荣，一片生命的乐土已铺展在眼前。然而这片 0.3% 的土地，会是永久的世外桃源吗?

左图　大熊猫 / 摄影　周孟棋

“圆滚滚”的大熊猫，嘴里衔着一片叶子。像大熊猫这样能够吸引公众对生态保护进行关注的物种，被称为“旗舰物种”。

大熊猫栖息地及干扰因素分布

大熊猫种群分布

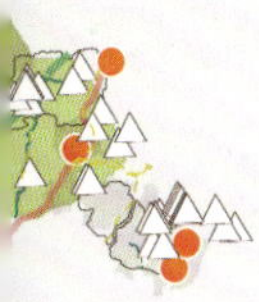

破碎的栖息地
将野生大熊猫分隔成了33个种群
彼此间互相孤立

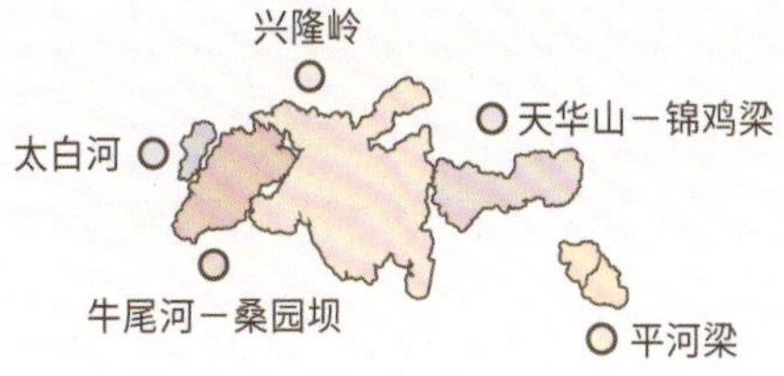

贰 破碎的家园

虽然大熊猫栖息地横跨四川、陕西和甘肃三个省份，但生活在其中的1800多只野生大熊猫却被分隔成了33个种群[1]。它们相互孤立，如同生活在一个个破碎的岛屿上。

家园的破碎阻断了大熊猫种群间的基因交流，导致其遗传特性日益单调，物种因此越发脆弱。更为严峻的是，当地震、森林大火等灾害导致栖息地被破坏时，或是遇到竹子开花致使食物大幅减少时，破碎的栖息地将会使大熊猫困于一地，无法迁徙。尤其在33个野生大熊猫种群中，已有18个种群仅存不到10只个体，它们随时面临消失的危险。

那么这种隔离能否彻底被消除？很不幸，答案是否定的。

深邃的峡谷与高耸的雪峰，为大熊猫提供了最后的家园，也形成了天然屏障。

科学家的调查结果显示，岷山山系中海拔超过3720米之处便极少有大熊猫出没，邛崃山系中海拔超过3916米、大相岭山系中海拔超过2896米、小相岭山系中海拔超过3800米、凉山山系中海拔超过3715米时亦如是。此外，山前的暖湿气流爬升时，原有的水汽逐渐丧失殆尽，越过山脊后，又在下沉过程中不断升温，成为干燥的“焚风”，进而在峡谷中形成植被稀少的干热河谷，这些地方同样难以成为大熊猫迁移的廊道。

1. 2019年10月，国家林业和草原局公布《大熊猫国家公园总体规划（征求意见稿）》，该规划写道，在公园内，全国野生大熊猫种群数量为1864只。

如果说大地上的高山深谷是一场“命中注定”的隔离，那么人类的到来则是雪上加霜。

人类带来的第一重打击是**森林砍伐**。大熊猫尤其偏爱针叶林和针阔叶混交林地带，高大挺拔的树木是它们休息和避难的场所，树下茂盛的竹林则是其赖以生存的口粮。但对人类而言，森林中遍布的云杉、冷杉是我们求之不得的上好木材。而早期的森林砍伐往往粗放且盲目，导致大量植被在机械的轰鸣中退化和消失。从 20 世纪 50 年代到 80 年代，邛崃山系的森林覆盖率便从 30% 左右锐减至约 16%。大熊猫栖息地也随之收缩，甚至破碎分裂，直至消失。

直到 1998 年 10 月，四川天然林保护工程正式实施。在相关区域内，天然林的采伐被严令禁止，商业木材交易全面关停，林木企业加工车间全部停工，加之大规模的退耕还林，森林砍伐情况才逐渐好转。截至 2019 年，四川全省森林覆盖率达到 39.6%，森林面积居全国第四位。

然而，一波渐平，一波又起，**道路的修建**成为来自人类的又一重打击。根据第四次全国大熊猫调查的结果，仅在四川的大熊猫栖息地范围内，便建有高速公路 31 千米、国道 33 千米，省道和县道超过 1000 千米，还有数条铁路轨道。其中，高速公路[1]车流密集且完全封闭，直接阻隔了大熊猫的迁徙通道。在高速公路建设过程中，沿线两侧的植被受到较大影响，导致沿线两侧 3 千米范围内几乎没有任何大熊猫的踪迹。除此之外，在一些特殊的路线，如景区干线，人类活动同样频繁，对大熊猫的活动也产生了较强的干扰。

例如成都至九寨沟的九环线和北川到茂县的茂北公路均在岷山中穿行，将山系中的大熊猫种群分隔成三个分离的大斑块。著名的 318 国道翻山越岭，将西藏地区和祖国腹地连为一体，却也阻断了邛崃山和大相岭之间大熊猫种群间的交流。连接成都与昆明的成昆高速，以地质条件复杂而著称的成昆铁路……这一条条道路均是地区交通的命脉，在地方发展、地域连通，甚至边疆安全上，都可谓功勋卓著。但与此同时，它们对大熊猫栖息地的影响不容小觑。

不过，采伐也好，道路也罢，这都不是最强烈的影响因素。在干扰强度最大的前 5 项中，当地人的**生产活动**独占 3 席[2]。其中，放牧成为干扰强度最大的人类活动。实际上，适度放牧对栖息地的扰动并不强烈，但随着放牧强度不断提高、放牧范围肆意扩张，竹林等植被日益退化，林地甚至变为荒山、灌丛，大熊猫便无法继续生存。

此外还有生产、传输电力的**水电站和输电线**，开采矿产资源的**矿山**，供人休闲娱乐的**景区**，等等，也会对大熊猫栖息地产生影响。尽管这些因素的影响程度相对轻微，但日积月累，它们与栖息地保护之间的矛盾仍然不可忽视。

---

1. 主要是非高架形式的高速公路。
2. 根据《四川的大熊猫：四川省第四次大熊猫调查报告》，干扰强度排名前 5 的是放牧、交通道路、采药、采伐和割竹采笋。

右页图　大渡河四川泸定段 / 摄影　曹铁

河谷下侧是 318 国道，山上为形似巨手的乡村公路。河谷与人类修筑的公路，都可成为阻断大熊猫种群间交流的因素。

幸运的是，人们没有对此置之不理。

1963 年，在四川汶川县卧龙、天全县喇叭河、平武县王朗、南坪县白河，首批大熊猫自然保护区得以建立。50 多年过去，全国共有大熊猫自然保护区 67 个，保护了超过 70% 的野生大熊猫。而对于那些由人工繁育的大熊猫来说，这些生机勃勃的保护地，将是它们回归自然时的新家园。

但遗憾的是，仍有超过 40% 的大熊猫栖息地未被纳入自然保护区的范畴。另外，由于保护区的外围区仍可进行科研教育、参观游览，甚至生产活动，相邻保护区之间的隔离依然无法避免。

除此之外，自然保护区的管理也面临着种种困难。在大熊猫栖息地范围内，还有风景名胜区、森林公园、地质公园、世界自然遗产等近 100 个保护地，这些区域互相重叠，管理交叉。以九寨沟为例，这里曾同时拥有“国家级自然保护区”“国家重点风景名胜区”“国家地质公园”“国家森林公园”“国家 5A 级旅游景区”5 个名号，堪称“九龙治水”。

自然的屏障加上人类的干扰，令这片土地逐渐“支离破碎”。人们虽付诸努力，似乎尚未能治其根本。这片万千生灵的家园，未来究竟该何去何从？

右图　大熊猫野化放归 / 摄影 宋心强 · 西南山地

将圈养的大熊猫野化放归，有助于提升大熊猫野外种群的长期续存能力。图为 2018 年经过半野化过渡训练的大熊猫“和雨”和“星辰”被放归到四川大相岭大熊猫野化放归基地。

叁 命运的曙光

2017 年 8 月，在千呼万唤之下，《大熊猫国家公园体制试点实施方案（2017—2020 年）》正式发布。作为全国 10 个国家公园的试点之一，大熊猫国家公园将为这片土地的命运带来一丝新的曙光。

然而，国家公园的建立，绝非换块牌子那么简单。从大熊猫自然保护区到大熊猫国家公园，这个过程必须经历一次彻底的变革，人类造成的种种影响也必须一一得到解决。

大熊猫国家公园鞍子河片区 / 供图 大熊猫国家公园管理局

大熊猫国家公园鞍子河片区位于横断山中段的川西高山峡谷地区，是以保护大熊猫等珍稀野生动物及其栖息地为主的片区。鞍子河把卧龙、蜂桶寨、喇叭河、黑水河等片区连成一片，从而保证了大熊猫国家公园邛崃山片区大熊猫种群内部基因的自由交流。

首先，面对保护区的分隔和覆盖范围的空白，需要一场**覆盖范围的升级**。在原有自然保护区的基础上，大熊猫国家公园将自然保护区、森林公园、风景名胜区、地质公园、湿地公园、自然遗产地等共计 7 类 82 个自然保护地连接成片，共同组成一个跨越 3 个省份、涵盖 5 个片区、面积约 2.7 万平方千米的庞大园区。这意味着，过去未纳入保护区的地带将逐渐得到填补和连通，栖息于此的万物生灵也将得到一片完整、连续的家园。为之“代言”的大熊猫，如同撑起了一把保护伞，庇护着同一区域内的其他物种。

但保护面积的扩大尚不足以解决道路、电力等大型工程带来的影响，一场**管理方式的升级**势在必行。在大熊猫国家公园建立以前，为了更好地保护栖息地的完整性，众多工程不得不经历改建和升级。2013 年 10 月，被暂缓一年的成兰铁路以改穿隧道的方案重新开工，以避免铁路直接穿过岷山之中的大熊猫栖息地。2017 年年底，成都—九寨沟线上的黄土梁隧道竣工，此后从绵阳去往九寨沟的车辆无须再绕行山顶，不仅避开了积雪结冰的危险路段，也为岷山北部的大熊猫的迁移留下珍贵的生命廊道。

国家公园建立后，原本交织重叠的自然保护区、森林公园等一系列名号将成为历史，改由国家公园管理局统一管理，终结“九龙治水”的局面。类似的跨区域大型工程，将能得到更合理的规划与管理。

最后，若要减少当地居民生产活动对其产生的显著影响，还需一次**理念的升级**。目前，仅在国家公园四川片区内，仍有近 6 万当地居民。这里也是他们世代生活、无法抛弃的家园，若不进行移民搬迁，他们就必须找到更好的发展方式，以与这片土地共同发展。于是，越来越多的当地居民开始从事养蜂、旅游、教育行业，或是加入巡山护林的队伍。这些改变不仅减小了传统放牧、采集和耕种对自然环境的影响，还增加了当地居民收入。

右页上图　夏季的四姑娘山 / 摄影 樊哲

四姑娘山曾为四川大熊猫栖息地之一。在大熊猫国家公园建立之前，四川大熊猫栖息地包括邛崃山和夹金山的 7 个自然保护区和 9 个景区，曾是全球最大、最完整的大熊猫栖息地。

右页下图　秦岭太白山 / 摄影 王佳

太白山处于秦岭大熊猫分布的最北界，这里的大熊猫以采食秦岭箭竹为主。根据全国第四次大熊猫调查结果，大熊猫国家公园太白山管理分局（含牛尾河国家级自然保护区）内有野生大熊猫 26 只。

这片 0.3% 的家园，它的未来，值得拭目以待。

今天，距离我国第一个自然保护区建立已过去 60 余年。在未来的中国大地上，将形成以国家公园为主体、自然保护区和自然公园为基础和补充的崭新格局。

兴许在这样的格局下，人们有朝一日，能找到一条特别的道路，让保护与发展、文明与自然协调发展。

尽管这份使命如“国家公园”之名，分量格外沉重，但即便再沉重，也必须有人将它扛起。

“看，这就是我的江山”/ 摄影 何海洋

该图拍摄于中国大熊猫保护研究中心卧龙神树坪基地。从 1963 年开始，全国陆续建立了 67 个大熊猫自然保护区，绝大部分保护区内的人为干扰因素显著降低，为保护大熊猫栖息地做出了重要贡献。

④ 3

大坝

十万“勇士”的诞生

我国是世界上河流最多的国家之一

4.5 万余条江河纵横交错[1]

奔涌在 960 多万平方千米的陆地国土之上

我国也是世界上水旱灾害最为严重的国家之一

浩如烟海的历史文献

记载了 1092 次水灾和 1056 次旱灾[2]

数千年的中华文明史也是一部治水的历史

与大江大河的博弈

使我国发展成为全球大型水利设施最发达的国家

在众多的水利设施中最为突出的

便是分布广泛、拦蓄约 9000 亿立方米库容的

近 10 万座水库大坝[3]

---

1. 河流数量仅包括流域面积 50 平方千米及以上的河流。
2. 水灾和旱灾统计数据截至 1949 年，参见贾金生《中国水利水电工程发展综述》一文。
3. 根据中国水库分级标准，库容超过 10 万立方米的挡水坝，均被称作“大坝”。

它们可以挡水，拦截滔滔洪流；可以蓄水，保障供水和灌溉；可以抬高水位，发展水电，改善航运，我国也因此成为世界上拥有水库大坝最多的国家。

如此众多的大坝，我们究竟是如何建造的?

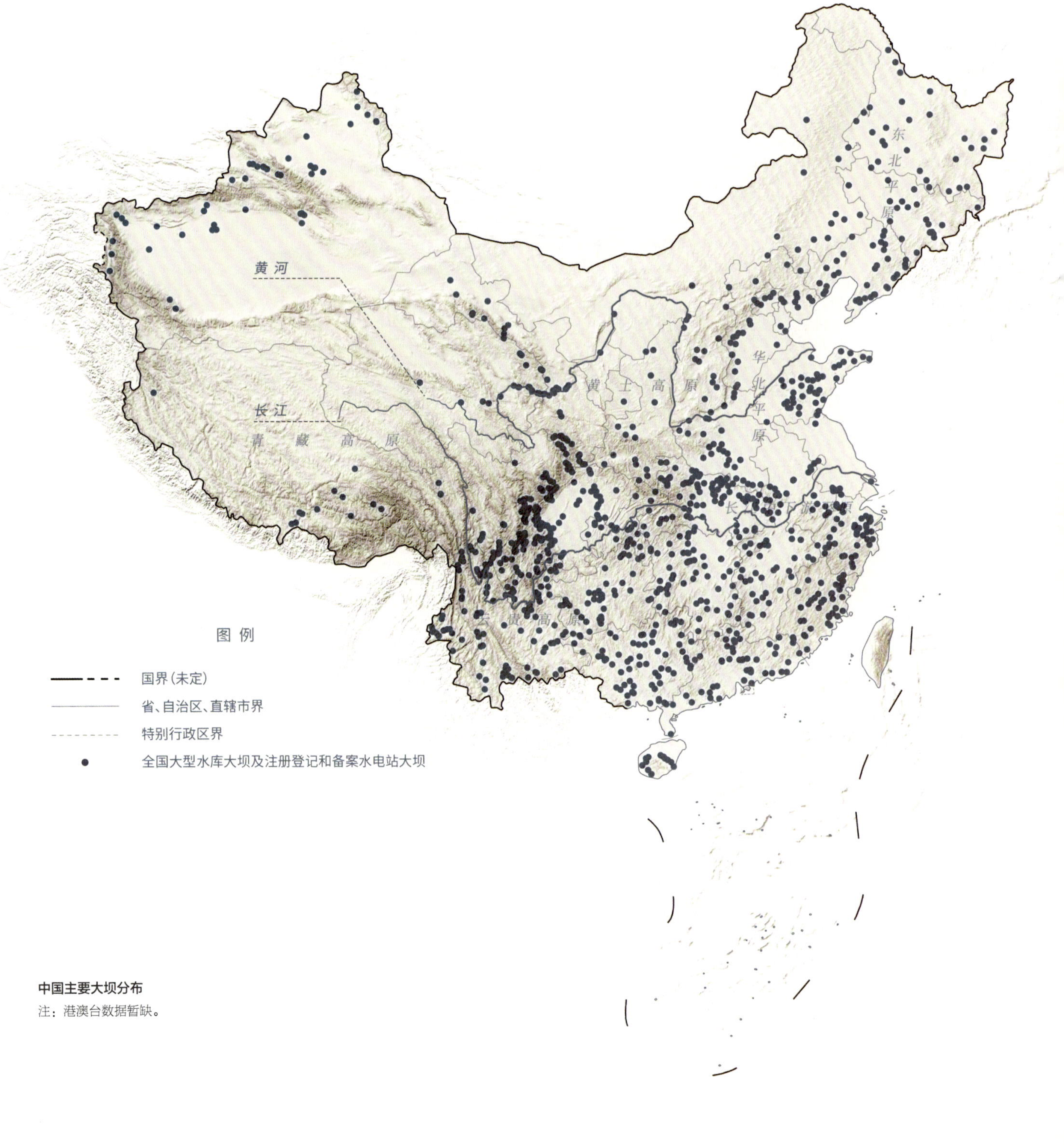

中国主要大坝分布

注：港澳台数据暂缺。

龙羊峡水电站大坝 / 摄影 李俊博

龙羊峡水电站位于青海，是黄河上游第一座大型梯级电站，人称黄河“龙头”电站。该电站大坝是一座高 178 米的混凝土重力拱坝，工程以发电为主，兼有灌溉、供水、防洪、防凌等效益。

壹 水来土掩

起初，人们就近取土，层层夯实，筑起上窄下宽的高墙，以拦住上游来水，创造出古老的土坝。土坝挡水的奥秘表现在两个方面：一是土料颗粒经过压实，彼此间紧密咬合，大大增强了坝体的稳定性；二是颗粒间明显减少的孔隙能够阻碍水的流动，因而坝体具有较强的防渗功能，从而实现“兵来将挡，水来土掩”。在条件足够理想时，土坝甚至无须机械外力夯实，凭借土料自身的重量就能层层压实，筑起大坝。

除了土料，卵石、砂石及人工开采的块石都可用来堆筑大坝，这便是堆石坝。与细密的土料不同，石料颗粒粗、硬度大，极易发生渗水，即便机械压实也难以收效。于是，工程师们便采用石料和土料双管齐下的方法，或是在堆石坝的坝体中央垂直增设一堵土质防渗墙，筑成心墙堆石坝；或是将防渗墙倾斜布置在坝体中，建成斜墙堆石坝。

家喻户晓的小浪底水库大坝是我国最高的斜墙堆石坝，坝体高达 160 米，其水库的蓄水量可达 126.5 亿立方米，超过两个太湖。正因如此，黄河下游的防洪标准得以提升至千年一遇，让近 1 亿人免于水患。

对于堆石坝来讲，坝体中的防渗结构尤其重要。除了使用压实的土料，拥有更小孔隙与更强防渗性能的混凝土同样可以建造防渗结构。但其缺点也相当明显，即混凝土太过“坚硬”，不易变形，与堆石坝本身不匹配，因为堆石坝颗粒松散，且在水体挤压下，容易发生轻微变形。二者截然不同的变形程度使得它们组合而成的坝体无法“齐心协力”，共同抵抗奔腾的江河。

气势如虹的小浪底大坝 / 摄影 林治坤

小浪底大坝位于河南孟津小浪底镇和济源蓼坞村之间，坝顶长 1667 米，宽 15 米。大坝为斜心墙堆石坝，以垂直混凝土防渗墙为主要防渗帷幕。

土料渗水示意

堆石坝渗水示意

堆石坝示意

20 世纪 80 年代，我国引入一种新型设备——振动碾。这是一种具有超强性能的碾压密实机械，经其碾压后的石料，颗粒变得密实，硬度得以增大，抗变形能力也大幅增强，能够与混凝土旗鼓相当。自此以后，在混凝土的加持下，一种新的堆石坝类型应运而生，即在坝体上游铺设一层混凝土面板，便能完成防渗，人称“面板堆石坝”。这种坝型施工快、造价低，一经问世便风靡全国。位于湖北恩施清江上游的水布垭大坝，坝体高达 233 米，是目前世界上同类坝型中唯一一座坝高超过 200 米的大坝。

以上种种由土料和石料堆筑的大坝，统称为“土石坝”。土石坝材料易得，结构简单，施工简便，因而应用广泛。

相关数据统计显示，在我国近 10 万座水库大坝中，土石坝的数量占 95% 以上，可谓水库大坝中的绝对“大佬”。

尽管土石坝的实际应用十分广泛，但泥土、碎石等筑坝材料本身属于松散颗粒，这便注定了土石坝并非十全十美。一方面，这些松散材料无论如何压实，颗粒间的孔隙依然会存在，经年累月之下，坝体发生渗流在所难免。另一方面，对于松散颗粒堆积成的坝体，其表面难以抵抗洪水期猛烈的水流冲刷，因此土石坝不允许洪水漫顶，必须在远离坝体的位置增设专门的泄洪通道。

那么，我们如何才能建起更加坚固的大坝呢?

右页上图　从下游向上游方向俯瞰水布垭大坝 / 摄影 李顺武

水布垭大坝位于湖北巴东水布垭镇。图中左侧即为水布垭大坝，坝高 233 米，是世界上最高的面板堆石坝。坝体上游便是库区。坝体上可见 Z 字形折线，是用于排水、检修、交通的马道。右侧为溢洪道，因土石料的表面难以抵抗洪水的冲刷，必须在远离大坝的位置增设泄洪通道，以保障坝体的安全。

右页下图　从上游向下游方向俯瞰水布垭大坝 / 摄影 李云飞

图中左侧为溢洪道，水流可以下泄。右侧为坝体，其上游一侧的混凝土面板清晰可辨。

贰 一夫当关

不妨想象，在江河之中有一块重量足够的巨石，凭借其自身重量与地基产生的强大摩擦阻力，巨石便可岿然不动地立于河道之上，阻挡住上游来水。人们试图打造一块这样的“巨石”，让它以一己之力抵挡住奔腾的江河之水。这块“巨石”便是“一夫当关，万夫莫开”的重力坝。

为打造一座重力坝，人们再次将视线聚焦到坚硬且致密的混凝土上，混凝土重力坝就此诞生[1]。它不仅能够拦水截流，而且由于其坝体本身足够坚固，坝身可以设置泄水孔，甚至建造可直接溢流的坝段[2]。在大江大河之上，每逢汛期水位暴涨，混凝土重力坝便如“定水神针”，成为防洪的中坚力量。

在诸多混凝土重力坝中，三峡大坝无疑是其中的“巨无霸”。它是一座高 181 米、全长 2309 米的庞然大物，用超过 1600 万立方米的混凝土建造而成，能拦蓄 221.5 亿立方米的洪水，这与约 4 个太湖的蓄水量相当。自大坝竣工以来，在 2010 年、2012 年和 2020 年三次长江大洪水中，削减洪峰 40% 左右，极大地缓解了长江中下游地区的防洪压力。

1. 在混凝土重力坝出现之前，早期的重力坝多由石灰浆黏结石块建成。
2. 溢流坝是坝顶可泄洪的坝，亦称“滚水坝”。

右图　2020 年夏季三峡大坝泄洪场景 / 摄影　李心宽

三峡大坝位置特殊，它地处长江上游与中游分界附近，控制流域超过 100 万平方千米，占到长江流域面积的 56%，加之长江上游的众多水流仅在三峡这一处通道下泄，因此通过三峡大坝可以有效控制长江上游的洪水，缓解中下游地区的防洪压力。

稳立于洪涛之中的重力坝并非无懈可击。它必须战胜一个“看不见的敌人”——扬压力。这种特殊的作用力由两部分组成，其一是地基渗水和坝体渗水所产生的渗透压力，其二是淹没于水下的坝体所承受的上浮力。在扬压力的作用下，坝体向上被“托举”，极不利于坝体的稳定。

为避免产生过大的扬压力，工程师使尽千方百计，试图在保证重力坝坝体稳定性的同时，尽可能减小坝体与地基的接触面。比如，将每一段坝体的中部向内收缩，再拼成具有一节节空腔的完整大坝，成为“宽缝重力坝”；直接将坝体的下部掏空，形成一座空腹的“空腹重力坝”。我国的第一座空腹重力坝是位于江西赣州的上犹江水库大坝。

到这里，重力坝就完美无缺了吗? 答案是否定的。无论是宽缝重力坝，还是空腹重力坝，它们的体形都非常庞大，对混凝土浇筑的温度条件要求较高，施工步骤也更为复杂。工程师并没有知难而退，而是继续对重力坝进行改进。

首先是改进用料，改用掺杂粉煤灰的特殊混凝土，其次是采用与土石坝相同的碾压方式，建成碾压混凝土重力坝。这种筑坝技术将混凝土坝的结构优势与土石坝的施工优势相结合，既能够减少混凝土用量，简化施工步骤，也便于大型机械施工，从而缩短工期，降低造价，可谓一举多得。正因如此，众多越发宏伟的重力坝拔地而起。从101米高的水口大坝到200.5米高的光照大坝，再到目前世界上最高的碾压混凝土重力坝——龙滩大坝，其高度已经达到216.5米，远超我国最高的常规混凝土重力坝三峡大坝。

当然，人们对大坝的要求不止于此。大坝是否存在更加精巧的结构，既能突破高度，又能控制用料和成本?

左页图　2020年7月新安江水电站大坝九孔泄洪场景 / 摄影　方君尧

1957年开工、1960年首台机组发电的新安江水电站，是我国第一座自己设计、自制设备、自己施工的大型水力发电站。该电站大坝也是我国的第一座宽缝重力坝，为20世纪60~80年代我国多座宽缝重力坝的建成奠定了基础。

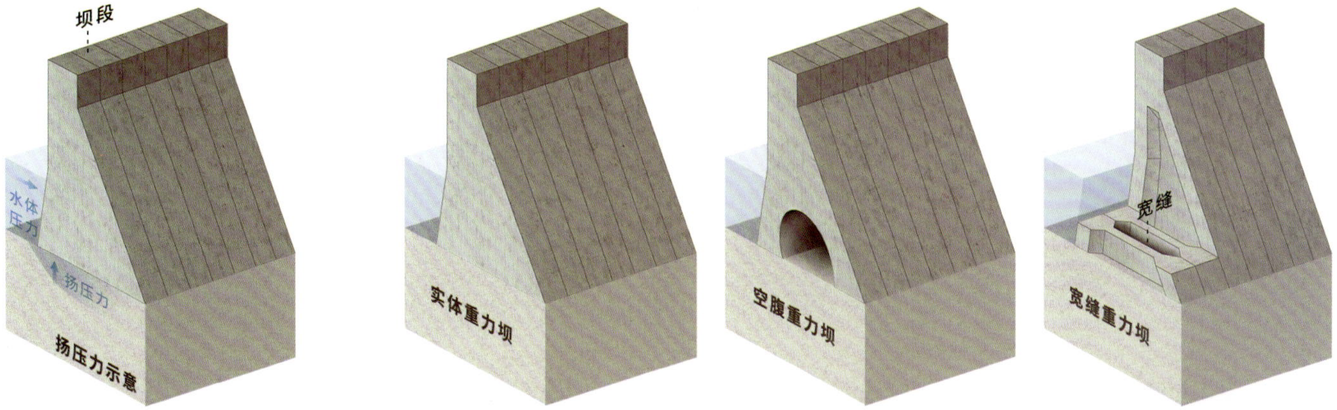

重力坝示意

叁 借力打力

在广东省北部，一座体态轻盈、造型优美的大坝坐镇于峡谷之中。它的坝体向水库上游方向突出拱起，坝体厚度和高度之比仅为 0.11[1]。这就是我国最薄的拱坝——坐落在广东韶关乳源瑶族自治县南水河支流汤盆水的泉水大坝。

泉水大坝结构精巧，坝体向水库上游方向突出而呈拱形，因而这类大坝被称为“拱坝”。与重力坝相比，拱坝利用拱形结构，将大部分的水体推力传向两侧坚实的山体，山体由此产生了作用于坝体的反作用力。在作用力与反作用力的加持下，坝体得以维持稳定，可谓“借力打力”。

得益于两侧山体分担受力，拱坝的体积一般仅为同等高度重力坝的 30% 到 60%。因而拱坝的用料更省，可谓既美观又经济。更为精妙的是，在正常状态之下，拱坝凭借自身重力、水体推力、基岩支撑、温度变化等多重条件的综合作用，便可维持坝体平衡。如果遭遇突发情况，其中某个条件发生改变，坝体仍可在其余条件的共同作用下维持稳定，这便是超静定结构。

正因如此，拱坝才具备了出类拔萃的自身调整能力和超载能力，从而获得了更高的安全性能。从实验数据来看，其超载能力甚至可以达到设计性能的 10 倍以上。以位于四川汶川县境内岷江一级支流草坡河上的沙牌拱坝为例，它距离“5 · 12”汶川地震震中映秀镇仅 36 千米，即便当时的水库满载运行，在经历地动山摇之后，坝体也未受到明显损害。

不过，集美观、经济和安全性能于一身的拱坝，对地形和地质条件的要求极为苛刻。理想的拱坝坝址，要求两岸基岩坚硬、完整；河谷左右对称，上游到下游由宽变窄。只有这样的地质、地形条件，才能将拱坝稳稳地“卡”在河谷之中。

随着工程、材料及计算机模拟技术的进步，拱坝的应用范围越来越广，人们甚至在地质条件复杂的喀斯特地区建成了乌江渡、构皮滩等一众知名的大型拱坝。拱坝的形态也越发多样，其平面可以是厦门上李水库拱坝的规则圆弧状，也可以是乌江东风拱坝的双曲线形。而其剖面可以是保持竖直的单曲拱坝，亦可以是与平面同样向上游弯曲的双曲拱坝。

---

1. 拱坝的厚薄通常以坝底厚度和最大坝高之比，即以厚高比来衡量，比值越小说明大坝越薄。

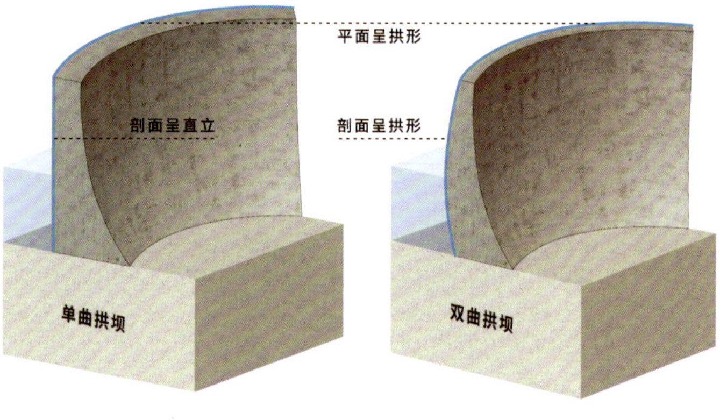

拱坝示意

右页图　乌东德水电站大坝 / 供图　中国能建葛洲坝集团
位于云南禄劝与四川会东之间的乌东德大坝，是金沙江乌东德水电站的组成部分。它的最大坝高为 270 米，而底部宽仅 51 米。为保证大坝结构的稳定，大坝两端必须稳稳地“卡”在两岸山体之间。

小湾拱坝 / 摄影 陈畅

位于云南南涧与凤庆之间的小湾拱坝，是一座混凝土双曲拱坝，它的最大坝高达 294.5 米，是国内第二高拱坝，仅次于坝高 305 米的锦屏一级水电站大坝。虽然有如此高度，小湾拱坝坝顶最窄处却仅有 12 米宽，轻盈地嵌在澜沧江之上。

令人震撼的是，拱坝的高度不断刷新纪录。2000 年，240 米高的二滩拱坝建成，这是中国首座突破 200 米级的大坝。2010 年，拉西瓦拱坝封顶，最大坝高突破 250 米。2014 年，溪洛渡大坝竣工，其坝高达 285.5 米。

放眼世界，在全球 76 座高度在 200 米以上的高坝中，拱坝占据 38 座，毫无疑问地成了 200 米级高坝的主力。不过，200 米级不是拱坝的极限。澜沧江上的小湾双曲拱坝的高度达到 294.5 米，直逼 300 米级。雅砻江上的锦屏一级水电站拱坝，高度达 305 米，成功晋级已建成的世界最高坝，建立世界坝工技术新的里程碑。

就这样，在我国西部的高山峡谷中，越来越多的高拱坝凭借有利地形，以四两拨千斤之势拦洪蓄水、抬高水位，让奔腾的江河带来源源不断的电能，输送到全国各地，点亮万家灯火。

右页上图　从大坝下游看白鹤滩水电站大坝及水垫塘 / 摄影　黄正平

水垫塘是大坝工程的重要泄洪消能设施，它像一张垫子铺在大坝下游，目的是减轻下泄水流对坝基的冲击。白鹤滩水电站水垫塘体长 360 米，宽 130 米，混凝土总方量约为 50 万立方米。充水后将形成深度达 48 米的水垫，承担高水头、高流速、巨泄量的泄洪消能任务，为世界最大规模的反拱形水垫塘。

右页下图　从大坝上游俯瞰建设中的白鹤滩水电站大坝 / 摄影　黄正平

白鹤滩水电站大坝为 300 米级特高混凝土双曲拱坝，最大坝高 289 米，相当于 100 层楼高，坝顶弧长为 709 米。坝体分为 31 个坝段施工，共浇筑混凝土 800 多万立方米。坝身布置有 6 个导流底孔、7 个泄洪深孔和 6 个泄洪表孔，结构复杂。

千年大计质量第一

肆 十万勇士

从“水来土掩”的土石坝到“一夫当关”的重力坝，再到“借力打力”的拱坝，它们组成了中国水坝家族的绝对主角。

但 10 万座大坝的精彩不止于此，我们还有结构简单到只需一组支墩和挡水盖板的支墩坝；有以橡胶等合成材料做成封闭布囊，锚固于河道，“随充随用”的橡胶坝。

随着大坝建造技术的突飞猛进，古老的土石坝也能冲击新的高度。2014 年，糯扎渡大坝建成，高度达 261.5 米。一年后，双江口大坝开工，其最大设计高度为 314 米，待其建成之际，将会重新定义世界最高坝。

就这样，在 960 多万平方千米陆地国土之上，中国人建造起大大小小近 10 万座水坝。它们如同十万个“勇士”，巍然坐镇在群山之间、江河之上。

多雨季节，它们一次次腾出库容，拦住洪水猛兽；当枯水期来临时，它们又蓄水成库，成为供水、灌溉的水源地。随着水位的抬升，河道得以变深、加宽，通航条件显著改善。同时，巨大的落差形成水能，进而转化为电能，成为推动国家发展的重要力量之一。总之，这些勇士正时时刻刻守护着我们，守护着农田、乡村、城镇，守护着我们赖以生存的家园。

左图　位于湖南浏阳小河乡的鱼鳞坝 / 摄影 咏洲
水坝呈台阶状，坝体上的每片“鱼鳞”都是一个弧形蓄水池，从上到下有数层，逐级而下。

然而，一座大坝的诞生并不是一蹴而就的，它在为人们带来诸多裨益的同时，产生的影响同样不应被忽略。人们必须系统规划、权衡利弊，才能让这项工程发挥最大的效益。

例如，当坝体拔地而起时，它在阻断水流的同时，也将阻断水生生物迁徙的通道。为此，人们必须增设仿生态鱼道，来帮助鱼类洄游，甚至采用人工繁育技术，来保护一些濒危的物种。当河流被坝体阻挡时，水流流速迅速减缓，易导致泥沙淤积，堵塞河道。为此，人们必须在坝体上设置专门的排沙通道，并在运行期间合理调度水库库容，以实现汛期排沙、汛后蓄水。

而随着上游水位升高、水面扩大，水体又将不可避免地淹没地表上的房屋、农田、古迹，甚至城镇。这意味着人们必须面对的，不仅是一项水利工程，更是一项文物保护工程、一项移民安置工程。再者，巨大的水体负载于库区地层之上，改变其受力状态或引起变形，严重时可能存在诱发地震的风险。尽管全球大型水库诱发地震的概率仅为 0.2%，中国筑坝史上也仅有广东新丰江水库一例强震记录，但为了防患于未然，全面的工程查勘、加固和监测，仍然必不可少。

是的，建造大坝，只是庞大水利工程系统的冰山一角。正如著名的三峡大坝在开工之前，已经历长达 40 年的设计、论证，涉及泥沙淤积、生态环境保护、文物保护、移民安置等方方面面。而在大坝建造、水库蓄水前后，人们又历时约 17 年，完成了涵盖 130 万人的搬迁、安置、补偿、致富的移民工程，规模之大在世界水利史上前所未有。

即便在三峡大坝封顶之后，人们仍历时 6 年，才建成世界上装机容量最大的水电站；历时 9 年，才建成世界上规模最大的三峡升船机。直到 2020 年，这项水利枢纽工程才宣告全面完成。最终，它不仅是一堵拦截洪水的“巨墙”，也是一座庞大的蓄水池、一台强劲的发电机、一条航运物流的大通道。

三峡工程如是，每一座水利工程亦如是。每一座工程的背后，无不凝结着建设者的心血和智慧。正因如此，才诞生了中国大坝的奇迹，乃至中国水利工程的奇迹。

下图　长江三峡水利枢纽工程 / 摄影　黄正平

三峡工程是世界最大的水利枢纽工程。三峡水利枢纽工程在 1992 年获得全国人大批准建设，1994 年正式动工兴建，2003 年开始蓄水发电，2012 年 7 月电站 32 台机组全面投产，主要有防洪、航运、发电、补水、养殖等功能。在长江三峡建造大坝的设想，最早可追溯到孙中山，但这一设想的真正实现，则要待到新中国。

长江防洪

看得见、看不见的防线

拥有万余条支流的长江

流域横跨全国 19 个省级行政区

是亚洲第一长河，也是我们的母亲河

有时她温柔博爱

滔滔江水孕育了早期的中华文明

滋养了今天近 5 亿的人口

有时她又凶猛无情

频发的洪水常带来巨大灾难

1931 年长江流域因洪灾死亡的多达 14.5 万人

1954 年达到 3.3 万人，1998 年则有 1526 人

而 2020 年的死亡人数也有上百人[1]

面对这条让人“爱恨交织”的大江

当洪水再次来袭时，我们该如何守卫我们的家园？

---

1. 以上数据仅包含直接死亡人数，近代因洪灾造成的饥荒、瘟疫死亡人口更是不计其数。

2020 年 7 月遭洪水围困的鄂州观音阁 / 摄影 冯光柳

鄂州观音阁有“万里长江第一阁”之誉，矗立在湖北鄂州的长江龙蟠矶之上，始建于元代。每年汛期，观音阁的大部分会没入水中。汛期一过，则显露出全貌。

壹 堤防

长江发源于青藏高原，容纳百川东流入海，按地形大致可分为 7 个区域。

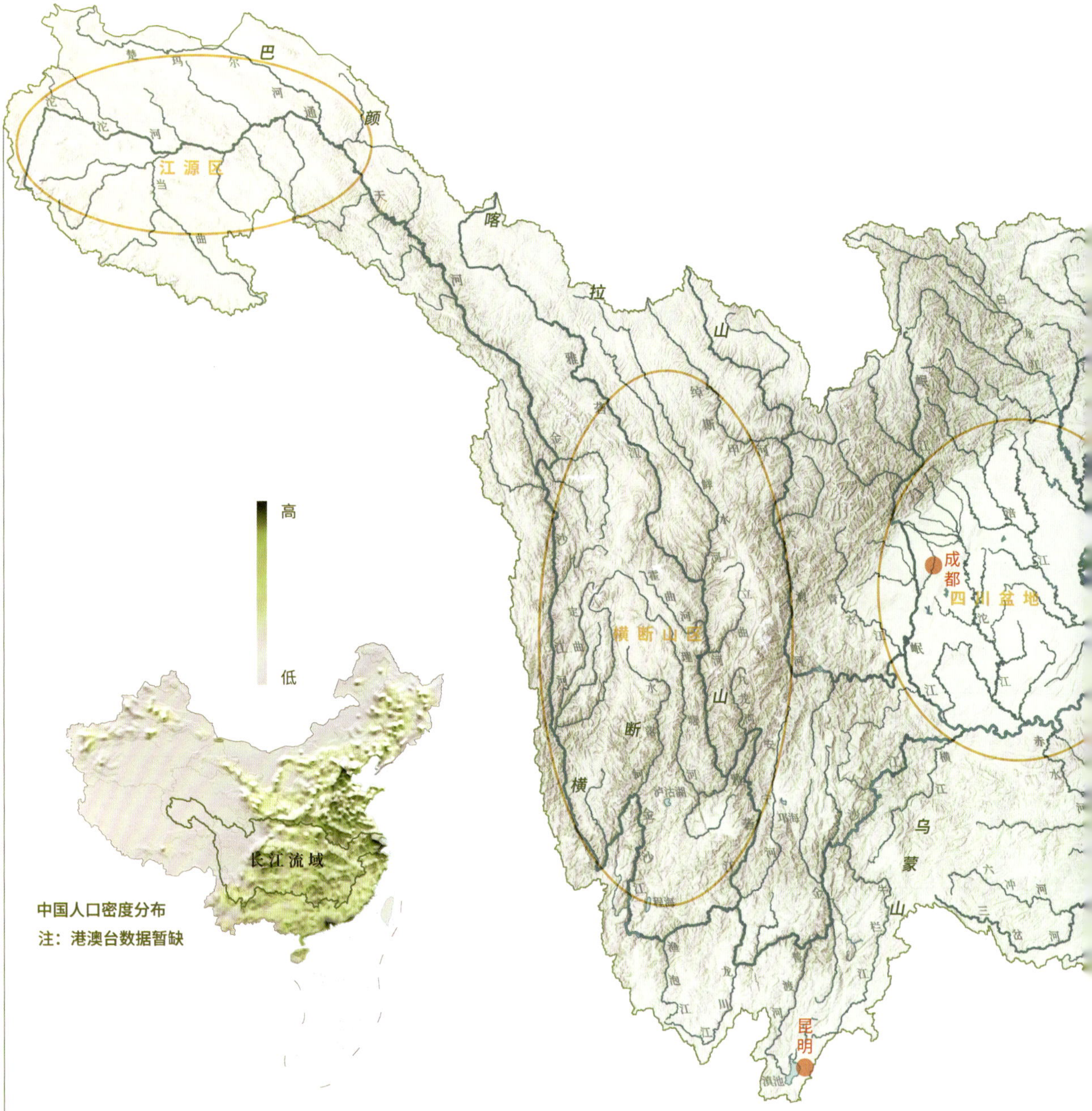

中国人口密度分布
注：港澳台数据暂缺

上游水系

最西端的源头地区，地形相对平坦，高寒少雨，河水往往肆意横流。这里多为荒无人烟之地，洪水对人类活动的影响很小。横断山区和秦巴—武陵山区山高谷深，洪水受地形束缚，难以漫流，危害较小。四川盆地虽然汇聚四方来水，但由于地势抬升，长江下切较深，洪水威胁只限于沿江少数地区。

最东端的长江下游地区，自江西湖口到入海口，没有大的支流汇入，且江阔水深，东临东海，洪水容易下泄。这一段的洪水主要来自中上游，而非本地，因此紧邻中游的安徽江段最易受影响。

相较之下，江汉—洞庭盆地和鄱阳湖盆地腹地，是长江沿线饱受洪水之苦的最主要地区。两地地势低洼，前者海拔普遍在 20 到 40 米，后者则为 10 到 30 米，四周群山环绕，大小河流纷纷向中心汇聚。河水与泥沙在此冲积出肥沃的土地，明清以来得到大规模开发，人口稠密。盆地内部地势平缓，水流易于壅塞。每到汛期，上游洪水、本地降雨和下游顶托的水流，迅速推高盆地内长江干流与支流的水位。加上膨胀的人口大量围湖造田，许多可以调蓄洪水的湖泊快速萎缩，甚至消失，洪水无处宣泄，最终酿成巨大水灾。

长江流域水系、地形图

面对洪水，早在东晋时，长江中游的人们就开始在长江两岸筑起堤防，作为抵御洪水的基础防线。堤防束缚了水流，但也阻碍了泥沙溢出河道，大量泥沙在河道内淤积，抬高河床。人们不得不相应加高堤防，江河水位也被进一步抬升，由此形成恶性循环。

在早期，受工程建造能力限制，许多堤防并不牢靠，每到汛期屡屡溃口，汹涌的洪水撕开大堤，冲刷地表，常形成深达数米的深潭和水道。溃口留下的痕迹，甚至历经百年也不会消失。经溃口而入的洪水肆意横流，泛滥成灾，所到之处房倒田毁，惨绝人寰。

新中国成立以来，特别是经历了 1954 年和 1998 年的大洪水后，我们全面加固和扩建了原有堤防，形成了长约 64000 千米的堤防体系。

这个堤防体系包括长江干堤，汉江、湘江、赣江等支流堤防，洞庭湖、鄱阳湖等湖泊堤防，以及城市堤防。在地域分布上，又以湖北、湖南、江西、安徽等长江中下游省份的堤防最长。

在江汉一洞庭盆地和鄱阳湖盆地腹地，很多堤防高于城镇和乡村，往往是当地海拔最高的地方，它们守护着广阔的平原和大小城镇。以著名的长江荆江河段为例，它在平原上肆意蜿蜒，流经荆州城区时，水位常超过 40 米，1998 年大洪水时甚至达到 45.22 米，而堤内荆州城区的高程大多不足 35 米。正所谓“万里长江，险在荆江”。一道牢固的堤防，就成了当地的生命防线。

右图　云雾中的荆州长江两岸 / 摄影 邓双

堤防是荆州长江两岸的重要安全保障。早在东晋时期，桓温在荆州江陵城西北至城东南修建的护城堤“金堤”，是已有记载中最早的荆江堤防。历史上，随着荆江的淤塞越发严重，该堤曾多次溃决，大堤也不断被重新加固、加高、延长。

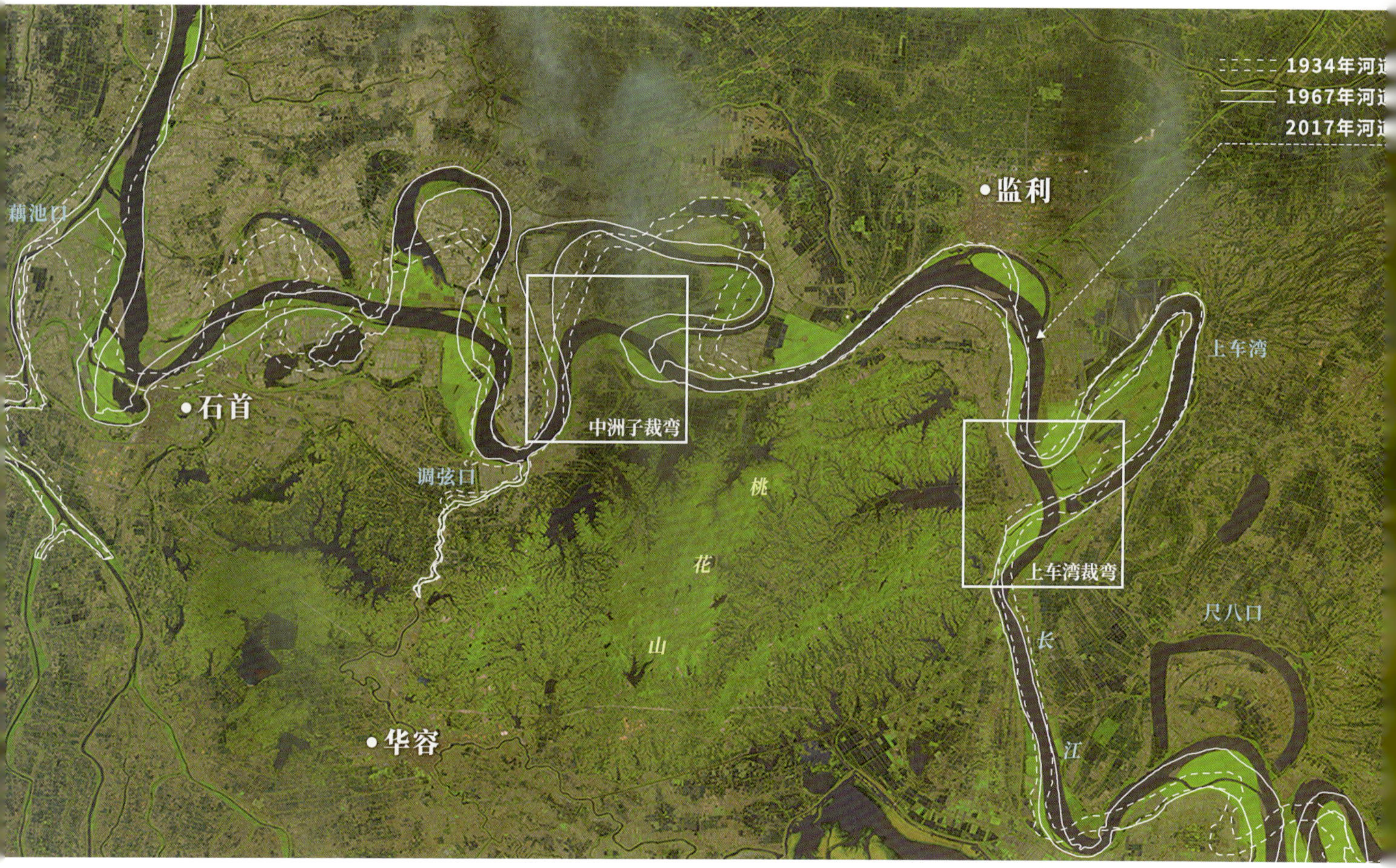

下荆江河道演变示意

卫星影像来源：Sentinel-2，拍摄日期为 2017 年 5 月 18 日。

防洪大堤的高度由堤防的“设计水位”决定，设计水位通常会根据河流的历史水文条件、防洪标准确定。堤防工程所能保证自身安全运行的水位则称为“保证水位”，一般为河流历史最高洪水位。根据大堤的重要性等情况，堤顶还要超过设计水位 1 到 2.5 米，以防极端情况下水流溢出。大堤由近似梯形的人工填土筑成，由于地基或堤身可能存在沙、砾等透水层，因此部分大堤嵌入了防渗墙，以防管涌、溃决的发生。

在一些空间有限的城区，堤防难以加高，加筑在大堤上的防洪墙成为较优的选择。比如在横跨两江四岸的武汉，人们在原有土堤的基础上修筑了混凝土构成的防洪墙，墙顶可高出地面 3 到 5 米，相对于一般的梯形大堤，大大节省了建设空间。

修筑堤防之外，河道整治工程也在同步进行。荆江的下荆江河段（藕池口—城陵矶），河道蜿蜒曲折，九曲回肠，洪水排泄不畅，极易造成洪灾。为减少河道曲流，加强排洪，便实施了裁弯取直工程。

凭借堤防工程与河道整治，1954 年以来，长江干流和主要支流鲜有溃口发生。不过，堤防的建设成本高、占地面积大，堤防的防洪能力也不能无限提升。在三峡水库建成之前，长江荆江河段的防洪标准仅为十年一遇，武汉河段为 20 到 30 年一遇，一些支流堤防甚至更加脆弱，难以长久保证两岸安全。

我们需要第二道防线。

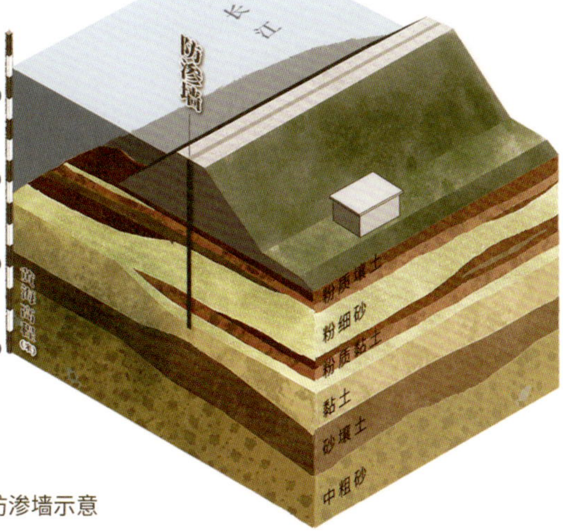

防渗墙示意

原型：荆江南岸大堤

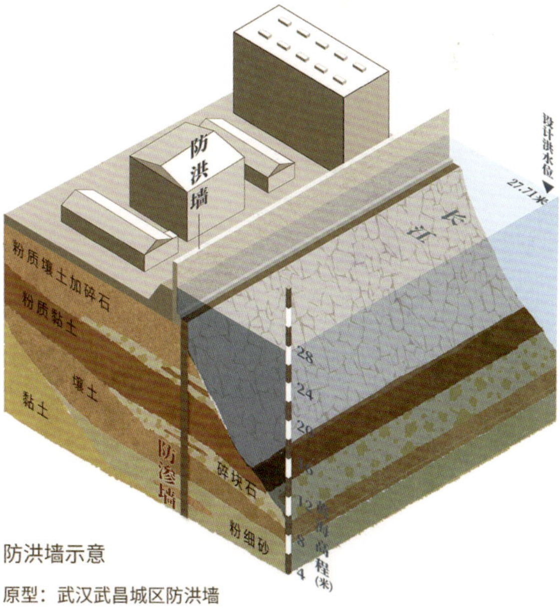

防洪墙示意

原型：武汉武昌城区防洪墙

2020 年夏季被淹没的武汉汉口江滩公园 / 摄影 姜轲

武汉市地处长江中游，长江和汉水在此交汇，市区江河纵横、湖泊密布。城市防洪全靠堤防保护，堤防是武汉赖以生存和发展的生命线。

贰 水库

当洪水来势凶猛，长江行洪能力捉襟见肘时，水库拦蓄洪水能够减轻其下游堤防的压力。因此，水库是保障人民安全的又一道防线。

在诸多水库中，最著名的莫过于三峡水库。三峡水库由三峡大坝拦截长江而成，其电站的装机容量高达 2250 万千瓦，远大于已建成的世界第二大水电站伊泰普水电站的 1400 万千瓦。虽然两者装机容量相差巨大，但年发电量相当，一个重要原因在于长江受季风气候影响，流量随季节变化大，而三峡水库承担着艰巨的防洪任务，难以长期满负荷发电。

冬半年时，三峡上游来水少，三峡水电站发电量较小，发电装机容量没有被充分利用。而在每年 6 月 10 日之前，三峡水库要把大量蓄水排出，并在汛期长期维持 145 米的汛期限制水位，以留出充足的库容防洪。汛期上游来水大时，流量远远超过发电机组的发电需求，产生弃水，水能资源无法得到充分利用。

作为一个以防洪为第一任务的水库，三峡水库的防洪库容高达 221.5 亿立方米，占总库容的一半以上。在危急时刻，三峡水库能发挥重要作用。2020 年 7 月初，连续的暴雨导致长江中游防汛压力巨大，洞庭湖城陵矶站与鄱阳湖湖口站的水位都接近各自保证水位，情况十分危急。于是三峡水库紧急削减下泄流量，一周内拦蓄了约 30 亿立方米的洪水，大大缓解了中游的防洪压力。

左页图　俯瞰三峡大坝和库区 / 摄影 刘彦斌

防洪是三峡工程的主要功能，也是兴建三峡工程的首要目的。三峡水库的防洪库容为 221.5 亿立方米，约等于 4 个太湖的水量。2020 年，长江发生流域性大洪水，以三峡为核心的流域控制性水库群共拦蓄洪水约 500 亿立方米，有效保障了长江中下游的防洪安全。

长江流域纳入联合调度的控制性水库分布

目前，长江中下游形成了以堤防为基础，三峡水库为骨干，其他干支流水库、蓄滞洪区、河道整治工程、防洪非工程措施等相配合的综合防洪体系。其中，流域水库群是重要组成部分。截至 2020 年，纳入长江流域联合调度范围的控制性水库有 41 座。

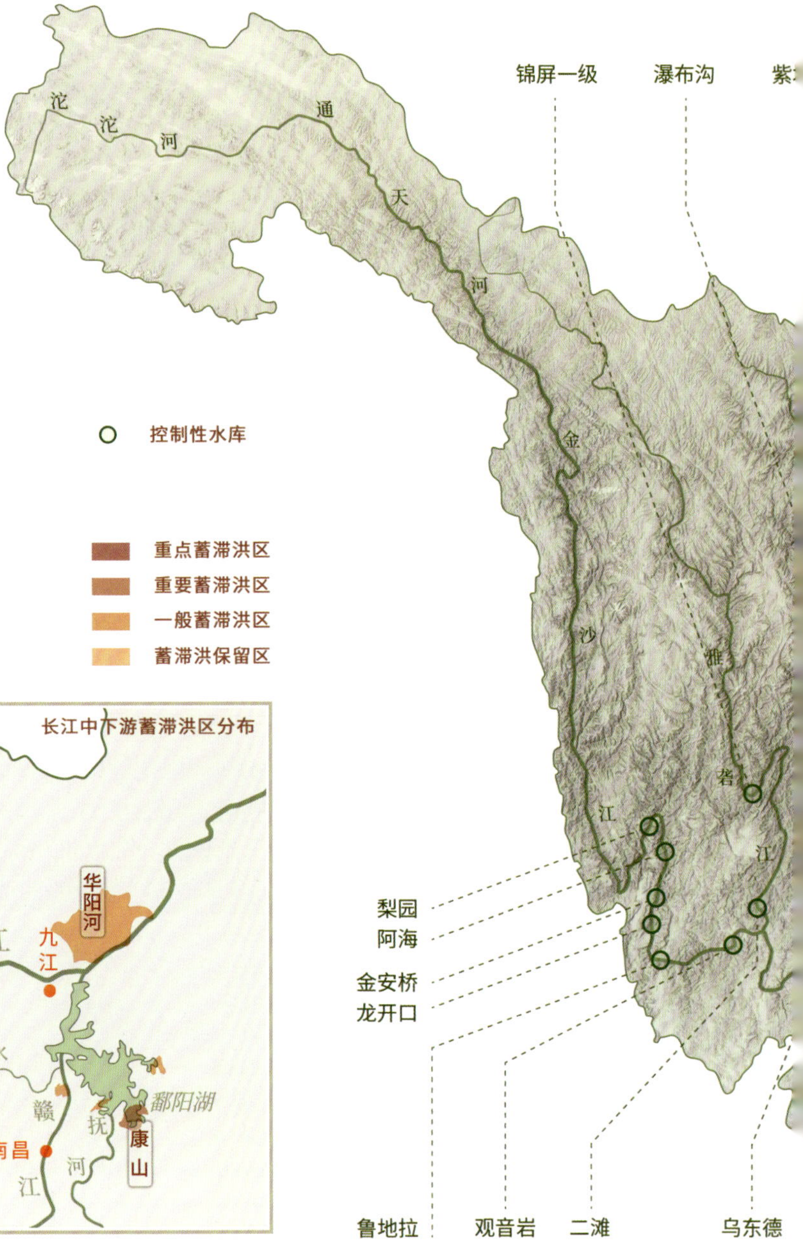

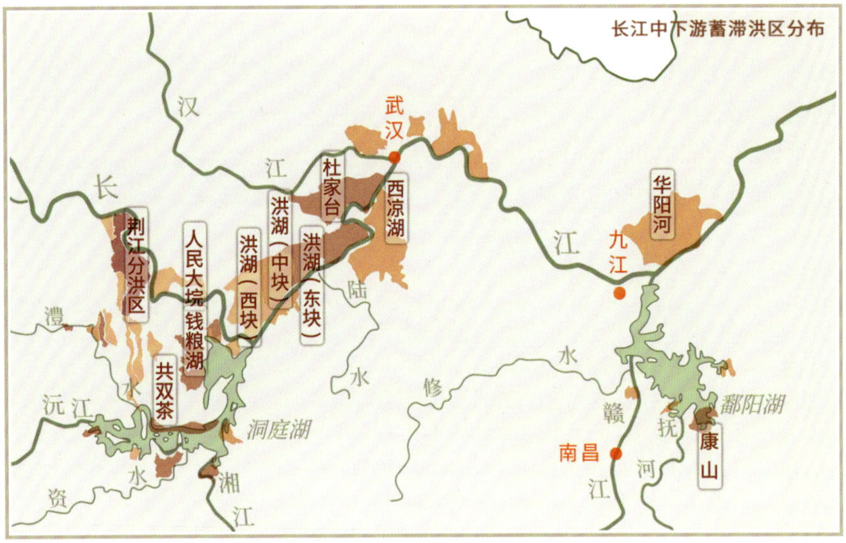

在长江中下游地区，仅靠一个三峡水库，不足以应对防洪需求。

数十年来，我们在长江及其支流建成了 5 万多座水库，总库容达到 3600 多亿立方米，相当于 9 个三峡水库，组成了一个超级水库群。其中的 41 座控制性水库，防洪库容高达 598 亿立方米，可以装下两个鄱阳湖。

在雅砻江，建有二滩水库和锦屏一级水库；金沙江之上，分布着溪洛渡、向家坝和乌东德水库；汉江上游，有大名鼎鼎的丹江口水库；清江则有隔河岩和水布垭两座水库……

通过水库群的联合调度，长江堤防的防御能力得到提高。如荆江河段的防洪标准，从十年一遇提高到了百年一遇，

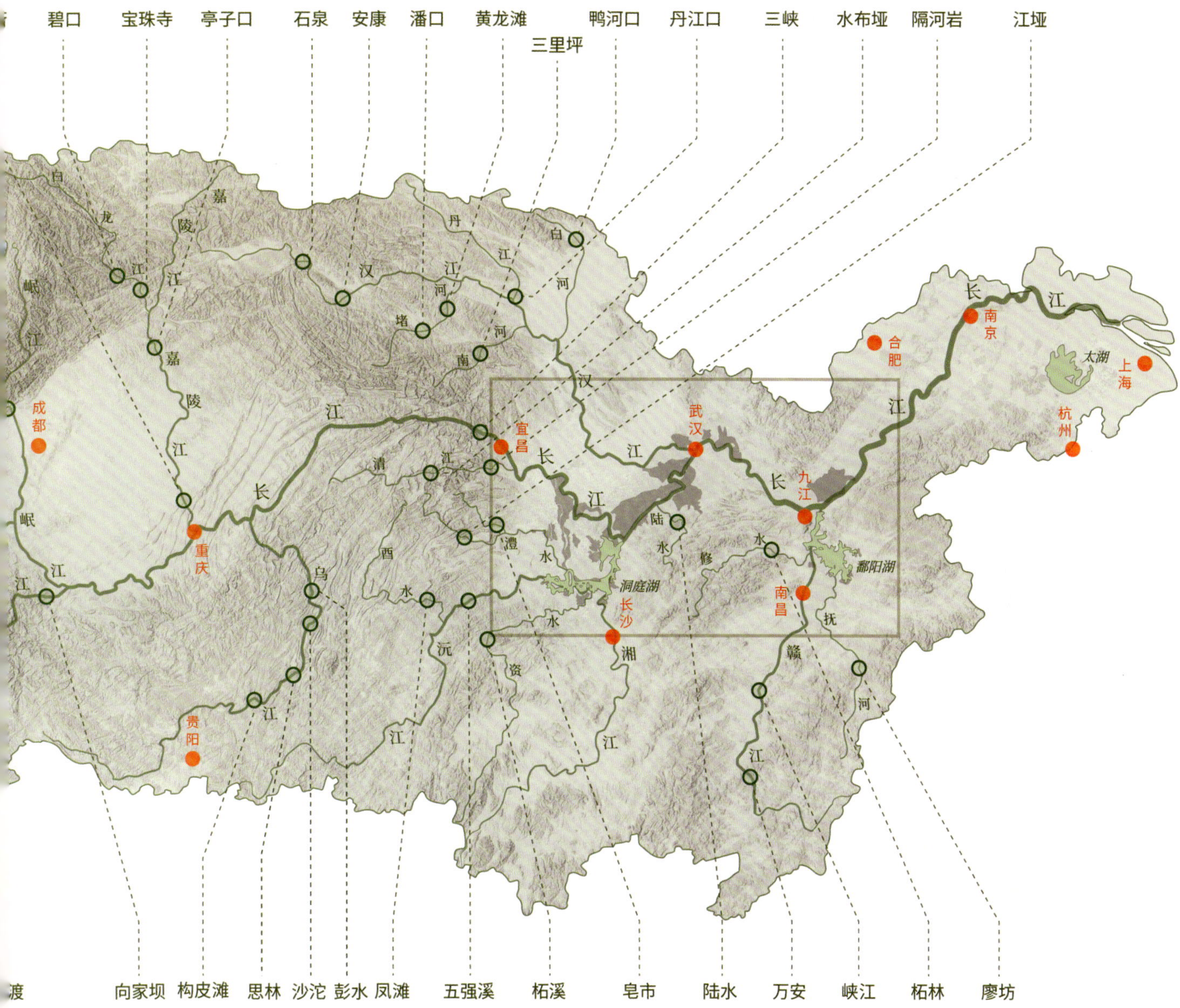

远高于堤防本身的防御能力。这也是 1998 年之后，再没出现当年类似被动局面的重要原因。

不过，即使有数万座水库，我们依然无法“驯服”桀骜的长江。

首先，与长江近 1 万亿立方米的年径流量相比，防洪库容还很不足，而水库的修建需要占用大量土地，并且会对生态环境造成巨大影响，不能无限增加。其次，主要的大型水库大多位于长江中上游山区，而受灾最重的中下游平原却因地势平坦难以修建水库。即使大如三峡水库，对于距离遥远的武汉以下河段，防洪作用也十分有限。

因此，我们还需要第三道防线。

叁 蓄滞洪区

1870 年，宜昌长江干流的洪峰流量曾高达 105000 立方米每秒，远超荆江河段的行洪能力。以这样的流量，只需 130 多秒就可填满杭州西湖，两天半就能填满三峡水库的防洪库容。即便以现在的条件，我们也只能通过各大水库的调蓄将其流量削减至 80000 立方米每秒左右，而这仍超过了荆江的承受范围。

当出现堤防和水库都无法抵御的超额洪水时，蓄滞洪区便可登场。

蓄滞洪区是一片地势低洼的区域，它的外围是高大的堤防，堤防上设置有闸门。平时大堤和闸门将洪水隔离在外，在分洪时，闸门被开启，洪水被引入蓄洪区，以减轻河道堤防的压力。

1952 年春，为应对即将到来的汛期，30 万军民只花了 75 天就完成了荆江分洪区的建设。该分洪区面积达 921 平方千米，相当于 1/4 个鄱阳湖；有效蓄洪容积为 54 亿立方米，是三峡水库的 1/4。两年后的 1954 年，20 世纪长江最大的洪水席卷而来，这里先后三次分洪，成功降低了荆江河段的水位，避免了更大险情和灾害的发生，充分证明修建蓄滞洪区的正确性。

目前，长江中游干流已建成 42 处主要蓄滞洪区，总面积约 1.2 万平方千米，相当于两个上海市的面积；有效蓄洪容积为 589.7 亿立方米，与长江控制性水库群的防洪库容相当。

这些蓄滞洪区分布在长江干流两岸和鄱阳湖、洞庭湖周围。荆江分洪区是长江流域唯一的重点蓄滞洪区，对于荆江河段的安全至关重要，是蓄滞洪区的“领头羊”。武汉沉湖附近的杜家台蓄滞洪区，守护着武汉、汉川、仙桃等地的安全。此外，1998 年以来，人们在长江中下游严重阻碍行洪的洲滩民垸，相继实施了平垸行洪、退田还湖工程，增加了数十亿立方米的蓄洪容积。

然而，不到万不得已，蓄滞洪区不会轻易被启用——蓄滞洪区内往往有大量农田和城镇，分洪前必须将居民迁走。那些迁不走的农田、房屋、工厂等则将被淹没。因此，蓄滞洪区分洪是人们在紧急情况下被迫采取的下策。

幸好，在最危急的时刻到来之前，还有一支看不见的力量守护着人们的安全。

右页下图　湖北仙桃杜家台分洪闸 / 摄影 尹权

杜家台分洪闸位于汉江下游的右岸，主要用以分泄汉江下游河段的超额洪水，为杜家台分蓄洪区工程的一部分。1956 年建成以来，共启用 21 次，累计分蓄洪近 200 亿立方米，对保护汉江下游和武汉市的安全，起到了十分重要的作用。

荆江分洪区示意

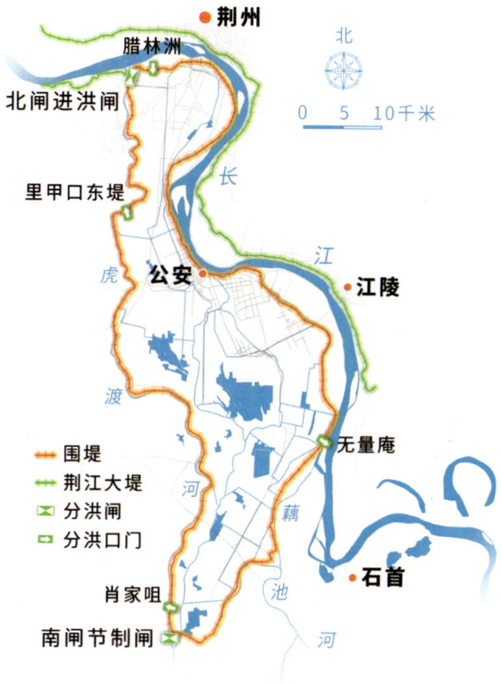
荆州
腊林洲
北闸进洪闸
北
0 5 10千米
里甲口东堤
长
江
公安
江陵
虎
渡
河
藕
池
河
无量庵
石首
围堤
荆江大堤
分洪闸
分洪口门
肖家咀
南闸节制闸

汉江
杜家台分洪闸
分洪道

肆 看不见的体系

1998 年 8 月 16 日夜，荆江大堤边，面对远超设计防洪能力的洪水，政府撤离了荆江分洪区内的 30 多万公安县居民，埋好了爆破防淤堤的炸药。然而，是否要炸毁堤防进行分洪，却成了一个极为艰难的抉择：分洪，数十万人会被迫离开家园，几十年积累的财富化为泡影；不分洪，从荆州到武汉的江堤随时可能出现溃口，损失和代价将更大。

在那个不眠之夜，分洪区的广播不停地播放着即将分洪的消息，巡视人员不断发出预警信号，解放军已经在北闸防淤堤待命，分洪区的百姓远远望着即将被淹没的家乡。各方专家与国家防汛抗旱总指挥部紧急会商，反复计算水文数据、评估长江堤防状况，得出结论：虽然洪峰水位超过历史纪录，但严守大堤可以挺过去，不建议分洪。最终，“共和国没有开闸”，沿岸百万军民严防死守，长江干流没有继续出现溃口，30 多万人的家园也得以保全。

成功防洪决策的背后，是一个看不见的体系在运作。

它构成了最后一道防线：在这个体系里，3 万多个水文、气象站点与卫星组成了监测网，实时监测和反馈水雨情信息，为防洪决策提供依据；从两院院士到专业技术人员组成了专家团队，分析洪水形势、预测未来趋势，提出防洪应对方案；从国家防汛抗旱总指挥部到基层组织组成了行政体系，调度防洪人力和物资，制定、实施防洪的方案与措施；从解放军到各地居民组成了一线人员，巡视、加固堤防，抢险救灾……

正是这个看不见的体系，协调和运行着数万千米的堤防、数万个水库、数十个蓄滞洪区，以及数不清的闸、站、渠、泵等，打赢了一场场洪水保卫战。

左图　荆江分洪区北闸 / 摄影　邓双

北闸是荆江分洪区的进洪闸，全长近 1000 米，54 孔，最大进洪量是每秒 8000 立方米。分洪时，洪水将从这里涌入公安县。图上远处是荆江。

堤防、水库、蓄滞洪区、“看不见的体系”，构成了长江防洪的四道防线。

这四道防线共同构成了守护长江安澜的保护网，保护着广达 180 万平方千米的土地，保护着近 5 亿人，保护着全国 40% 的 GDP，保护着全国 30% 的粮食产量。

正是有了这四道防线，我们才能“不管风吹浪打，胜似闲庭信步”。

江西永修县永吴公路大湖池段 / 摄影 廖昊

永吴公路大湖池段全长约 5 千米，每年入汛期间，鄱阳湖水位上涨，湖水就会漫过永吴公路大湖池段，形成一道奇特的水上公路景观。

4 梦想

火箭 | 中国人的飞天之路

神舟 | 一个国家的记忆

北斗 | 排星布阵 20 年

14

火箭

中国人的飞天之路

飞天之路注定是坎坷的

截至目前

中国航天史上共计有 26 次发射失败

失败是沉痛的

但科学的高峰永远是咬着牙才能攀上的

诚如“中国航天之父”钱学森所说

“正确的结果，是从大量错误中得出来的”

正因如此，到 2020 年年底

中国运载火箭发射成功达 404 次

50 多年前，我国成功发射了第一颗人造卫星

50 余年后，**一代代中国运载火箭奔向星辰大海**

这是一条怎样的升级之路？

未来又将如何？

“火焰拉面”/ 摄影 都鑫鑫、肖海林、陈肖

2020 年 12 月 22 日，“长征八号”运载火箭首次飞行试验，在文昌航天发射场取得圆满成功。图为火箭尾部特写，其喷射出的火焰仿佛拉面。

壹 小型火箭的诞生

1970 年 1 月 30 日，我国第一颗中远程弹道导弹“东风四号”试飞成功。它利用燃烧产生的喷射气流获得推力，推进剂是燃料与氧化剂的组合，无须氧气也可产生强大的喷射气流。其箭体自下而上分为两级，第一级工作结束后便在高空分离，再由第二级点火、接力推进。这便是中国运载火箭的雏形。

要实现环绕地球飞行，卫星的飞行高度一般不能低于 180 千米，入轨速度也需达到第一宇宙速度 7.9 千米/秒，否则卫星将在地球引力和大气阻力的作用下坠入大气层。遗憾的是，这样的速度和高度让“东风四号”望尘莫及。

于是，工程师们开始对“东风四号”进行改造。原有的二级箭体升级为三级火箭，箭体顶部的导弹弹头被卫星取代，并加上整流罩予以保护，使其避免遭受高速气流的冲刷。第一级和第二级箭体由金属杆相连，连接处形如镂空，以便二级发动机点火时喷射的火焰能快速排出。

经过一系列升级，“东风四号”导弹摇身一变，成为我国第一枚运载火箭——“长征一号”（CZ-1）。它的直径为 2.25 米，高约 30 米，能将不超过 0.3 吨的载荷送至高度约 440 千米的近地轨道。1970 年 4 月 24 日，中国第一颗人造卫星“东方红一号”便由“长征一号”运载火箭发射升空。

自此，中国继苏联、美国、法国和日本之后，成为第五个可以独立发射人造卫星的国家，中国航天的近地卫星时代就此开启。

右页右图 “长征四号丙”运载火箭发射升空 / 摄影 韩超

火箭升空后，箭体剥落的是泡沫保温层，它能够让火箭内部保持适宜的温度。两级间的“镂空”结构为斜拉金属杆，这样的结构可以保证第二级火箭点火后，火焰能够及时排出。

火箭总长29.86米
芯级直径2.25米

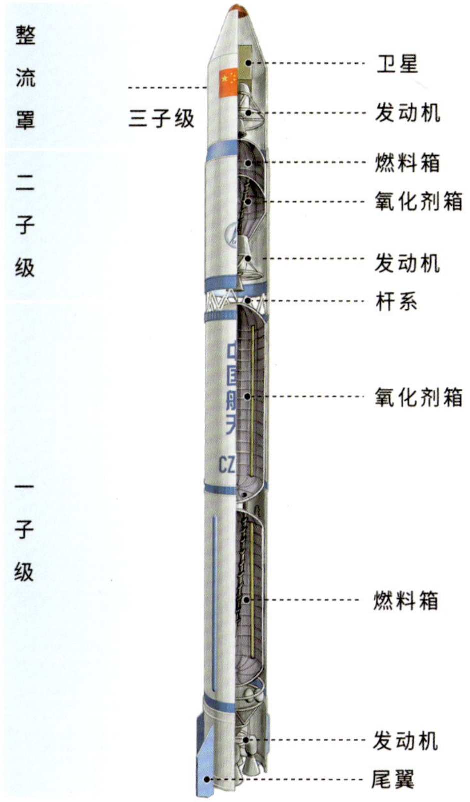

“长征一号”运载火箭图解

DF-2
ZY603504

不过，0.3 吨的载荷远远满足不了一般卫星的需求，运载火箭需要继续升级。

推进剂方面，工程师们改用全新的“燃料 + 氧化剂”组合，即“偏二甲肼 + 四氧化二氮”，它们不仅具有更高的推进效率[1]，而且均为常温液体，相遇即可燃烧，点火简单，维护方便。结构方面，根据当时的铁路运输条件，火箭直径加大至 3.35 米的极限尺寸。更强的推进剂与更大的直径，大大提高了火箭的运载能力，即便重回两级火箭也能达到入轨速度。

升级后的新一代火箭，其一得名“风暴一号”（FB-1），我国因此可以首次发射超过 1 吨重的卫星，也首次实现了“一箭三星”的发射；其二便是“长征二号”（CZ-2），其近地轨道载荷约 1.8 吨，成功发射了我国第一颗返回式卫星，走出了载人航天的第一步。

然而，此时中国运载火箭的近地轨道载荷仍未突破 2 吨，属于小型火箭范畴。更大的卫星、更远的星空、载人航天的期盼、空间站的梦想，都将交给下一代火箭，成为它们光荣的使命。

---

1. 推进效率是指比推力，即单位时间内消耗单位推进剂产生的推力，也称“比冲”。

左页左图　酒泉卫星发射中心陈列的“东风二号”/ 摄影　白龙
“东风二号”是我国自行研制的第一种弹道导弹，后来衍生出东风系列弹道导弹。而“长征一号”运载火箭就是在“东风四号”的基础上研制成功的，因而我国的航天运载火箭事业，与我国的弹道导弹之间有着密切的联系。

左图　酒泉卫星发射中心陈列的“风暴一号”/ 摄影　白龙
1975 年 7 月 26 日，“风暴一号”运载火箭将重 1107 千克的“长空一号”卫星发射升空，成为我国第一枚载重超过 1 吨的运载火箭。1981 年 9 月 20 日，“风暴一号”又成功发射 3 颗一组的新型空间物理探测卫星，我国由此成为第四个掌握“一箭多星”技术的国家。

贰 中型火箭的使命

中型火箭的近地轨道载荷在 2~20 吨，载重 1.8 吨的“长征二号”距此仅有一步之遥。于是工程师们在“长征二号”的基础上进行改进，将箭体加长以携带更多燃料，并对材料和发动机进行优化。

最终，比“长征二号”高近 10 米、近地轨道载荷增至 4 吨的**“长征二号丙”（CZ-2C）**和**“长征二号丁”（CZ-2D）**就此诞生，它们一举步入中型火箭的行列，同时也成为发射返回式卫星的主力军之一。

然而，返回式卫星通常在高度为数百千米的近地轨道中工作。相较之下，气象卫星轨道高度约为 1000 千米，导航卫星轨道高度可达约 20000 千米。还有一类轨道则更为遥远，其高度约为 36000 千米，且轨道平面与赤道平面重合，运行在这里的卫星能与地面始终保持相对静止，这便是独一无二的地球静止轨道。

在理想状态下，只需在地球静止轨道部署三颗卫星，便可基本覆盖全球通信。但要抵达地球静止轨道却并非易事——卫星须先以约 10 千米 / 秒的速度进入一个过渡轨道，再通过精确的变轨，在目标轨道的指定位置入轨定位。“长征二号丙”“长征二号丁”无法满足这样的发射需求，我们还需要飞得更远、更高、更精准的火箭。

为此，工程师们首先尝试的依旧是纵向加级。此时有两种方案摆在人们面前：其一，以“长征二号丙”为基础，在第三级使用全新的低温推进剂，用“液氢 + 液氧”的组合替换传统的常温推进剂；其二，在“风暴一号”的基础上，第三级依旧使用技术成熟的传统常温推进剂。

在第一种方案中，“液氢 + 液氧”能够大幅提高推进效率，是较为先进的方案。但液氢温度低于 -253℃，且易燃易爆，从发动机技术到低温燃料的贮存、运输、加注技术，都要从零开始，难度巨大。相比之下，第二种方案风险更低，把握更大，但技术较为保守。

一面是高技术，一面是低风险，这个选择并不好做。人们各执己见，争论不休，直到中国通信卫星总工程师任新民站出来说：

> 中国要想在本世纪末（20 世纪末）成为航天大国，甩掉落后的帽子，眼睛必须瞄准当代火箭发动机的高峰……航天事业本身就是个大风险，如果怕失败、怕风险，还搞什么航天！

此言一出，掷地有声。自此，约 10 年后成功扛起我国地球静止轨道卫星发射大旗的，是采取第一套方案、第三级使用“液氢 + 液氧”组合推进剂的**“长征三号”（CZ-3）**。它的第三级推进剂贮箱防冻、防渗、防潮、绝热，发动机则能进行二次点火，令卫星再次加速进入过渡轨道。而进一步改进诞生的**“长征三号甲”（CZ-3A）**，首次将我国卫星送入地月转移轨道，从此开启了中国航天的“嫦娥时代”。

右页左图 “长征二号丁”运载火箭发射升空 / 摄影 王明艳

“长征二号丁”运载火箭为两级液体推进剂火箭，是在长征四号火箭第一、二级的基础上研制出的，用于发射各种执行低轨道任务的卫星。

右页中图 “长征三号甲”运载火箭发射升空 / 摄影 崔建平

“长征三号甲”运载火箭全长52.5 米，一、二子级直径为3.35 米，三子级直径为3 米，卫星整流罩最大直径为3.35 米，起飞质量为 243 吨，地球同步转移轨道运载能力为 2.65 吨。

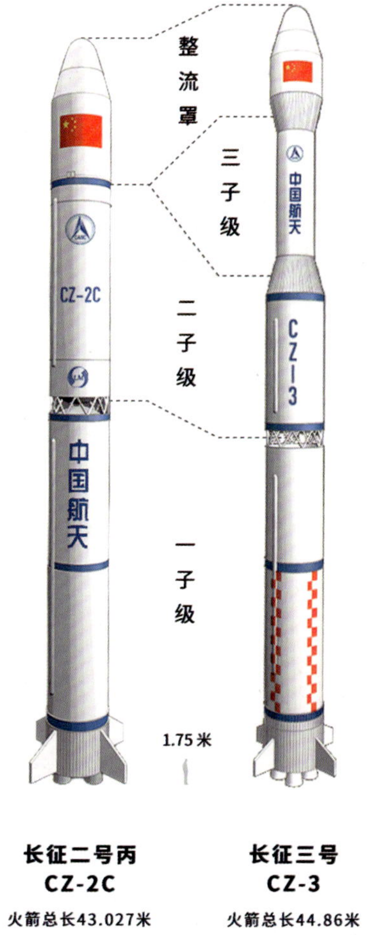

“长征二号丙”与“长征三号”结构对比

CZ-4B
中国航天

CZ-2C
中国航天

与此同时，使用传统常温推进剂的加级方案没有被放弃，而被**“长征四号”系列**采纳。

“长征四号”系列包括“长征四号甲”（CZ-4A）、“长征四号乙”（CZ-4B）、“长征四号丙”（CZ-4C）等，它们是发射太阳同步轨道卫星的主力军。这又是一类特殊的轨道，其轨道平面可绕地轴旋转，运行周期与地球公转周期一致，每当卫星经过同一点时，它能保持大致相同的日照条件，因而被称为“太阳同步轨道”。

太阳同步轨道卫星运行的特点，让它极其适合气象、地面观测。不过，这种轨道的倾角往往超过 90°，需要火箭提供大量推力用于改变飞行方向。1988 年 9 月 7 日，“长征四号甲”载着我国第一颗气象卫星“风云一号”成功进入高约 900 千米、倾角为 99° 的太阳同步轨道，就此宣告我国依靠国外气象卫星数据的时代正式结束。

至此，我国中型运载火箭的近地轨道载荷已约 6 吨。然而，载人航天的载荷需求是至少近 8 吨。此时单芯级火箭的起飞推力几乎加无可加，这该如何突破？

答案便是横向捆绑。工程师们以“长征二号丙”为基础，纵向上适当加长以增加推进剂贮存量，横向上则“捆绑”4 个高 15.3 米、直径为 2.25 米的助推器，组成了我国第一枚捆绑式火箭——**“长征二号”捆绑式运载火箭**（CZ-2E，简称“长二捆”）。

起飞时，“长二捆”的 4 个中间芯级发动机和 4 个助推器发动机共同点火，起飞推力可达“长征二号丙”的两倍，近地轨道载荷约 9.5 吨。它从开始研制到首次发射，只用了 18 个月。

左页左图 “长征四号乙”运载火箭 / 摄影 史悦
“长征四号乙”是在“长征四号甲”的基础上研制成功的运载能力更大的火箭，最初是发射地球同步轨道卫星的备份火箭，后来成为我国发射太阳同步轨道卫星的主力火箭。

左页右图 “长征二号丙”运载火箭 / 摄影 江程杰
“长征二号丙”运载火箭是一型两级常规液体运载火箭，火箭长 43 米，一、二子级直径为 3.35 米，主要用于发射低轨和太阳同步轨道卫星。

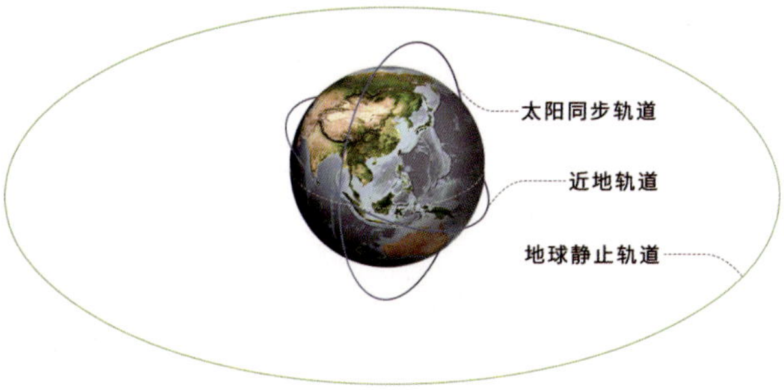

部分卫星轨道示意

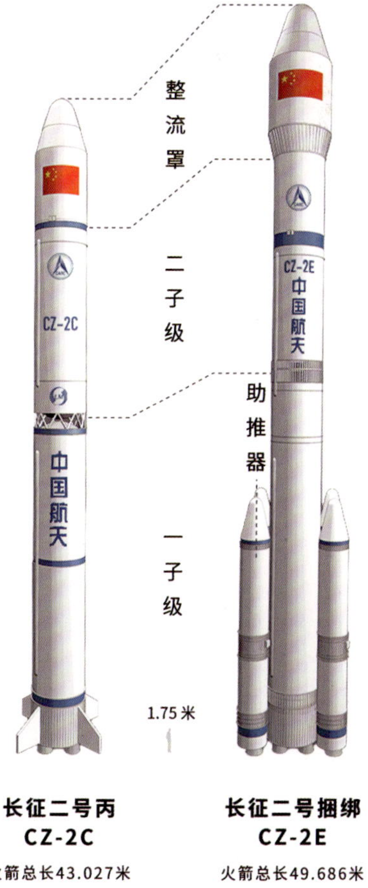

“长征二号丙”与“长征二号捆绑”结构对比

右图　被运往发射塔架的“长征二号 F”运载火箭 / 摄影 孙海英
“长征二号 F”运载火箭可以“垂直总装、垂直测试、垂直运输”，全长 58.4 米。整流罩顶部的“尖帽子”便是保障航天员安全的逃逸塔。“长征二号 F”可以把 8.6 吨的有效载荷送到近地点 200 千米、远地点 350 千米的地球近地轨道。

不过，真正实现中国人的载人航天梦的是大名鼎鼎的“**长征二号 F**”（**CZ-2F**）。

相比“长二捆”，它在整流罩顶部增加了一顶称为“逃逸塔”的“尖帽子”。这是一个安全保障装置，在起飞前 15 分钟至起飞后的 120 秒，火箭一旦出现意外，逃逸发动机便可立即点火，带着飞船的轨道舱和返回舱迅速与箭体分离，帮助航天员脱离危险，堪称一座“生命之塔”。

包括逃逸塔在内的救生系统，以及主控制系统的备份、故障自动检测系统，三管齐下，令“长征二号 F”的设计可靠性从“长二捆”的 0.91 增至 0.97（最高为 1）。它也不负众望，在 2003 年 10 月 15 日，将我国第一位航天员杨利伟安全送入太空，我国因此成为全球第三个实现载人航天的国家。

在服役的 20 多年里，“长征二号 F”战功赫赫——从“神舟一号”到“神舟十二号”，再到“天宫一号”“天宫二号”，共计发射 5 次无人飞船、7 次载人飞船，1 次目标飞行器和 1 次空间实验室，至今仍保持着 100% 的发射成功率，可谓“神箭”。

一 丝 不 苟
分 秒 不 差
神箭
中国航天
CZ-2F

火箭的使命

人类从未停止过对星空的探索，得益于科技的进步，如今航天员可以乘坐飞船离开地球；用航天器造访月球、火星，甚至浩瀚的宇宙。这一切，都离不开一个熟悉的名字——火箭，火箭究竟是如何完成使命的？火箭和飞船又有着怎样的关系？

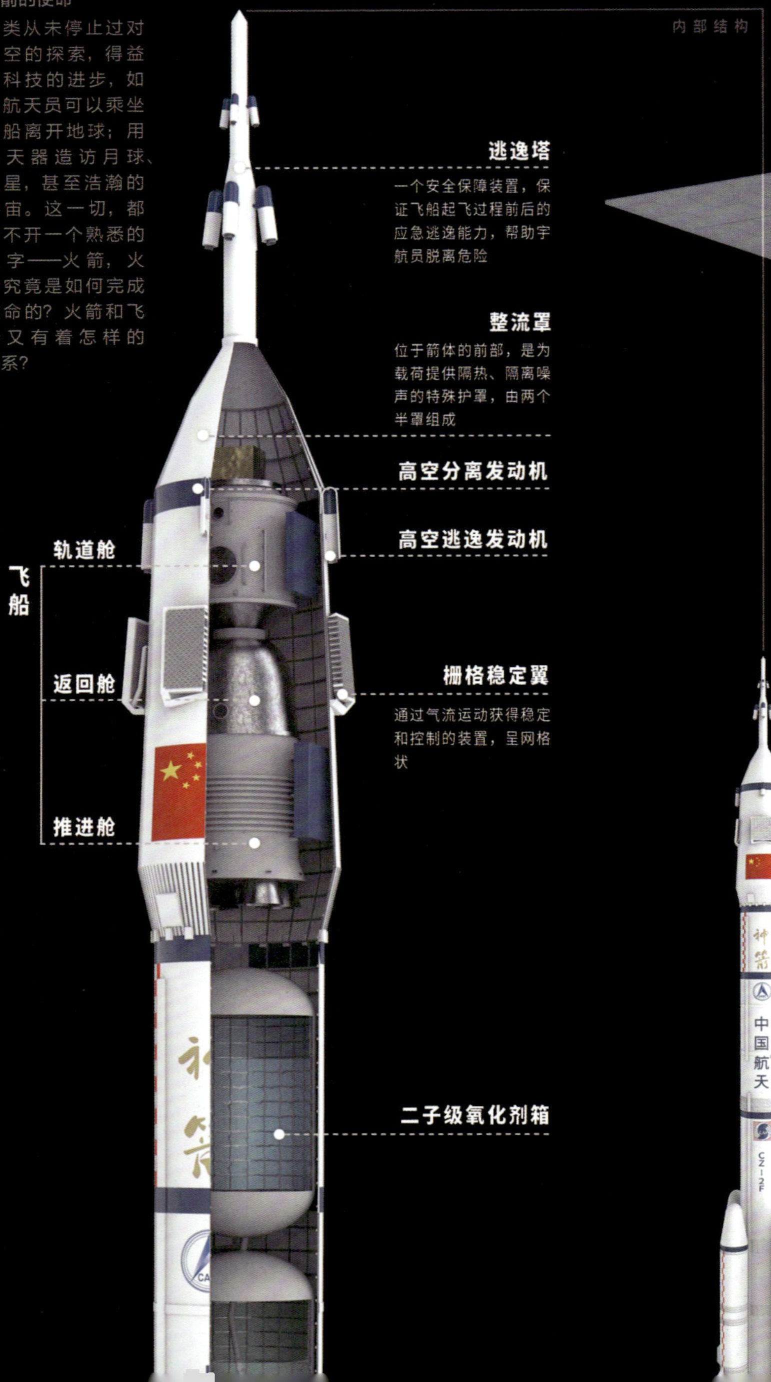

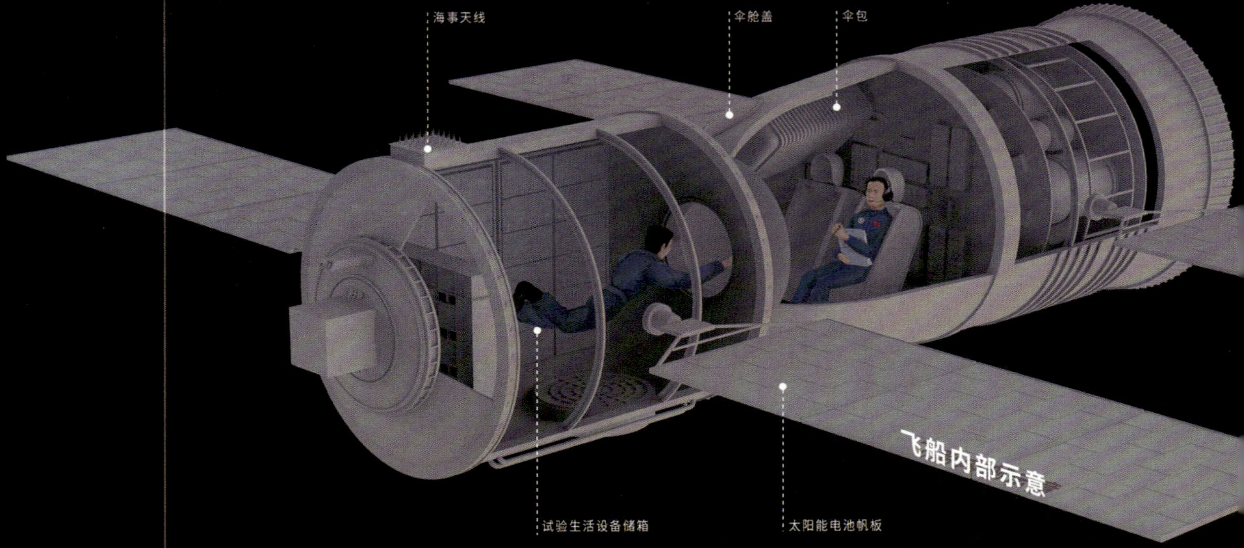

星火箭

地月转移轨道、北斗导航卫星等高轨道发射任务

并已成功发射天问一号火星探测器

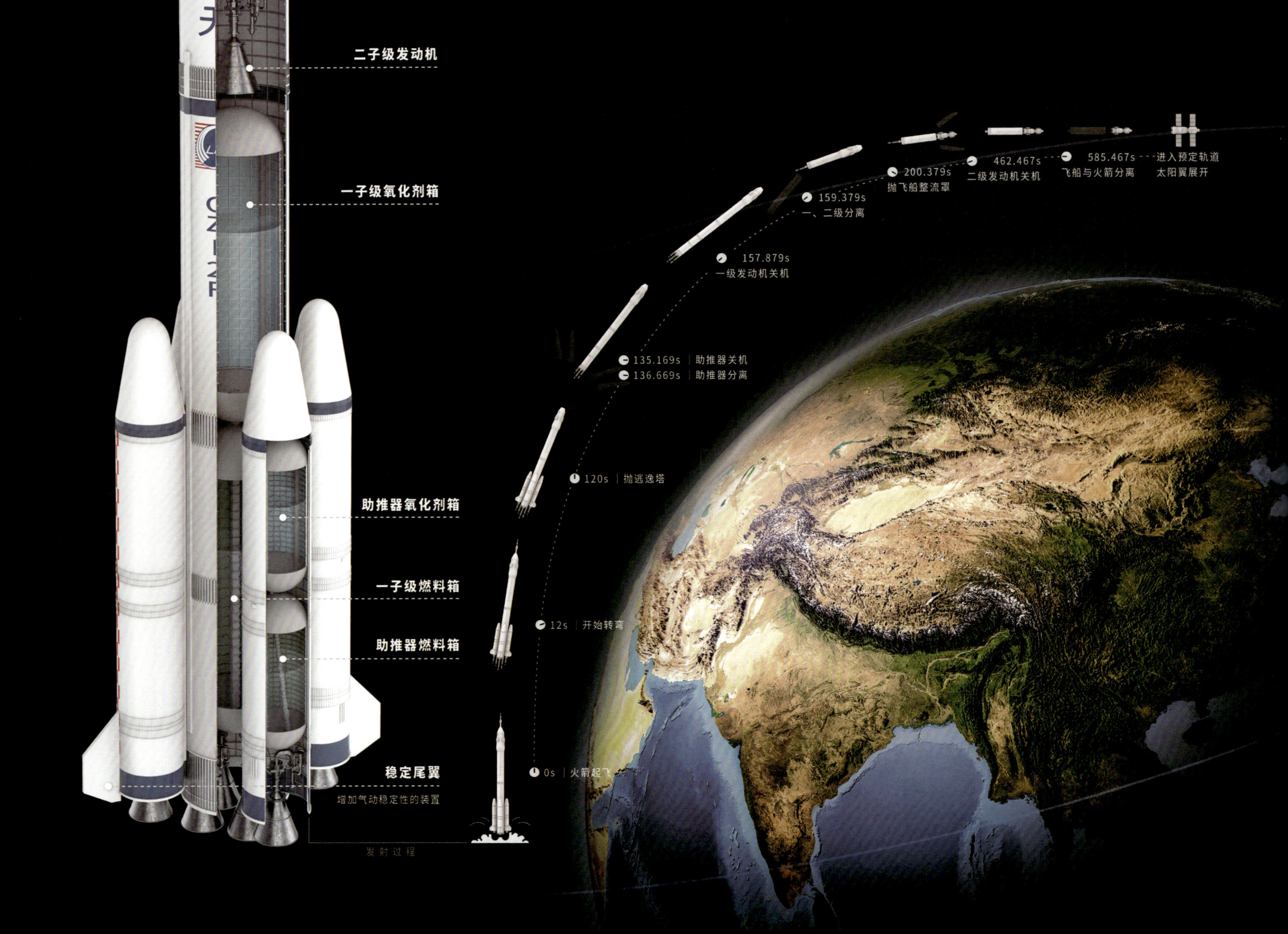

“长征二号”系列均为两级火箭。若在“长征三号甲”的基础上加长、捆绑，便可形成三级捆绑火箭——**“长征三号乙”**（CZ-3B）、**“长征三号丙”**（CZ-3C）。

作为捆绑 4 个助推器的三级火箭，“长征三号乙”在 20 多年间是我国运载火箭的“顶配”，其近地轨道载荷首次突破 10 吨大关，达到约 11.5 吨，成为我国中高轨道发射的绝对主力，更成功发射“嫦娥三号”和“嫦娥四号”，筑就了我国的“登月天梯”。

然而，“当中国的运载火箭从连续成功的惊喜中醒来时，它面对的将是 4 个强大的对手”。到了 21 世纪初，美国、欧洲、俄罗斯的商用大型火箭纷纷亮相，这些国外大型火箭具有安全清洁、部署迅速、成本低廉等优势，运载能力也远远超过“长征三号乙”，有的近地轨道载荷甚至达到“长征三号乙”的两倍。中国运载火箭几乎在各方面都相形见绌，一次全方位升级迫在眉睫。

不甘落后的中国航天工作者，再次对火箭进行改造。推进剂方面，用“煤油 + 液氧”的组合，替换使用了近 40 年的“偏二甲肼 + 四氧化二氮”组合。前者燃烧后只产生二氧化碳和水，全程无毒无污染，成本也大幅降低。发动机也随着推进剂的替换而升级，推进效率可再提高约 15%。助推器则被提高到近 27 米，是此前型号的近两倍。

这些升级，构成了新一代的长征运载火箭——**“长征七号”**（CZ-7）。它的近地轨道载荷约为 14 吨，足以发射重约 13 吨的“天舟一号”货运飞船，在中国的“空间站时代”扮演了至关重要的角色。未来，它还将逐步接替“长征二号”“长征三号”“长征四号”系列的使命，承担我国约 80% 的发射任务，成为支撑中国航天梦的中流砥柱。

至此，我国的中型运载火箭全部登场。若要在近地轨道发射超过 20 吨的载荷，就必须依靠大型运载火箭。

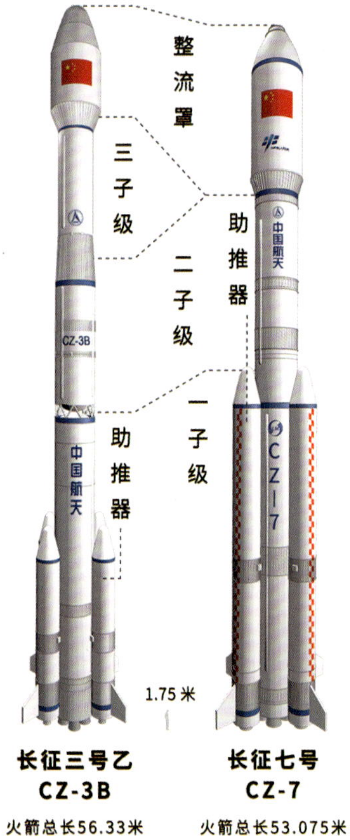

“长征三号乙”与“长征七号”结构对比

右页图　转运到发射塔架的“长征七号”/ 摄影　宿东

“长征七号”是为满足我国载人航天工程发射货运飞船而全新研制的新一代中型运载火箭，采用了新型液氧煤油发动机和绿色、低温又高能的液氧煤油燃料。起飞时，6 台 120 吨级大推力发动机可提供超过 700 吨的推力，将大幅提升我国进入空间的能力。

中国航天
CZ-7
中国航天
铆足铁劲 团结拼搏
誓夺首飞圆满成功

叁 大型火箭的博弈

2014 年 10 月，海南文昌航天发射场建成。相比我国其他航天发射场，文昌航天发射场有着诸多优势。

首先，这里纬度低，接近赤道，可充分利用地球自转速度，提高火箭的运载效率。譬如与酒泉卫星发射中心相比，文昌航天发射场在发射地球静止轨道卫星时，火箭变轨和飞行距离更短，卫星入轨定点的质量可提高 16.3%~18.5%。

其次，作为中国首个沿海发射基地，其东南方向 1000 千米内几乎都是海洋，保证了火箭残骸坠落的安全性。而发射场附近的便捷海运，还可让火箭部件彻底摆脱 3.35 米直径的铁路运输限制。

至此，万事俱备，中国第一枚大型运载火箭——**“长征五号”（CZ-5）**横空出世。它虽然是两级火箭，却高达近 57 米，相当于一座近 20 层的高楼，几乎与现有的三级火箭不相上下。其中间芯级直径由 3.35 米增加至 5 米，4 个助推器直径由 2.25 米增至 3.35 米，是名副其实的“庞然大物”，人送外号“胖五”。

相较于“长征七号”，“长征五号”中间芯级完全改用“液氢 + 液氧”组合的低温推进剂，并配置全新的发动机，助推器的发动机数量也翻倍至 8 个。起飞时，共计 10 个发动机将同时点火喷射，起飞推力增加约 50%，近地轨道载荷可达到约 25 吨。这是中国迄今为止起飞质量最大、芯级直径最大、运载能力最强的火箭，仅次于美国“重型猎鹰”运载火箭、德尔塔 IV 型重型火箭，在世界现役火箭阵营中位列第三。

海南文昌航天发射场 / 摄影 陈肖

海南文昌航天发射场是我国第一个开放性滨海航天发射基地，这里纬度低、视野开阔、海运便利，承担着深空探测、载人航天、空间站等发射任务。同时，作为开放性发射基地，这里已成为航天科普的重要基地。

CHN
中国航天
CZ-5
CZ-5

429

2016 年 11 月 3 日，第一枚“长征五号”在万众瞩目下首飞成功，并首次利用“远征二号”火箭上面级[1]将卫星直接送入地球静止轨道。

2020 年 7 月 23 日，“长征五号”成功将火星探测器“天问一号”送入地火转移轨道，迈出了自主开展行星探测的第一步。

2020 年 11 月 24 日，承担中国探月工程“绕、落、回”中采样返回任务的“嫦娥五号”，也由“长征五号”送入太空。

在未来的 30 年甚至更长的岁月里，“长征五号”还将承担一系列深空探测任务，见证更多历史性时刻。当然，超级火箭的梦想并未在此终结。纵观世界航天史，运载能力最强的火箭是美国的“土星 5 号”，它的近地轨道载荷高达 140 吨，从 1967 年起便为“阿波罗计划”保驾护航，其纪录至今无人打破。

预计再经过十来年的追赶，在 2028 年到 2030 年，我国新一代重型火箭“长征九号”将会登场。它的总长将超过百米，芯级直径接近 10 米，体形是“胖五”的两倍，其近地轨道载荷更是将突破 100 吨。

即便只在脑海中想象，也足以震撼人心。届时，它将扛起中国载人登月、火星取样返回，甚至太阳系外行星探测等更加艰巨的任务。

1. 上面级是介于运载火箭和航天器之间的动力系统。它既有自主轨道机动能力，在轨飞行时间又长，更可以多次启动点火，因此能够将一个或多个载荷送入特定轨道，满足不同的发射任务需求，被形象地称为“太空巴士”或“太空摆渡车”。

左图　蓄势待发的“长征五号”运载火箭 / 摄影　陈肖

“长征五号”是一款低温大型运载火箭，火箭全长近 57 米，约有 20 层楼高，是我国目前运载能力最强的火箭，帮助我国实现了从中型到大型火箭的跨越和升级换代。

中国航天发射场分布

肆 漫漫征途

50 余年来，我国运载火箭队伍日益壮大，大火箭规模蒸蒸日上，小火箭百花齐放。

“长征六号”（CZ-6）可利用简易发射架快速发射，曾创下“一箭 20 星”的发射纪录。“长征十一号”（CZ-11）的长度缩短至约 20 米，直径减小到 2 米，可直接在海上平台发射。更为袖珍的“快舟一号”（KZ-1）直径仅有 1.4 米，能够快速响应，灵活部署，两次发射间隔最短仅 6 小时。此外，众多民营火箭日趋成熟，可重复使用的火箭也在研制当中。

总而言之，以“长征”系列为代表，中国运载火箭的能力日益全面，以覆盖不同类型的轨道，去往月球，奔向火星，直至更遥远的星际。

尽管在每一次任务中，它们只是作为故事的开头，不曾参与故事的结局。一旦成功分离，它们便功成身退，或消逝在大气之中，或坠落于荒野与大海中，只留下卫星和飞船，继续奔向遥远的宇宙。

“事了拂衣去，深藏身与名”，这就是它们的使命。它们的燃烧与毁灭，铺就了中国航天的飞天之路。

待到“北斗”列阵，神舟飞驰，嫦娥奔月，火星着陆，天舟往返，天宫建成……便是这条飞天之路最为荣耀的时刻。

2016 年 6 月 25 日，“长征七号”从海南文昌航天发射场发射升空，在夜空划出一道耀眼的轨迹 / 摄影 陈肖

中国“长征”系列运载火箭型谱

“长征”系列运载火箭是我国航天的绝对主力运载火箭，从 1970 年首飞至今，“长征”系列运载火箭实现了从无到有，从串联到捆绑，从一箭一星到一箭多星，具备了发射低、中、高不同轨道、不同类型载荷的能力。“长征”系列运载火箭有力支撑了我国载人航天、月球探测、北斗卫星导航等一系列重大工程的成功实施，为航天强国建设打下坚实基础。

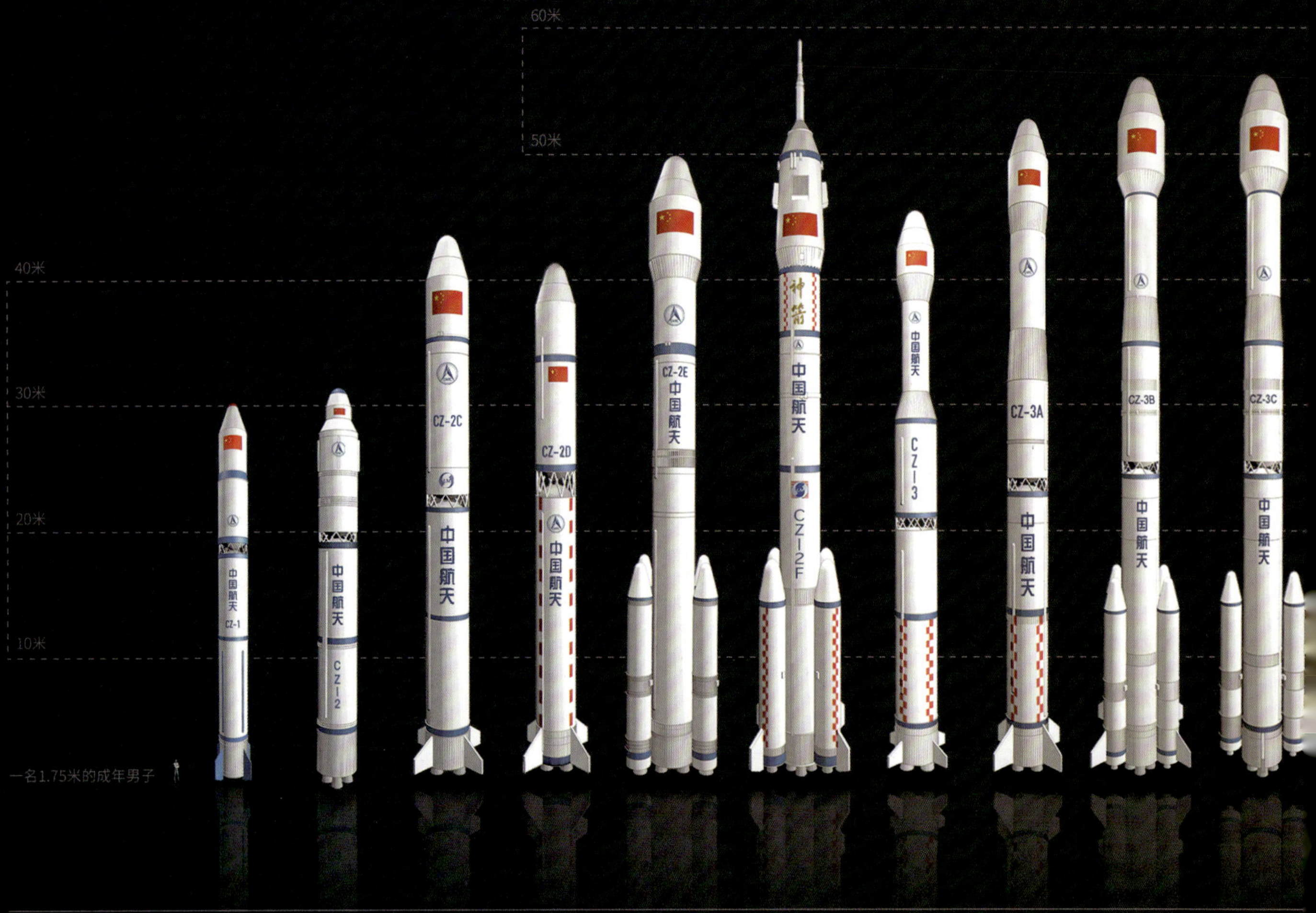

型号	CZ-1	CZ-2	CZ-2C	CZ-2D	CZ-2E	CZ-2F	CZ-3	CZ-3A	CZ-3B	CZ-3C
服役状态/时间（■ 退役 ■ 现役）	■ 1970—1971	■ 1974—1980	■ 1982—	■ 1992—	■ 1990—1995	■ 1999—	■ 1984—2000	■ 1994—	■ 1996—	■ 2008—
底部正视图	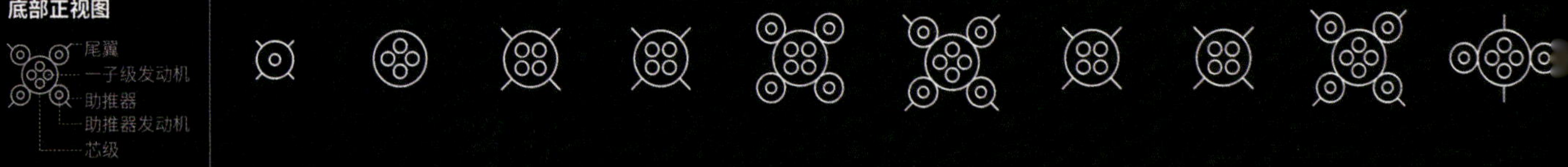									
发射场	酒泉	酒泉	酒泉 太原 西昌	酒泉 太原 西昌	西昌	酒泉	西昌	西昌	西昌	西昌

注：图表中，**酒泉**指酒泉卫星发射中心，**太原**指太原卫星发射中心，**西昌**指西昌卫星发射中心，**文昌**指中国文昌航天发射场，**黄海海域**指黄海海域海上发射平台。

CZ-4A	CZ-4B	CZ-4C	CZ-5	CZ-5B	CZ-6	CZ-7	CZ-7A	CZ-8	CZ-11
1988—1990	■ 1999—	■ 2006—	■ 2016—	■ 2020—	■ 2015—	■ 2016—	■ 2021—	■ 2020—	■ 2015—
太原	太原 酒泉	酒泉 太原 西昌	文昌	文昌	太原	文昌	文昌	文昌	酒泉 西昌 黄海海域

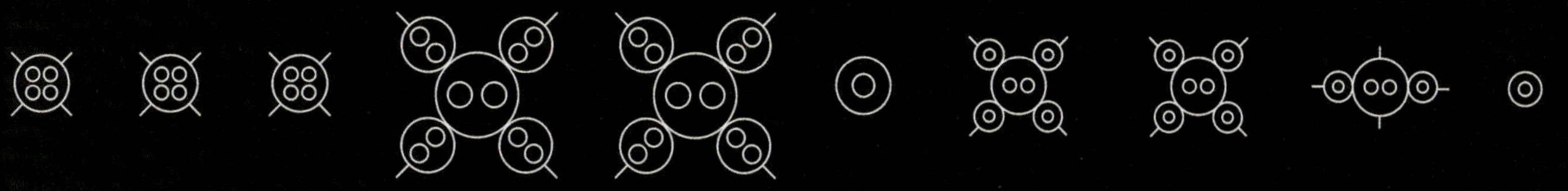

神舟

一个国家的记忆

1999 年 11 月 20 日

高度相当于 20 层楼的“长征二号 F”运载火箭

在酒泉卫星发射中心点火升空

在巨大的轰鸣声中

火箭腾空而起

搭载着我国第一艘宇宙飞船

“神舟一号”试验飞船绝尘而去

这是我国载人航天工程的第一次飞行试验

这一年是 1999 年

对中国来说是个转折之年

而对我国的载人航天事业，这一年是里程碑之年

火箭整流罩包裹的“天和”核心舱 / 摄影 崔岳豪

发射我国空间站“天和”核心舱的火箭是“长征五号 B 遥二”运载火箭。由于核心舱的体量巨大，所以火箭采用了更长更大的整流罩，该整流罩全长 20.5 米，直径 5.2 米，整体相当于 7 层楼高，是目前我国尺寸最大的整流罩，专门为我国空间站核心舱和实验舱而设计。整流罩上写着“中国载人航天”6 个字，并印有“中国载人航天”的标志。

壹 起步

“神舟一号”发射之前，在世界载人航天领域，美国和俄罗斯双雄并立，中国远远落后。要想突破，只有通过实现数个阶段性目标，一步步追赶。[1]

首先是进行无人飞船的发射和试验。

这一步是为载人飞船验证各项技术打基础，“神舟一号”试验飞船由此诞生。它采用三舱结构，后端的推进舱为飞船提供动力，中间的返回舱是未来航天员的座舱，也是唯一可以返回着陆的舱段，最前端的轨道舱在返回舱返回后继续留在太空，进行科学实验。

因为整艘飞船重量超过 8 吨，一枚推力强劲的火箭必不可少。“长征二号 F”是按照发射载人飞船的要求研制的运载火箭。箭体由四个液体助推器、芯一级火箭、芯二级火箭、整流罩和逃逸塔几部分组成。在该火箭近 480 吨的起飞质量中，超过 90% 都是燃料，可以把 8.6 吨的有效载荷送入近地点 200 千米、远地点 350 千米的地球近地轨道。

1. 1992 年 9 月 21 日，党中央做出实施载人航天工程“三步走”发展战略。第一步，发射载人飞船，建成初步配套的试验性载人飞船工程，开展空间应用实验；第二步，突破航天员出舱活动技术、空间飞行器的交会对接技术，发射空间实验室，解决有一定规模的、短期有人照料的空间应用问题；第三步，建造空间站，解决有较大规模的、长期有人照料的空间应用问题。目前，“三步走”中的前两步均已实现。2020 年 5 月，“长征五号 B”运载火箭首飞成功，正式拉开我国载人航天工程第三步任务的序幕。

右页右图　正在做振动实验的“神舟六号”飞船 / 摄影 南勇

“神舟”系列飞船是我国自行研制的用于天地往返运输人员的载人航天器。飞船由轨道舱、返回舱、推进舱和附加段组成，从“神舟八号”开始，附加段被正式的对接机构取代。此图中未出现附加段，附加段一般接在轨道舱上部。

右页左下图 “神舟一号”无人试验飞船返回舱 / 摄影 宿东

“神舟一号”飞船是我国载人航天计划中发射的第一艘无人试验飞船。我国载人航天工程从 1992 年开始实施。“神舟一号”试验飞船的成功发射与回收，标志着我国载人航天技术获得了重大突破。

轨道舱
返回舱
推进舱
周到细
失
神舟一号无人试验飞船返回舱

“长征二号 F”运载火箭载着“神舟五号”飞船起飞的过程 / 摄影 南勇

“长征二号 F”是在“长二捆”的基础上，按照发射载人飞船的要求研制的运载火箭。1999 年 11 月 20 日首次发射，并成功将中国第一艘试验飞船“神舟一号”送入太空。

丝不苟
分秒不差

远望7
YUAN WANG

发射场选择地处西北内陆的酒泉卫星发射中心。这里干燥少雨，一年中有多达 300 天适宜发射，周边地形平坦、人烟稀少，有利于异常发射后的搜救，火箭残骸坠落的危害也较小。

“神舟一号”发射之时，在远离发射场的太平洋、印度洋和大西洋海域，四艘“远望号”测量船与分布在全球的多个地面站，组成了一个完备的测控通信系统，保证我们能在地球上控制“神舟一号”飞行的全过程。

精心的准备保障了“神舟一号”顺利发射升空。它在太空中飞行 21 小时后，返回舱成功降落在预定的着陆场。这是我国载人航天工程的首次飞行，标志着我国载人航天技术取得重大突破，为实施载人航天工程后续任务奠定了重要基础。

“神舟一号”成功发射一个月后，澳门回归祖国怀抱。紧接着，北京中华世纪坛的“世纪圣火”被点燃，宣告 21 世纪的到来。《南方周末》在千禧年献词中写道：“为了欢呼新世纪的太阳照临地球，全世界的人们都在翘首以待。”之后的 2001 年，北京申奥成功。在这一年年末，中国正式加入 WTO（世界贸易组织），全球产业转移的红利向中国滚滚袭来。

在举国欢腾之时，“神舟”飞船的试验依旧紧锣密鼓。2001 年 1 月，“神舟二号”成功发射，人体代谢模拟装置和假人被安置在飞船上，以检验飞船的生命保障系统的功能。2002 年 3 月和 12 月，“神舟三号”与“神舟四号”先后发射，重点改进了航天员的逃逸和应急救生系统，全系统合演也臻于完美。

至此，中国航天事业迈出了无人飞船试验的第一步，紧接着的是载人飞船事业的开启。

左页上图 “神舟十号”飞船从酒泉发射升空 / 摄影 赵欣

我国载人航天发射场是在酒泉卫星发射基地的基础上建成的。1999 年以来，中国历次载人航天任务的发射场地都选在了酒泉，这里也成为中国载人航天工程的“母港”。

左页下图 “远望 7 号”测量船 / 摄影 刘斯亮

“远望 7 号”测量船是我国最新一代航天远洋测量船，集当今船舶建造、航天测控、航海气象、船舶动力等领域的最新技术于一身，圆满完成了“天宫二号”“嫦娥四号”“北斗”卫星等的多次海上测控任务。

贰 载人飞船

2003 年，“非典”爆发，数千人感染，学校停课，工厂停工。然而，疫情并没有阻挡中国载人航天事业的脚步。

2003 年 10 月 15 日 9 时，“长征二号 F”火箭再次点火，载着“神舟五号”与航天员杨利伟向太空进发。这一刻，全国人民望向天空，杨利伟成为中国进入太空的第一人。10 月 16 日，在绕地球 14 圈、飞行 21 小时 23 分后，距离地表 300 多千米的飞船启动返回程序。16 日 6 时 23 分，飞船在内蒙古四子王旗成功着陆。

当杨利伟从返回舱走出来的那一刻，全国人民为之沸腾，我国正式成为全球第三个独立掌握载人航天技术的国家，实现了中华民族千年的飞天梦想，是我国航天史上的里程碑事件。

有了运载一个人进入太空的经验，紧接着，多人和长时间停留太空便成为我国载人航天事业的下一个目标。2005 年 10 月 12 日，航天员费俊龙和聂海胜搭乘“神舟六号”进入太空，两人在太空停留 5 天，中国载人航天首次完成了多人多天载人飞行。

2008 年，“神舟七号”的航天员增加到三人，翟志刚、刘伯明和景海鹏用 5 天时间完成 1000 多项规定动作。其中最关键的一项是出舱行走。未来空间站的建设与维护，很多环节需要航天员出舱操作。在执行“神舟七号”的任务时，翟志刚成为第一个出舱行走的中国人，中国人的第一次太空出舱活动目标正式达成。

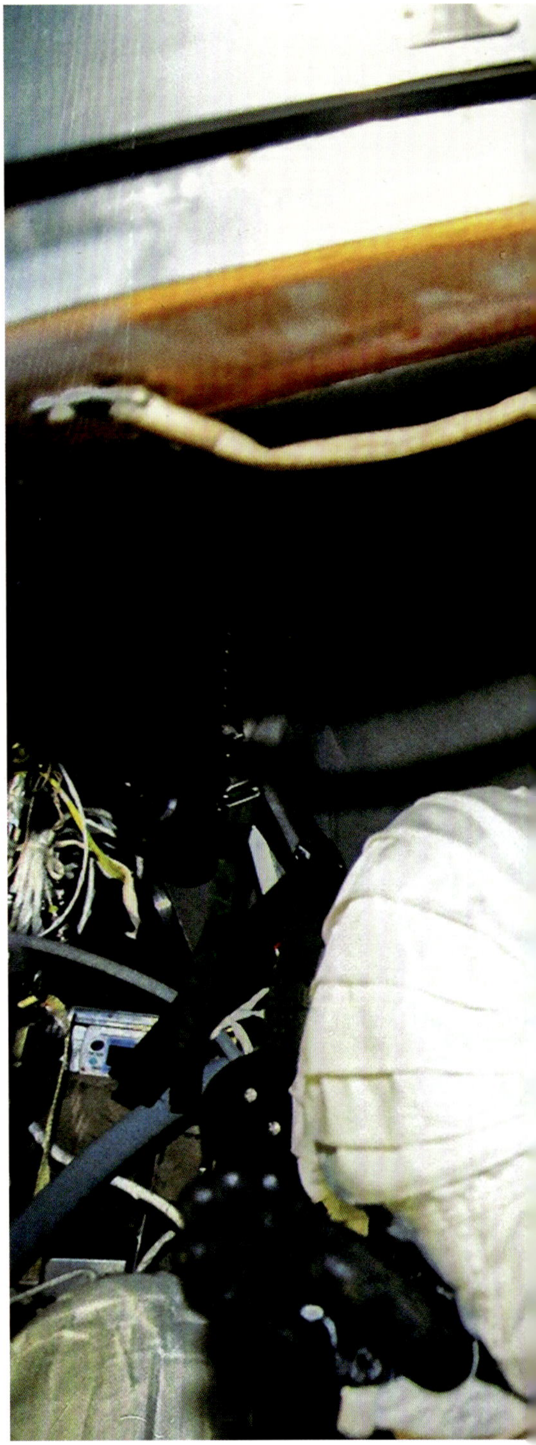

右图 “航天英雄”杨利伟 / 摄影 南勇

杨利伟是我国培养的第一代航天员，也是我国第一位进入太空的航天员。伴随着他的成功返航，中华民族的千年飞天梦想得以实现，中国成为继美国和俄罗斯之后第三个掌握载人航天技术的国家。2003 年 11 月 7 日，中共中央、国务院、中央军委授予杨利伟“航天英雄”荣誉称号和“航天功勋奖章”。

中国航天
CZ-2F

搭载“神舟九号”飞船的“长征二号 F”运载火箭发射升空 / 摄影 张世宏

2008 年前后，动车和高铁逐渐取代绿皮车，成为人们主要的出行工具。三峡大坝、青藏铁路、西气东输等超级工程相继完工。北京奥运会场面宏大，惊艳全球。大量大学生走出校门，成为崛起大国的一个又一个建设者。互联网的发展更是让人惊艳，巨头纷纷崛起。与此同时，2008 年的汶川地震震动了整个中国，也让我们认识到什么是“多难兴邦”。

我们的国家在落后中奋起直追，在灾难中经受磨砺。只要我们的脚下有了坚实的基础，我们的目光就会望向更强大的未来，中国载人航天的重要一步 ——“空间站预演”即将到来。

叁 空间站预演

大型空间站的质量可重达数百吨，无法通过一次发射搭建完成。工程师们必须将空间站的一个个模块先后送入太空，最后将其像搭积木一样拼接成一个整体，其中的关键便是空间交会对接技术。该技术是指两个航天器在空间轨道上会合并在结构上连成一个整体的技术，是载人航天活动的三大基本技术之一。[1]

为了验证交会对接技术，我们还需要一个与之匹配的目标飞行器，这就是“天宫一号”，它将与“神舟”飞船共同完成航天器空间交会对接飞行试验。“天宫一号”长10.4米，最大直径为3.35米，内部有效使用空间约为15立方米，可满足三名航天员在舱内生活，设计在轨寿命为两年，也是我国第一个空间试验平台。

“天宫一号”由运载能力更强大的“长征二号F”改进型火箭（“长征二号FT1”）负责送上太空。2011年9月29日，“天宫一号”从酒泉卫星发射中心成功升空。随后，11月1日，“神舟八号”无人飞船也成功升空。11月3日凌晨，“神舟八号”进入轨道，与“天宫一号”的距离一步步缩小，直至完美对接，形成组合体。这是我国首次实现空间飞行器自动交会对接，标志着我国空间交会对接技术取得重大突破。

2012年6月16日，“神舟九号”搭载着三名航天员成功升空。在载人状态下，“神舟九号”先是在6月18日与“天宫一号”实现自动交会对接，之后与“天宫一号”分离。6月24日，航天员刘旺操控飞船与“天宫一号”进行对接，实现首次手控交会对接。

无人状态下的自动交会对接，载人状态下的自动交会对接，以及载人状态下的手控交会对接，这三次“花式对接”意味着我国完整掌握了空间交会对接技术。

1. 载人航天的三大基本技术，即载人天地往返、航天员出舱活动及交会对接。

右页图　工作人员调试“天宫一号”/ 摄影　宿东

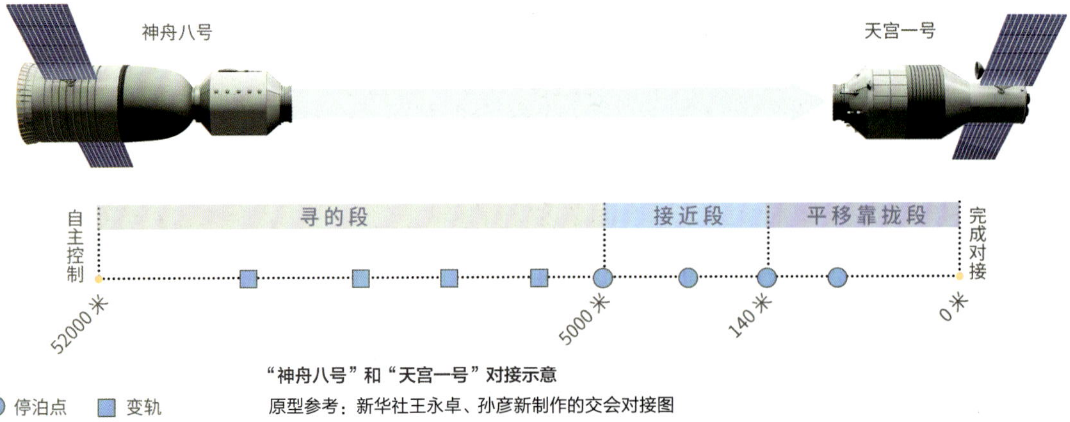

“神舟八号”和“天宫一号”对接示意
原型参考：新华社王永卓、孙彦新制作的交会对接图

HA 15I

中国航天
CZ-7
自立自强
创新超越

到 2013 年，“神舟十号”升空，再次与“天宫一号”对接。成熟的技术让中国航天人更加自信，他们利用发达的天地通信网络开展了首次实时“太空授课”。

在完成任务并超期服役多年后，“天宫一号”在 2016 年正式终止数据服务，并在两年后的 2018 年离轨，陨落至南太平洋，终结了光荣的一生。它的升级版“天宫二号”在 2016 年 9 月发射升空，10 月，“神舟十一号”发射升空，两名航天员通过飞船进入“天宫二号”，在其中驻留长达 30 天。

为了实现航天员更长时间的驻留，维持空间站的长时间运行，除了载人的神舟飞船，我们还需要负责载货的“太空货车”，这就是“天舟”飞船。

“天舟”的起飞质量为近 13 吨，新一代运载火箭“长征七号”承担起发射任务。2017 年 4 月 20 日，“天舟一号”在新建成的海南文昌航天发射场成功发射。低纬度的海南文昌更利于借助地球自转提升运载效率。2017 年 4 月 22 日，“天舟一号”与“天宫二号”自动对接成功，开始多次向后者补加推进剂，实现了“太空快递”的使命。

至此，从“神舟一号”到“神舟十一号”，从“天宫一号”到“天宫二号”，再到“天舟一号”，我国的载人航天家族逐渐壮大。预演已经完成，只待真正的空间站登场。

左图　搭载“天舟二号”货运飞船的“长征七号遥三”运载火箭 / 摄影 史悦

“天舟”系列货运飞船主要用于为我国空间站提供补给。“天舟二号”货运飞船采用两舱构型，由全密封货物舱和推进舱组合而成，总长 10.6 米。目前世界上运载能力超过 5 吨的现役货运飞船只有两型，“天舟”货运飞船就是其中之一，运载能力处于国际领先水平。

肆 天宫登场

2021 年 4 月 29 日，中国“天宫”空间站的首个模块——“天和”核心舱发射成功。这标志着中国空间站在轨组装建造全面展开，中国正式进入空间站时代。

“天和”核心舱全长 16.6 米，最大直径 4.2 米，内部可供航天员活动的空间高达 50 立方米，是“天宫一号”的 3 倍之多。其发射质量达 22.5 吨，由“长征五号 B”运载火箭发射升空，是目前中国最大、最复杂的航天器，也将是“天宫”空间站的管理和控制中心。

以“天和”核心舱为中心，“天宫”空间站的后端用来对接货运飞船，前端设置节点舱，并通过机械臂，在节点舱的左右两侧，对接“梦天”与“问天”两座实验舱。而节点舱的前端和底部可对接载人飞船，顶部则用于航天员出舱。最终如同搭积木一般，形成 T 字构型。预计在 2022 年，太空中将完整呈现出这个 T 字构型的空间站。

“天宫”空间站的外部由铝合金缓冲屏和各类纤维填充层层层保护，可以削减撞击物带来的损伤。而在它的内部，氧气、二氧化碳、饮用水、尿液和推进剂之间更能实现循环转化，为航天员提供安全、长期的生存环境。

尽管“天宫”空间站的最大重量不到国际空间站的一半，但它却拥有更高的空间利用效率和供电效率。更具创新性的是，它将与一座搭载空间望远镜的“巡天号”光学舱共轨飞行。这座口径达 2 米的望远镜，不仅拥有媲美哈勃望远镜的分辨率，更有超过其 300 倍的视野范围，既能“巡天”又能“查地”。需要的时候，光学舱还能与空间站组合对接，方便其维护和修理。更重要的是，“天宫”空间站将面向联合国所有会员国开放合作。通过增加 1 个核心舱 、2 个实验舱，最终可扩展为一个庞大的干字构型。

如果国际空间站（最早 2024 年）停止运行，中国“天宫”空间站就将成为太空中唯一运行的空间站，人类的载人航天史也将正式进入“天宫时代”。

右页图 “天和”核心舱在做振动试验 / 摄影 南勇

“天和”核心舱具备交会对接、转位与停泊、航天员长期驻留及出舱活动、保障空间科学实验等能力，舱内配置有工作区、睡眠区、卫生区、就餐区、医监医保区和锻炼区，可为航天员工作和生活提供舒适的条件。

西
1.0um
2450

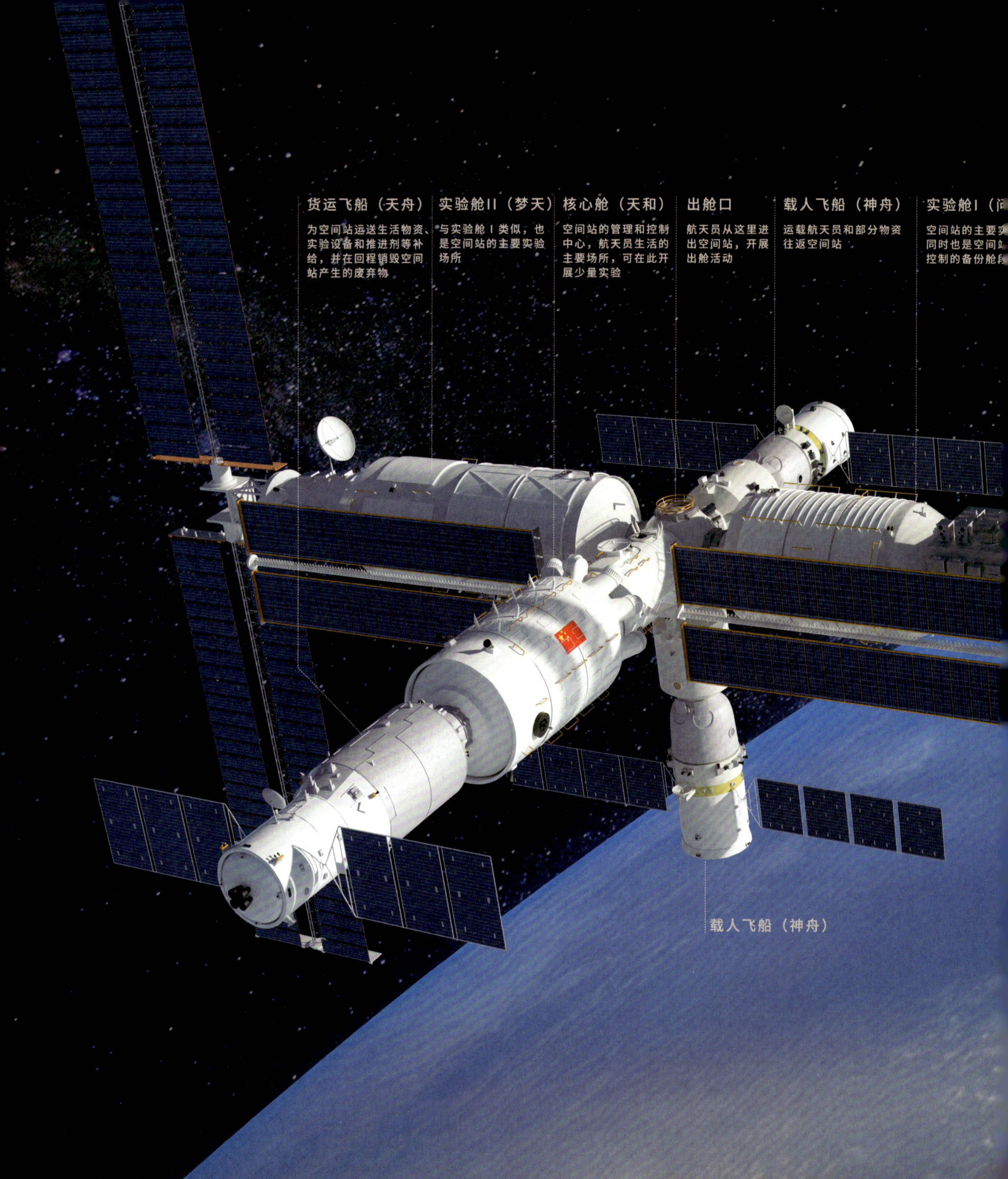

T 字构型的中国空间站

中国空间站建成后，每年与载人飞船、货运飞船对接若干次进行补给，并在 400 千米左右的轨道高度上，长期运行十年以上。“航天之父”齐奥尔科夫斯基曾说：“地球是人类的摇篮，但人类不可能永远停留在摇篮里。”也许未来有一天，人类将真正迎来星际远航时代，到那时，中国“天宫”的故事必将作为人类航天史中的一个里程碑，被永远铭记。

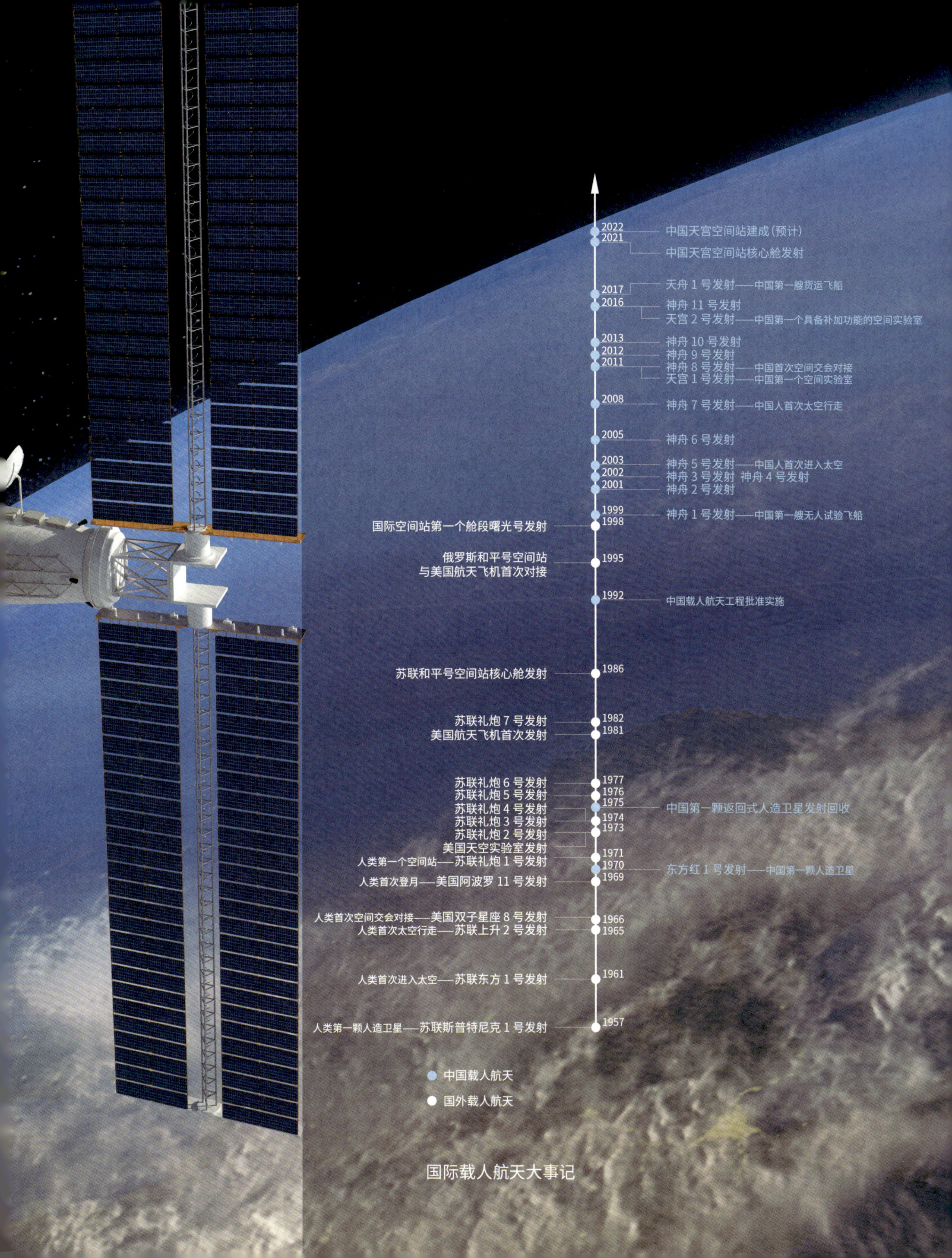
2022 中国天宫空间站建成（预计）
2021 中国天宫空间站核心舱发射
2017 天舟 1 号发射——中国第一艘货运飞船
2016 神舟 11 号发射
天宫 2 号发射——中国第一个具备补加功能的空间实验室
2013 神舟 10 号发射
2012 神舟 9 号发射
2011 神舟 8 号发射——中国首次空间交会对接
天宫 1 号发射——中国第一个空间实验室
2008 神舟 7 号发射——中国人首次太空行走
2005 神舟 6 号发射
2003 神舟 5 号发射——中国人首次进入太空
2002 神舟 3 号发射 神舟 4 号发射
2001 神舟 2 号发射
1999 神舟 1 号发射——中国第一艘无人试验飞船
1998 国际空间站第一个舱段曙光号发射
1995 俄罗斯和平号空间站
与美国航天飞机首次对接
1992 中国载人航天工程批准实施
1986 苏联和平号空间站核心舱发射
1982 苏联礼炮 7 号发射
1981 美国航天飞机首次发射
1977 苏联礼炮 6 号发射
1976 苏联礼炮 5 号发射
1975 中国第一颗返回式人造卫星发射回收
苏联礼炮 4 号发射
1974 苏联礼炮 3 号发射
1973 苏联礼炮 2 号发射
美国天空实验室发射
1971 人类第一个空间站——苏联礼炮 1 号发射
1970 东方红 1 号发射——中国第一颗人造卫星
1969 人类首次登月——美国阿波罗 11 号发射
1966 人类首次空间交会对接——美国双子星座 8 号发射
1965 人类首次太空行走——苏联上升 2 号发射
1961 人类首次进入太空——苏联东方 1 号发射
1957 人类第一颗人造卫星——苏联斯普特尼克 1 号发射
中国载人航天
国外载人航天

国际载人航天大事记

伍 20 余年

苏联解体后，有人问“瓦良格”号航母的建造者马卡洛夫：

> 为了将其完工，我们需要什么？

他回答道：

> （我们需要）苏联、党中央、国家计划委员会、军事工业委员会和 9 个国防工业部、600 个相关专业、8000 家配套厂家。总而言之，我们需要一个伟大的国家。

是的，一个伟大的国家。

从 1999 年到 2021 年，20 余年，我们的国力越发强大，曾经的“瓦良格”号蜕变为我国的第一艘航母——辽宁舰。

20 余年，我国航天领域的突破层出不穷。载人航天之外，还有北斗导航卫星、嫦娥探月工程。

20 余年，从无人到载人，从一人一天到多人多天，从太空出舱到交会对接，我国的载人航天事业以一次又一次的突破，在浩瀚太空中谱写出壮美篇章，也成就了一个国家的记忆。

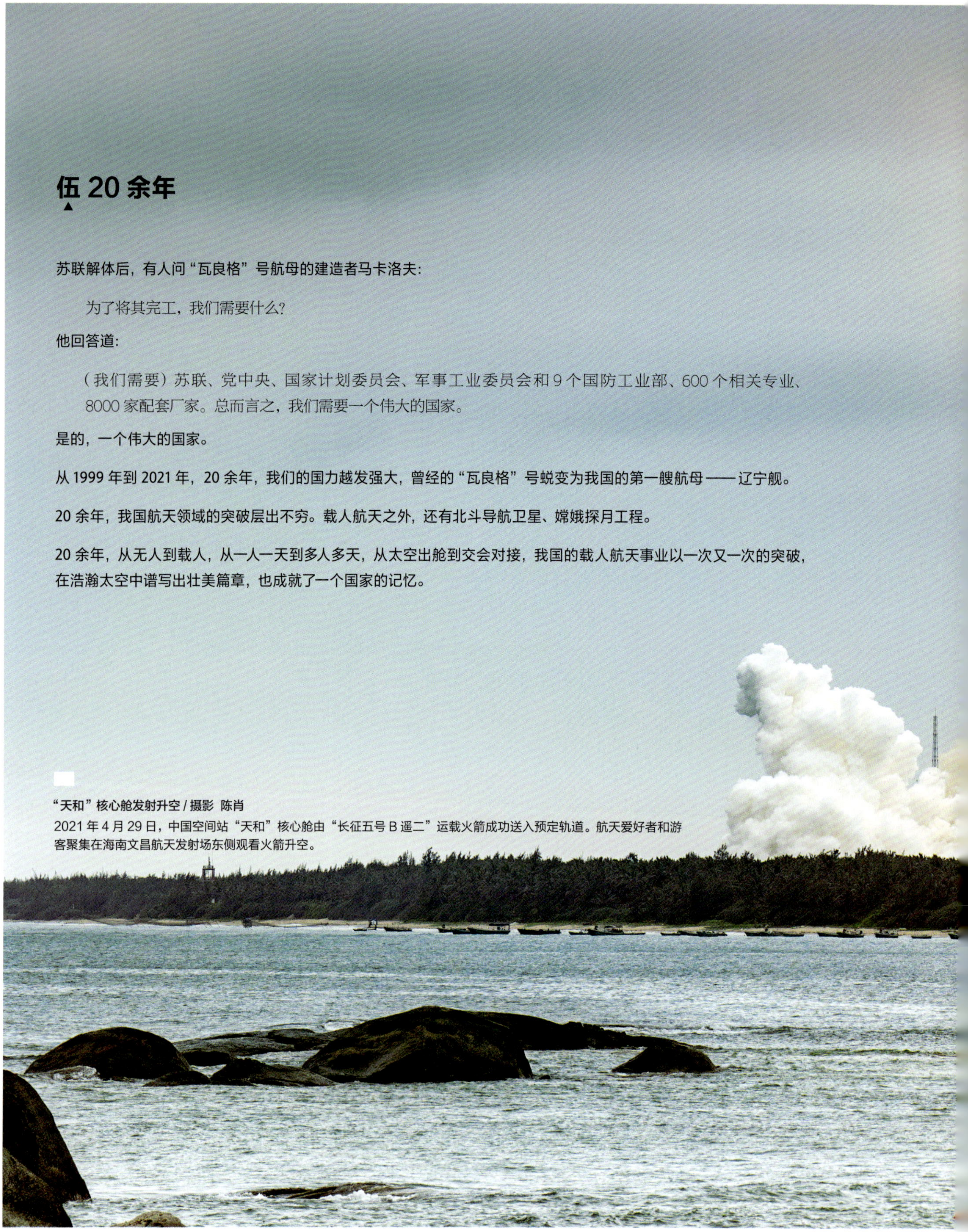

“天和”核心舱发射升空 / 摄影 陈肖

2021 年 4 月 29 日，中国空间站“天和”核心舱由“长征五号 B 遥二”运载火箭成功送入预定轨道。航天爱好者和游客聚集在海南文昌航天发射场东侧观看火箭升空。

③ 4

北斗

排星布阵 20 年

2020年6月23日

在西昌卫星发射中心

最后一颗北斗组网卫星发射升空

至此，北斗卫星导航系统全面建成

这是一项庞大的工程

太空中，45颗导航卫星环绕地球

地面上，2700多个基准站组成“天罗地网”

这也是一个艰难的工程

从立项到完成

30多万名科技人员，400多家研发单位

奋战20多年，终于梦想成真

如今，北斗卫星导航系统（BDS）覆盖全球，与美国的全球定位系统（GPS）、俄罗斯的格洛纳斯系统（GLONASS）、欧盟的伽利略系统（Galileo），并称全球四大卫星导航系统（GNSS）。

排星布阵 20 年，中国是如何做到的？

“北斗三号”最后一颗全球组网卫星发射升空 / 摄影 南勇

2020 年 6 月 23 日，“北斗三号”最后一颗全球组网卫星发射升空，标志着北斗卫星导航系统全球组网完成。一个多月后，2020 年 7 月 31 日上午，“北斗三号”全球卫星导航系统正式宣布开通。

壹 导航卫星的秘密

要想获取我们的位置，就需要在太空中布置至少 3 颗导航卫星。卫星发射的电磁波信号被地面上的导航设备接收，收发信号之间产生的时间差，乘以电磁波的传播速率（光速），便可得出我们与卫星的距离。最后我们可以根据这些距离数据，来获取我们所在的位置。

只有 1 颗导航卫星时，以卫星为中心，我们与卫星的距离为半径，便得到一个球面，球面上的任何一点都可能是我们的位置。若有 2 颗导航卫星，两个球面相交得到一个圆周，圆周上任何一点都可能是我们的位置。若有 3 颗导航卫星，三个球面相交得到 A、B 两个点，其中仅有 B 点位于地表附近，就此便锁定了我们的位置。这就是卫星导航的秘密，即三球交会定位原理。

3 颗卫星实现定位只是理论上的可能。卫星钟、接收机钟精确与否，电磁波在穿越大气时发生的延迟……这些外在因素会导致测定的距离存在误差。因此，人们还需要第 4 颗卫星的辅助，以对准时钟。

为了保证地球上的每一个角落都能接收 4 颗以上的导航卫星信号，众多导航卫星会分布在不同的轨道平面，最终使得环绕地球的卫星总数远远大于 4 颗，如美国全球定位系统和俄罗斯格洛纳斯系统的导航卫星都在 24 颗以上。

在 20 世纪 90 年代，想要短期内发射同等数量的导航卫星，对于航天及导航技术相对落后的中国来讲，几乎是一个不可能实现的梦想。

人们不禁要问，能否用最少的卫星实现定位的目标？

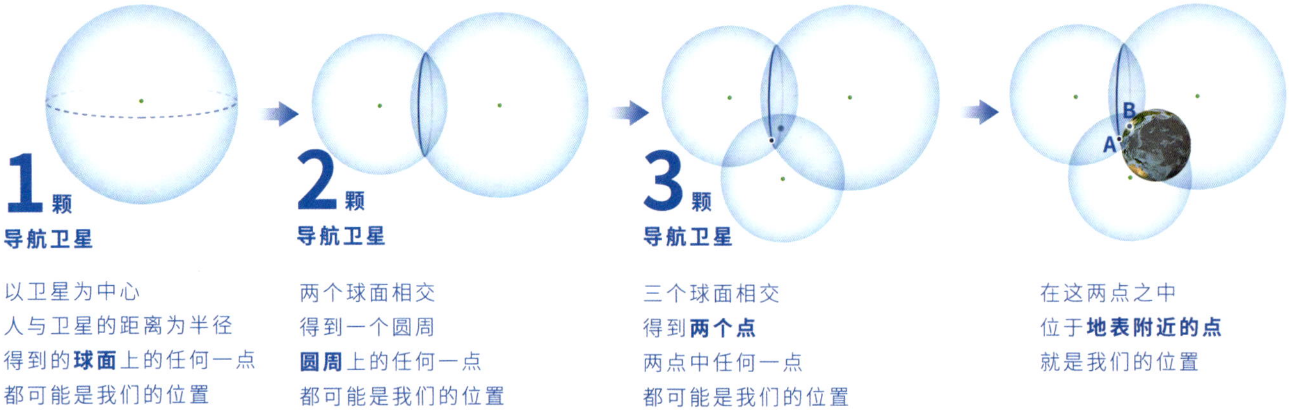

三球交会定位原理图解

贰 蹒跚起步

1983 年，“两弹一星”功勋、著名电子学家陈芳允提出了一个大胆的方案：以两颗卫星组成的双星定位系统实现卫星导航。

这一方案的巧妙之处在于，它在地面设置了一个“大脑”，即地面控制中心。人们利用地面控制中心在地球周围“虚构”出一个球体，并通过控制中心、卫星、用户三者之间的交互，计算出用户的位置。与此同时，两颗卫星均位于地球静止轨道，其轨道高度在 35786 千米，运行周期与地球自转周期保持一致，可始终朝向地球的同一面，保证了中国境内全时段的信号覆盖。

从 1994 年方案获得正式立项，到 2000 年两颗北斗导航试验卫星成功入轨，历时 6 年多研发，北斗双星的设想终于变成了现实，这便是“北斗一号”。

“北斗一号”的信号基本可以覆盖全中国，用户不仅能接收位置信息，还能像“发短信”一样主动发送文字消息。这一功能在求救和援助时尤为关键，却是如“收音机”般单向接收数据的 GPS 等导航系统无法做到的，属于国际首创。美国“GPS 之父”帕金森教授后来对此赞誉有加：“既能够知道你在哪里，也能够知道我在哪里，这是多么美妙的体验。”

不过，“北斗一号”的缺陷同样显而易见。它的水平定位精度仅为 100 米，在有标校的地区能达到 20 米，单向授时精度为 100 纳秒，与同期 GPS 的 10 米定位精度和 20 纳秒授时精度相比，差距明显。“北斗一号”也仅支持 150 个用户同时在线，远远达不到全球覆盖的目标。“发短信”式的交互模式过程较为烦琐，信号易被拦截，不仅导致定位中存在 1 秒左右的延时，还容易暴露自身位置，这对于高速运动的飞机、导弹及需要保密的军事行动而言，可谓致命缺陷。

尽管如此，“北斗一号”还是解决了中国卫星导航系统从无到有的问题。蹒跚起步的卫星导航梦想，接下来会一帆风顺吗?

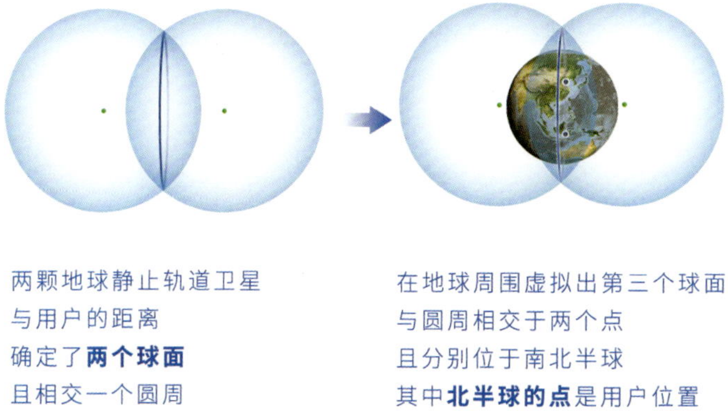

双星定位原理图解

注：双星定位的实际工作原理较为复杂，这里仅做简要示意。

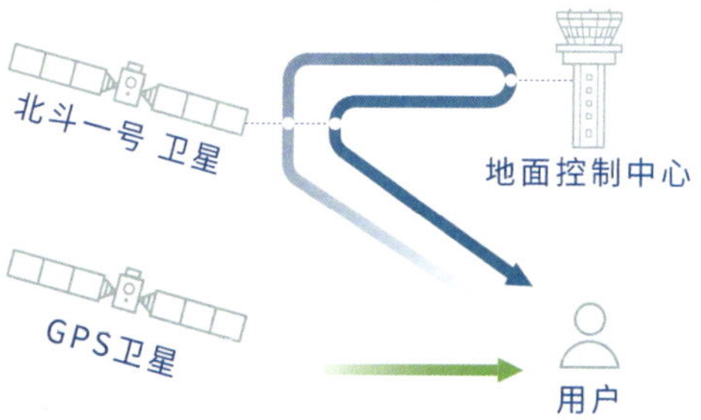

北斗一号、GPS 用户交互对比示意

搭载北斗导航卫星的“长征三号乙”运载火箭 / 摄影 史悦

2018 年 10 月 15 日，西昌卫星发射中心的发射塔架上，蓄势待发的“长征三号乙”运载火箭，整流罩上印有“北斗卫星导航系统”标志，此次发射的是第 39、40 颗北斗导航卫星。

叁 攻坚克难

2010 年起，西昌卫星发射中心变得非常热闹。在不到 3 年的时间里，有 14 颗导航卫星从这里陆续发射升空。与此同时，运算、控制等地面配套系统也一步步建设开来，卫星与地面的调整测试同步进行。2012 年年底，新系统组网成功，这就是“北斗二号”。

与“北斗一号”相比，“北斗二号”的覆盖范围明显扩大，扩大至亚太地区的大部分区域，定位精度获得大幅度提升，平面精度和高程精度达到 10 米，单向授时精度从 100 纳秒提升至 50 纳秒。“北斗一号”独特的通信功能被完整继承，可在应急通信中发挥重要作用。然而，这样的升级并非一帆风顺，一道道难关横在工程师们面前。

难关之一是卫星如何布局。

实现导航卫星全球覆盖的最优选择，是高度约 20000 千米的中圆轨道，GPS 等卫星导航系统的卫星便分布于此。不过，中圆轨道卫星飞越目标区域的时间较短，想要实现对此区域的稳定覆盖，必须发射足够多的卫星。然而在当时，我国发射此类卫星的技术尚未成熟，倘若全部使用中圆轨道，无疑充满风险。

为了在短期内实现目标，我国科学家另辟蹊径，通过排兵布阵，将 14 颗卫星分布在三种轨道上：5 颗倾斜同步轨道卫星保证信号对亚太地区的长时间覆盖，5 颗地球静止轨道卫星实现此区域的全时段稳定覆盖。还有 4 颗导航卫星布置在中圆轨道上，这样既能验证多轨道运行的可行性，也能应对卫星失效的特殊状况，还能为未来全球系统的部署提供经验。由此，我国的科学家们首创了“混搭”的卫星布局方式。

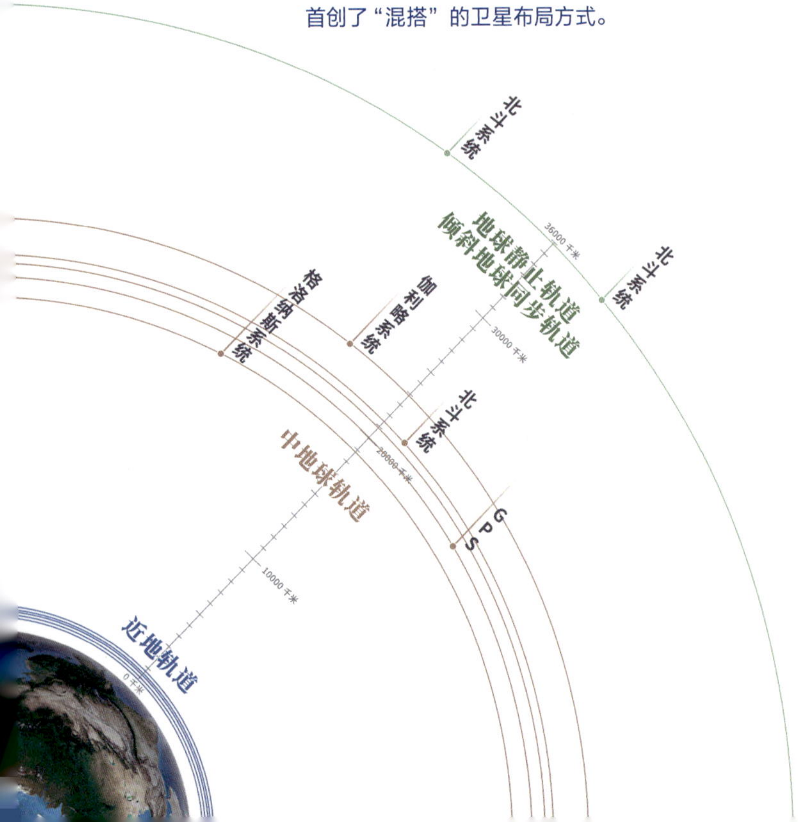

四大卫星导航系统的轨道示意

"北斗二号"第 12、13 颗卫星与整流罩合体转场 / 摄影 南勇

2012 年 4 月 30 日，北斗导航卫星首次采用"一箭双星"方式发射第 12、13 颗组网卫星。发射前，卫星和火箭整流罩合体进行转场。在火箭飞行穿过大气层的过程中，整流罩可以保护卫星，避免来自大气层的各种干扰。

YZ-1

难关之二在于精度如何提高。

电磁波以光速传播，存在 1 纳秒的时间误差，便会产生 0.3 米的距离误差。为减小误差，导航卫星上使用的是一种被称为“原子钟”的高精度计时装置。它依靠原子吸收或释放能量所引起的电磁波频率变化来计时，是目前世界上最精确的计时工具。国际上通用的星载原子钟精度需要达到 10^{-13}，这相当于每过 10 万年才会产生 1 秒的误差，而当时仅美国、俄罗斯和瑞士三个国家拥有此项技术。

“北斗一号”所用的原子钟便是从瑞士进口的，到“北斗二号”时，引进原子钟的合作被迫中断。要想顺利研发“北斗二号”，中国人必须争分夺秒地实现原子钟的自主研制。

难关之三便是卫星如何按时发射。

根据国际电信联盟的规则，卫星运行的轨道和使用信号频率须提前申请，且必须在申请通过后的 7 年内完成卫星发射入轨和信号接收，否则相关资源就会被回收。

2000 年 4 月 18 日，中国的申请得以通过。这意味着在接下来的 7 年里，卫星及火箭技术必须做到万无一失。科学家们夜以继日地反复实验和测试，用 7 年时间掌握了相关卫星技术，两年内攻克原子钟难关，甚至面对临发射前的突发故障，仅用十多天，便完成了卫星取出、测试、装回等一系列复杂操作。

2007 年 4 月 14 日，“长征三号甲”运载火箭带着第一颗北斗导航卫星顺利升空。所有人在忐忑中等待着卫星返回信号。直到 17 日晚上 8 点，距离轨道失效的截止时间仅仅剩下 4 个小时，信号终于传回，北斗导航卫星最终获得了珍贵的频段资源。

在接下来的 5 年里，陆续又有十多颗卫星发射升空。到 2012 年年底，历尽几番磨炼，突破重重技术封锁，一个我国自主设计、覆盖亚太地区的卫星导航系统就此建成。这距离实现全球导航，只差最后一步。

左页图　搭载北斗导航卫星的“长征三号乙”运载火箭发射升空 / 摄影　白龙

2019 年 12 月 16 日，在西昌卫星发射中心，“长征三号乙”运载火箭（及配套“远征一号上面级”），以“一箭双星”方式成功发射第 52、53 颗北斗导航卫星。“长征三号乙”运载火箭主要用于发射地球同步转移轨道卫星、北斗导航卫星，可进行“一箭多星”发射。

肆 天罗地网

最后一步，便是实现全球覆盖的“北斗三号”。

为实现这一目标，科学家们首先对北斗导航卫星进行了全方位升级：相比于“北斗二号”，“北斗三号”卫星的使用寿命增至 10 年以上，原子钟的精度达到 300 万年才会产生 1 秒误差，卫星的组成部件全部实现中国制造。

此时，我国“一箭双星”技术已经成熟，火箭发射技术已不再是阻碍。从 2017 年年底到 2020 年，不到 3 年时间，18 枚火箭带着 30 颗北斗导航卫星发射升空，以前所未有的速率完成组网。

太空之中，3 颗地球静止轨道卫星分布在赤道正上空，3 颗倾斜地球同步轨道卫星稳定覆盖亚太地区，24 颗中圆轨道卫星则昼夜不停地围绕地球运转，它们共同组成一张庞大的卫星网络。无论是白天还是黑夜，无论身处地球何处，人们抬头的那一刻，至少会有 5 颗北斗导航卫星在天空翱翔，全球覆盖的目标终于实现。

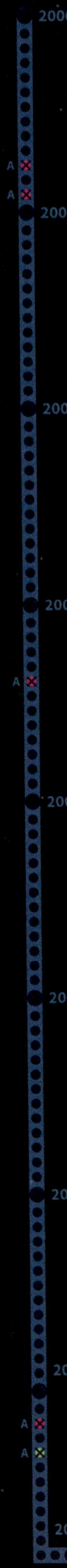

◀ 北斗卫星发射时间线

运行轨道

- 地球静止轨道（GEO）
- 倾斜地球同步轨道（IGSO）
- 中圆轨道（MEO）
- 在轨试验
- 退役或失效

运载火箭

A CZ-3A
B CZ-3B
C CZ-3C

北斗完全体

北斗完全体是“北斗二号”和“北斗三号”组成的卫星导航系统，“北斗二号”有 15 颗卫星，“北斗三号”则由 30 颗卫星组成，共同以 45 颗卫星组成北斗完全体。

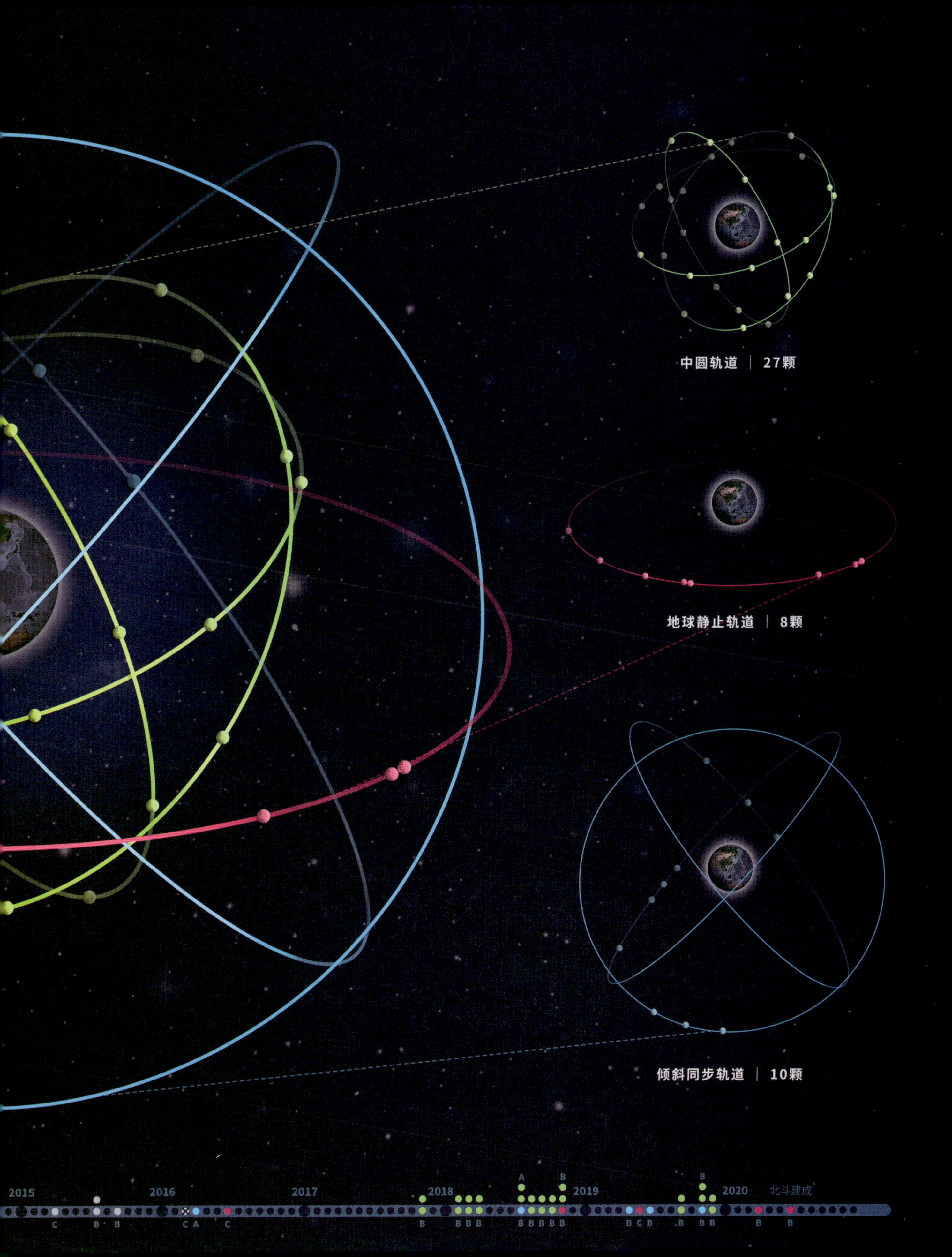

中圆轨道 | 27颗
地球静止轨道 | 8颗
倾斜同步轨道 | 10颗
2015
2016
2017
2018
2019
2020
北斗建成
C B B C A C B B B B
A B
B B B B B B C B B
B
B B B B

中华人民共和国
DF-5B
EP606

在地面上，2700 多个地面参考站点和数个数据处理中心在中国大地上铺展开来，它们组成了一张地面数据加工网络。[1]

当卫星信号在大气中传输时，受到对流层、电离层等干扰而产生延迟，这张网络便能够提供实时误差修正，人称“地基增强系统”。经其修正和处理之后，北斗导航系统的误差一再减小，精度持续增加，可以达到米级、分米级，甚至是厘米级、毫米级。

当卫星飞到中国之外的区域时，由于缺少地面控制指令，卫星无法保证在正常轨道运行。为此，人们搭建起错综复杂的星间链路，让卫星之间能进行通信和测距，自动保持队形，大大减少了北斗导航系统对地面站的依赖。即使地面站点全部失效，北斗导航系统依然可以通过星间链路保持长达 60 天的自主运行。

精确的定位，让北斗导航可以建立共享单车的“电子围栏”，保证单车停在指定范围内；可以保证阅兵方阵中的各型装备方队等速行进，各个飞行梯队米秒不差；可以监测大坝、大桥等工程的外观，预测和发现建筑工程的变形，保证工程质量安全。

时至今日，支持北斗导航的终端设备也越来越多。截至 2020 年上半年，在中国市场申请入网的智能手机中，超过 80% 支持北斗定位。截至 2020 年 10 月，近 700 万辆营运车辆和 3.14 万辆邮政快递车辆均已装备北斗导航系统，该系统也成为全球最大的营运车辆动态监管系统。

至此，“北斗三号”正式建成，北斗卫星导航系统完成组网，一代中国人的梦想终于变为现实。

---

1. 北斗地基增强系统包括框架网和区域加强密度网两部分，其中框架网基准站共 155 个，区域加强密度网基准站超过 2700 个。

左页上图 “东风 5B”战略核导弹亮相阅兵式 / 摄影 舒浩洋
2015 年 9 月 3 日，“东风 5B”战略核导弹亮相纪念抗日战争暨世界反法西斯战争胜利 70 周年阅兵式。有了北斗卫星导航系统的支持，导弹的精度将会大大提高，成为维护国家主权、捍卫民族尊严的坚固盾牌。

左页下图 高铁检测车驶过鸡鸣山下的京张高铁 / 摄影 姚金辉
京张高铁是我国首条智能化高铁，首次采用北斗卫星导航系统，可以实现有人值守的无人驾驶。

北斗卫星导航地面参考站点框架网

伍 北斗 20 年

从 2000 年“北斗一号”的首星发射，到 2020 年“北斗三号”的末星入轨，已是整整 20 年。

20 年间，面对重重困难，科学家们不曾退却，他们步步为营，循序渐进。第一步，为中国。第二步，为亚太。第三步，为世界。

北斗的应用也越来越广泛，人们利用北斗卫星导航系统，可以掌握空气中的污染物信息，实现更有效的监测[1]。在北斗卫星导航系统的辅助下，农业器械可实时掌握耕种信息，有效地提高作业效率。

1. 利用北斗卫星导航系统可以获取大气污染物相关监测点的实时位置，并利用其通信功能将信息发送至监控中心。

利用北斗卫星导航系统的农业机械正在播种小麦 / 摄影 邱会宁

北斗卫星导航系统能够准确提供位置信息，在智能化农业机械控制、精准病虫害防治、灌溉、农业资源普查等方面皆有助益，能够提高农业生产效率。

借助北斗的通信功能，边防官兵们即使身处高山、密林、深谷等险恶环境，也能及时、稳定地传递信息。

但是，这还远远不够。

中国边防军人在雪山上巡逻 / 摄影 刘晓东

2021 年 3 月 30 日，驻守在喜马拉雅山脉腹地的某边防连巡逻分队向点位前行。北斗卫星导航系统不仅可为边防军人提供精确的导航、定位，还可帮助其实现即时通信，提升了守边战力。

正如“中国卫星之父”——“北斗一号”和“北斗二号”系统的总设计师孙家栋所说：“我们建设‘北斗’关键还是在用，只有用得更加普及、更加深入，这才是赢家。”

如今，北斗导航系统已向全世界开放，将逐渐成为 70 多亿人生活的一部分。

科学家们排星布阵 20 年，终于织就一张“天罗地网”，中国自己的卫星导航系统也终于从设想变为现实。而这仅仅是故事的开端，未来的每一天才是中国北斗卫星导航系统责任和使命的真正所在。

四川泸定，高压电网矗立在雪后的山上 / 摄影 李毅恒

北斗卫星导航系统同样能够应用在电网系统之中，如在电力线路中安装带有北斗卫星导航功能的线路故障指示仪，就能够帮助准确发现事故地点，及时排除故障，减少停电时间。

新中国

什么是新中国？

没有一个民族的崛起

是命中注定的

崛起

必须自己争取

1949 年，我们在这片饱经战乱、分裂与贫穷的土地上，建立起新中国。

如今，它已崛起成为全球第二大经济体，占全球经济总量的 1/6 左右，堪称人类经济史上的奇迹，也是一个在中华 5000 年文明史和近代百年屈辱史上足以告慰祖先的奇迹。

70 余年弹指一挥间，新中国是如何逆袭的?

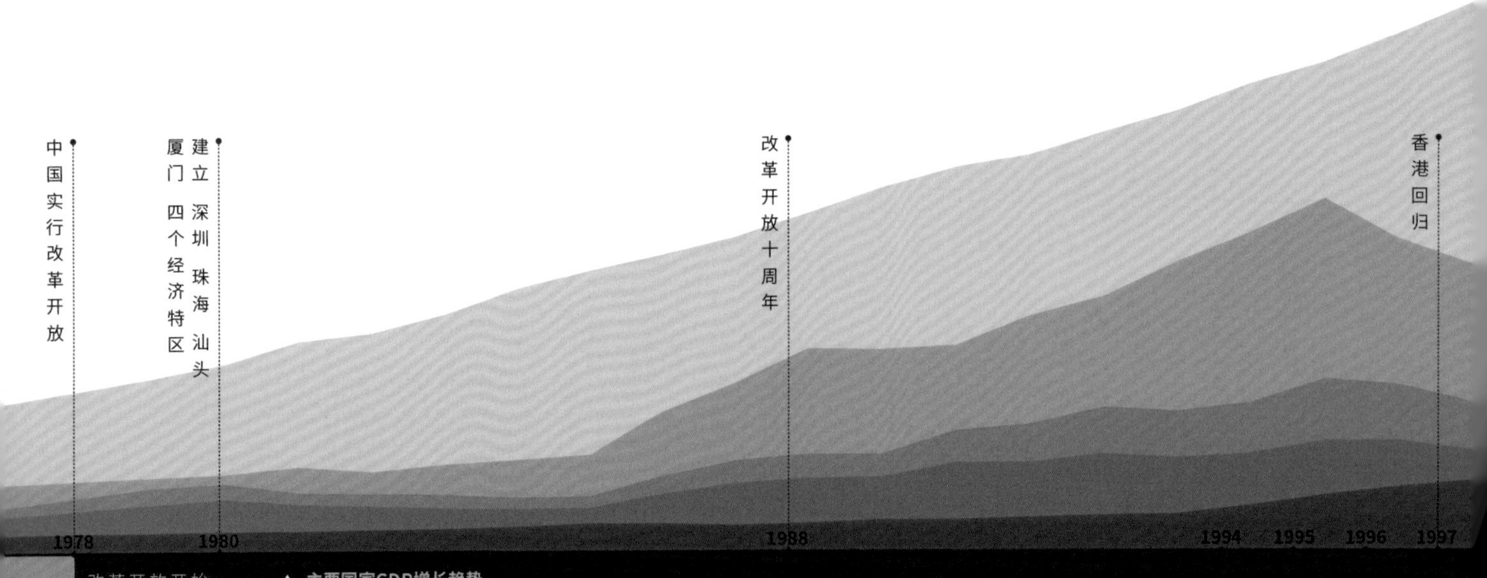

▲ 主要国家GDP增长趋势

中国经济高速增长之路

改革开放以来，中国经济实现了相对稳定、连贯的快速增长，成为世界经济史上的一大奇迹。经济增长的同时，国家的综合国力也在不断提高。

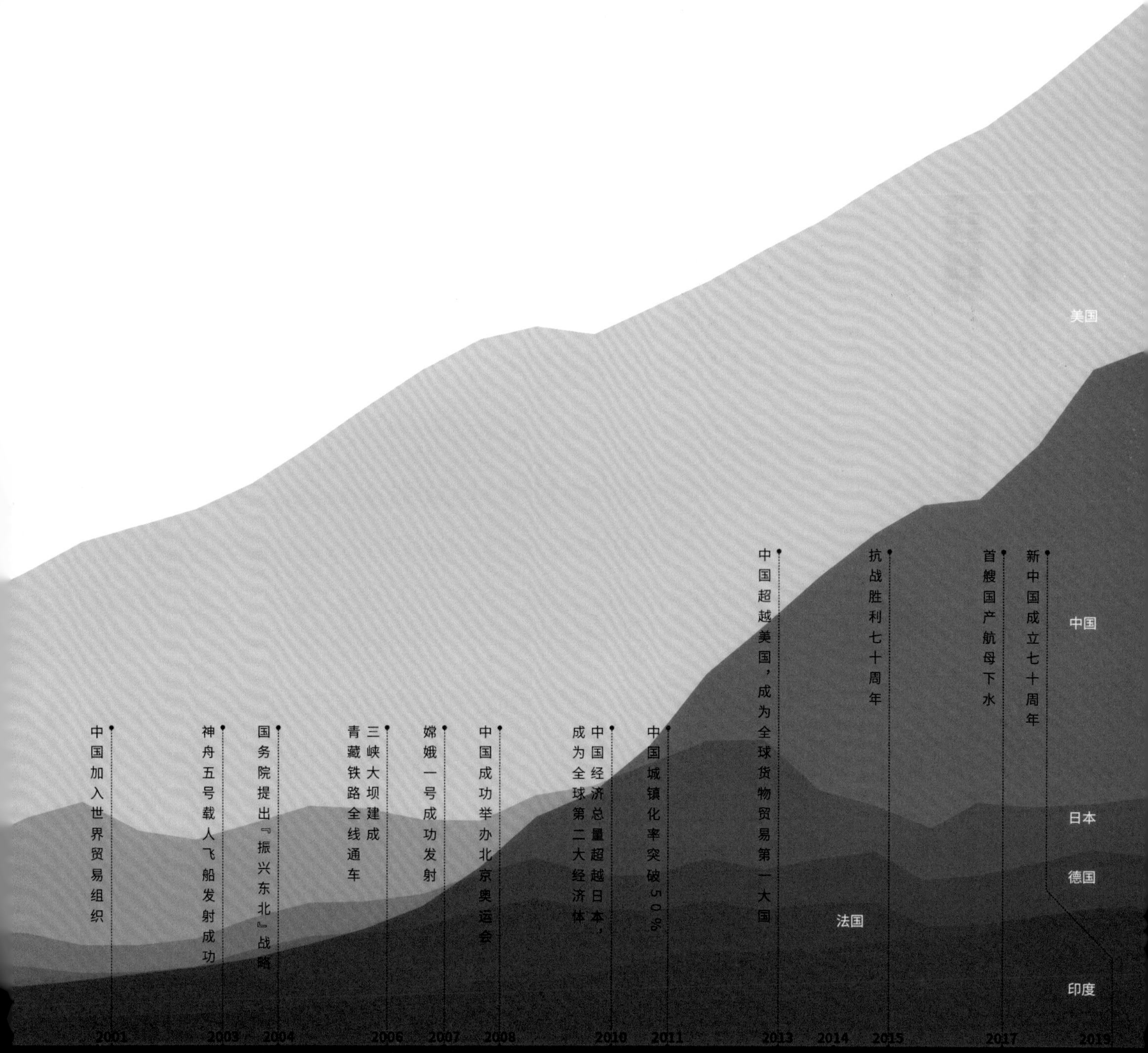

上海陆家嘴 / 摄影 曾诚宇

陆家嘴位于上海市浦东新区的黄浦江畔，多幢上海地标式建筑坐落于此。1993 年，浦东新区成立，陆家嘴逐渐发展成为众多跨国银行的大中华区及东亚总部所在地，成为中国最具影响力的金融中心之一，是改革开放的象征之一。

“中国天眼”/ 摄影 李子韬

位于贵州黔南布依族苗族自治州一处喀斯特洼坑中的 500 米口径球面射电望远镜（FAST），是目前全球最大、最灵敏的单口径射电望远镜。“中国天眼”是当今射电天文学的“重器”，具有我国自主知识产权，凝集了我国科技工作者的心血与智慧，汇聚了几千名一线工人的汗水与辛劳。

壹 战争与和平

1949 年 10 月，开国大典的礼炮刚刚响毕，中国人民解放军已经向新疆和大西南进发。到 1951 年西藏和平解放，中国大陆历时百年的混乱与地方割据局面彻底终结。

作为世界上陆地边界线最长的国家，在接下来的数十年内，新中国通过和平谈判，与缅甸、尼泊尔、朝鲜等邻国陆续缔结边界条约。但家门内外的和平从来就不是天赐的，而是中国人民用自己的热血铸就的。当国家安全受到威胁时，新中国敢于亮剑，以战止战。

1950 年，朝鲜战争突然爆发，战火甚至烧到我国东北境内。为了保家卫国，中国人民志愿军投入抗美援朝的战争，守护建立不久的新政权，堪称“立国之战”。此后，1962 年中印边境自卫反击战、1969 年珍宝岛自卫反击战、1979 年对越自卫反击战……面对一次次进犯，中国人民用自己的热血守住了来之不易的家园和平。

到 20 世纪 80 年代，除少量边境战事外，迎来和平的新中国终于可以集中精力进行经济建设。拥有约 960 万平方千米陆地和约 470 万平方千米内海边海水域面积的中国，潜力即将爆发。

它南北纵横，东西辽阔，是全球四个陆地面积近千万平方千米级的国家之一。它地处中低纬度，以温带和亚热带气候为主，四季分明，水热充足，是全球最适宜人类生存的国家之一。它有 171 种矿藏，遍布各地，许多都居于世界前列，是全球自然资源种类最丰富的国家之一。

但是，它也有一个巨大的问题，即人口过多。

右页图　福建霞浦滩涂养殖 / 摄影　都文明

霞浦以滩涂养殖闻名，人们在沿海滩涂上养殖牡蛎、海带。在我国总长 1.8 万千米的海岸线上，人们依靠港湾、滩涂发展航运、水产养殖等，将海洋变为资源宝库。

云南东川红土地 / 摄影 范峻川

云南东川以红土地著称，红土地梯田如同层叠的调色盘。红土地中铁元素相对比较丰富，但有机质含量较少、肥力较低，并不适合农业生产。但经过一代代人不懈的改良，贫瘠的红土地为人们带来了诸多收获。

新中国从 1949 年的 5.4 亿人口的国家，到 1981 年成为当时世界上唯一一个 10 亿级人口的国家，人口数超过全球所有发达国家的总和。丰富的资源总量，在巨大的人口基数面前显得十分不足。

我国人均耕地约 1.4 亩，只有美国的 1/5、俄罗斯的 1/9；人均水资源约 2000 立方米，只有美国的 1/4、俄罗斯的 1/47；人均森林面积 2.3 亩，只有美国的 1/6、俄罗斯的 1/40。[1]

在这样的劣势条件下，新中国该如何发展？

1. 部分数据源自《2016 中国国土资源公报》《中国水资源公报（2018）》《第九次全国森林资源清查成果》。

左图　广州沥滘（jiào）村 / 摄影 梁文生

沥滘村是广州海珠区最大的城中村之一。城中村是我国城市化进程中的产物，处于城市与农村之间的边缘状态。因为租金低廉、地理位置方便，能吸引大量外来人口，成为很多外来人口的聚居区，因而城中村就成了人口密集之地。城市化不仅使城市扩张，也吸纳了大量人口，共同挤占着有限的城市空间。

贰 把人口变成红利

古代中国创造了灿烂的文化，但生活在社会底层的大多数人却没有识字的能力。蒙昧、落后，成为阻碍每一个中国人追求幸福生活、阻碍国家走向强大繁荣的绊脚石。让大量不识字的中国人学会汉字、拥有文化，成为人民政府的一项重要任务。

1950 年，教育部召开第一次全国教育工作会议，提出要“从 1951 年开始进行全国规模的识字运动”。紧接着，从城市到乡村，从工厂到田野，全国各地的工人、农民、军人，纷纷加入大大小小的识字班、学习小组，持续数十年的扫盲教育拉开序幕。为方便更多人掌握复杂的方块字，1956 年，第一版《汉字简化方案》公布，一些繁复的字形得到简化，大大降低了初学者学习汉字的难度。1958 年，《汉语拼音方案》开始推行，初学者可以用 26 个拉丁字母组成的汉语拼音学习正确发音，识字读音变得更加方便、简单。

由此，大量不识字的人第一次掌握了人类历史上的伟大发明 —— 汉字。

同时，基础教育也被提上政府的议程。1956 年召开的最高国务会议提出，要用 12 年的时间在全国范围内普及小学义务教育。1986 年 7 月 1 日开始实施的《中华人民共和国义务教育法》，要求让全国的适龄儿童、少年必须接受包括中小学阶段在内的九年义务教育。

2007 年，国家宣布免除全国农村义务教育阶段的学杂费，次年又免除城市义务教育阶段公办学校学生的学杂费，全国范围内的免费义务教育得以实现。在高峰期，数十万所中小学校，近 1000 万名中小学教师遍布从城市到乡村、从沿海到边疆的广袤国土。所有适龄儿童必须入学，一个都不能少。

在政府与教育工作者的努力下，新中国的文盲率由新中国成立初期的 80% 下降到目前的 2.67% 左右，青壮年文盲基本消除；九年义务教育巩固率接近 95%，堪称人类史上最大规模的基础教育。针对成人的扫盲运动、覆盖全部少年儿童的九年义务教育，加上各种技术学校的技能教育，让十多亿中国人获得了知识和文化。

右页图　广州越秀区某小学正在参加升旗仪式的学生们 / 摄影　邱活
2020 年，全国小学阶段在校学生人数达 1.07 亿以上，初中阶段在校学生人数超过 4900 万。

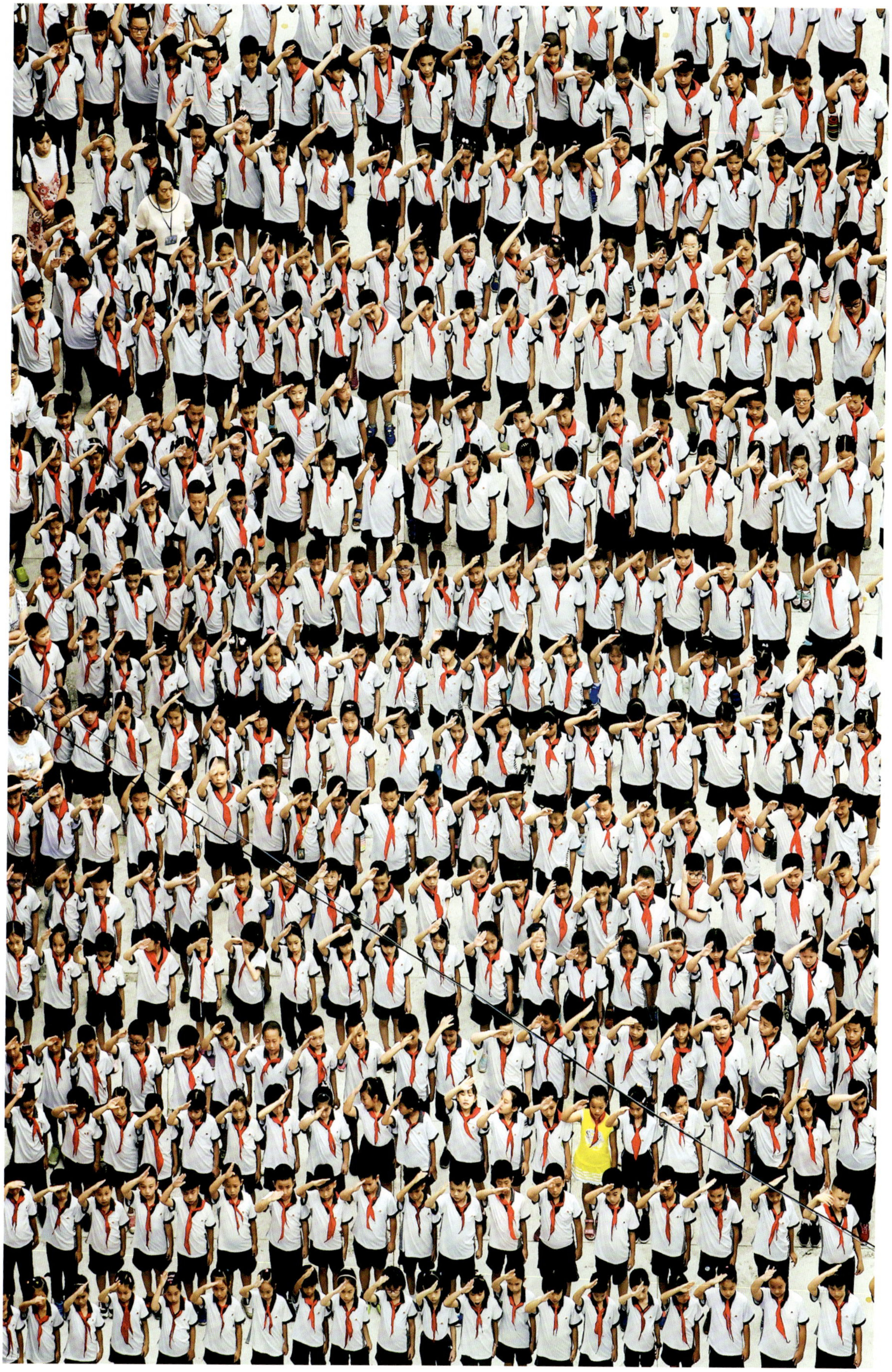

当 1978 年改革开放的大幕拉开时，神奇的变化产生了，大量人口进入工厂，良好的基础教育让他们迅速转变为熟练的产业工人。他们将集体利益置于个人利益之上，他们是这个世界上最繁忙流水线上的分拣员、操作员、检验员，数千年的文化传统培养了他们勤奋、吃苦耐劳的品质，他们平均每周工作超过 45 个小时，超过所有经济合作与发展组织成员国工人的工作时间。[1]

一个个受过教育的中国人用自己的劳动摆脱了贫穷，也为这个飞速成长的社会创造出庞大的财富。

数十年间，大量高素质而廉价的劳动力不断吸引全球产业向中国转移。2001 年，中国加入 WTO，打开向全球供给货物的闸门，巨大的生产能力彻底得到释放。到 2013 年，中国已经超越美国，成为全球货物贸易第一大国，是一个名副其实的“世界工厂”。

1. 源自国家统计局 2019 年 7 月经济数据。

上图　位于珠江口的广州南沙港 / 摄影 张向良

南沙港在珠江三角洲地区强大的工业生产能力的支撑下，发展成为华南地区重要的外贸枢纽口岸，繁忙的港口见证着中国人如何用勤劳创造财富。

今天，中国的纺织工业生产着全球一半以上的棉织物和超过三分之二的化纤产品；中国的玻璃工业生产着全球一半以上的平板玻璃；中国的半导体产业从一穷二白起步，开始奋起直追……

这一成就离不开各行业中从事各种工作的 7.5 亿中国人[1]，更离不开覆盖十亿级人口的基础教育。如果没有大规模的基础教育，我国就不会有知识水平足够的产业工人，就没有资格参与全球产业分工，没有资格享受全球化的红利。

亿级人口变成了亿级劳动力，这就是人口红利。

1. 根据《2020 年度人力资源和社会保障事业发展统计公报》，截至 2020 年年末，全国就业人员为 75064 万人。

教育的力量还不止于此。

中国内地的高中生每天花超过 10 小时进行学习，他们用闪光的青春去向高考这个目标奋斗。从 1999 年起，中国高等院校连年扩招，学生每年只需缴纳数千元的学费，便可以进入高校学习。

如今，中国高校在校生人数就已超过 3500 万[1]，比许多国家的总人口都多，可谓人类史上最大规模的高等教育。如此大规模的高等教育，为中国培育了大量高端人才和高技能产业工人，人口红利又升级为人才红利。他们崇尚科学，崇尚知识，崇尚科技创新，这让中国可以在互联网、移动通信等人力资本需求高且研发周期短的新兴产业上实现弯道超车。

据统计，截至 2020 年 3 月，全球有 586 家独角兽企业，其中中国有 227 家，美中两国占全球独角兽企业总数的八成，它们多成立于近十余年，成长十分迅速。[2] 在极可能引发第 4 次工业革命的关键领域，包括人工智能、3D 打印、生物技术等，中国同样有着极强的人才优势。

正是大规模的基础教育和高等教育，让我们得以推进世界上最大规模的工业化进程，建立起这颗蓝色星球上的第一个十亿级人口的工业文明。

1. 根据教育部 2020 年教育统计数据，仅普通本专科和研究生的在校生就有 3572.25 万。
2. 不同的报告采取了不同的统计口径，数据有差异。这里参考的是 2020 年 8 月 4 日胡润研究院与苏州高新区发布的《苏州高新区 · 2020 胡润全球独角兽榜》，该报告列出了全球成立于 2000 年之后、价值 10 亿美元以上的非上市公司。

左图　2019 年中国地质大学（北京）的毕业典礼 / 摄影　彭昊山

与此同时，一场人类史上最大规模的人口迁徙也在持续进行 —— 受过教育的青壮年大量向沿海地区流动，向中心城市流动。

正是这种迁徙支撑起沿海和中心城市的大量工厂和写字楼，大幅提升了城镇化率，造就 4 个一线城市、15 个新一线城市、30 个二线城市、70 个三线城市、90 个四线城市和 128 个五线城市。[1] 这些城市互相争夺资源，争夺空间，争夺商机，争夺人才，掀起规模巨大的“城市战争”。

“战争”愈演愈烈，点燃了中国经济腾飞的又一大引擎。

---

1. 数据参考第一财经 · 新一线城市研究所发布的《2021 城市商业魅力排行榜》。

上图　长江、嘉陵江交汇处的重庆 / 摄影 张坤琨

重庆是我国中西部地区唯一的直辖市，也是国家重要中心城市、长江上游地区经济中心、重要现代制造业基地、西南地区综合交通枢纽。根据《国家综合立体交通网规划纲要》，成渝是我国交通的一极。强大的经济吸纳了大量人口，城市化不断扩张。根据重庆市第七次全国人口普查结果，重庆市常住人口已达约 3205 万。

叁 城市战争

2007 年，中原城市郑州为了争取某科技企业到当地办厂，市长亲自牵头成立工作组，进行了长达三年的漫长“追求”。六七十名政府官员分组与企业反复洽谈，从各方面尽全力满足企业需求。在建厂施工的十多天时间里，市长、副省长、省长又连续 4 次到工地“督办”解决问题。

这只是一个省及省会政府官员的日常。在整个中国，类似的为经济发展奔波的地方官员数以万计。经济学家们发现，许多发展中国家在发展经济时，面临的一个很大的问题便是政府的低效、无能、不作为。但中国的地方政府官员，“那种招商引资……的热情，在世界范围内都是罕见的”。

是什么在推动地方政府积极作为？答案是竞争。

中国有 34 个省级行政区、333 个地级行政区、2800 多个县级行政区[1]，相邻区域的省与省之间、市与市之间、县与县之间，都有着很强的同构性和相似性，一个项目最终花落谁家，项目方拥有足够长的候选名单。而对地方政府的上级而言，谁的政绩突出，谁便会拥有更广阔的舞台。于是，地方政府官员展开政绩竞争，努力成为“有为的政府”。每个地方政府都会投入大量人力物力，用于招商引资。从 20 世纪 90 年代起，各地争相建立开发区。截至 2018 年，全国国家级开发区达 552 家，省级开发区有 1991 家[2]，市

1. 根据《中国统计年鉴 2020》，截至 2019 年年底，我国有 333 个地级行政区、2846 个县级行政区和 38755 个乡镇级行政区。
2. 数据参考国家发改委等公布的《中国开发区审核公告目录》（2018 年版）。

县级开发区更是数以千计，开发区吸引了大量企业入驻，促进了城市经济的集聚和商业的发展。

为了提升营商环境，各地大力兴建基础设施，把整个中国变成了一个大工地，大幅改善了中国城市的面貌。到 2019 年，全国大中小城市修建的道路，覆盖了超过 9000 平方千米的土地[1]，比整个上海的面积还要多出近 2700 平方千米；各城市的公交专用道长度接近 1.5 万千米，足以贯穿地球；41 个城市开通轨道交通，运营里程超过 6000 千米，我国成为世界上开通地铁城市最多的国家。[2]

“硬件”比拼之后则是“软件”的比拼。地方政府在政策与工作方式上的创新，往往是全国进步的星星之火。例如，2016 年，浙江率先提出“最多跑一次”的政务改革目标，甚至在之后成立了“浙江省最多跑一次改革办公室”。该举措在广受欢迎的同时，也促使其他地方纷纷跟进。还有近年来越发火热的“抢人大战”，各地通过放宽落户政策，甚至提供补贴，增强城市对人才的吸引力。

---

1. 根据住房和城乡建设部发布的《2019 年城市建设统计年鉴》，2019 年城市道路面积为 9097.91 平方千米。
2. 根据交通运输部《2019 年交通运输行业发展统计公报》，我国拥有公交专用车道约 1.5 万千米，比地球直径还要长（地球直径约为 1.2 万千米）；2019 年城市轨道交通运营里程为 6172.2 千米。

下图　建设中的深中通道 / 摄影　刘光勇

深中通道是横跨珠江口、连接深圳与中山的公路通道，主要由海底隧道及跨海公路桥组成，全长 24 千米，计划在 2024 年建成通车。深中通道的建成，将极大缩短珠三角各市通行的距离，大湾区主要城市间一小时生活圈真正形成，同时将极大方便大湾区各种要素的流动，极大节省出行时间成本和物质成本。

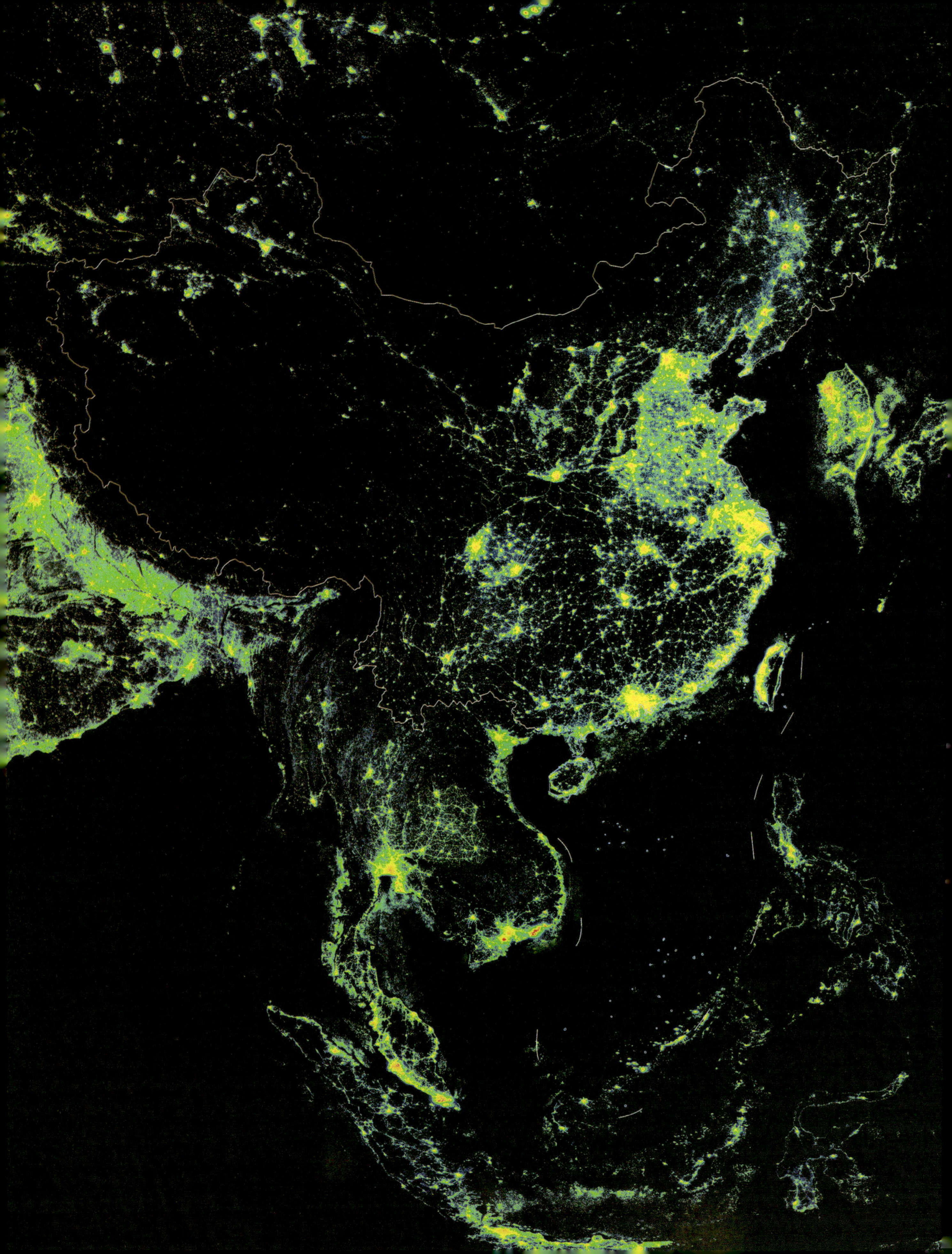

左页图　2020 年中国夜间灯光地图

遥感卫星可以观测到夜间地球表面的光亮，这些光亮主要来自人类活动，如居住区、工业区的照明，甚至渔船照明，也包括火灾。光亮可被量化计算，从而反映出各地区人类活动的活跃程度、经济发展水平等。

卫星影像来源：

[1] Jurij Stare，www.lightpollutionmap.info.

[2] VIIRS，Earth Observation Group，NOAA National Geophysical Data Center.

在经济持续增长、城镇化不断推进的时期，城市竞争的结果不是你胜我败，而是纷纷做大。

1990 年，中国城区常住人口超过 500 万的特大城市仅有 2 个，没有人口超过 1000 万的超大城市。到 2019 年，前两者则分别达到 10 个和 6 个。城市建成区面积从 1981 年的 0.74 万平方千米，扩大到 2019 年的 6.03 万平方千米，增长了 7 倍有余[1]。一些相邻的城市更是抱团竞争，互相补益，形成超大城市群，如长三角城市群、珠三角城市群、京津冀城市群。

如果我们以 GDP 来划定中国的版图，就会发现中国的财富已经高度集中在大城市，前 40 名的城市贡献了中国 GDP 的近 50%，前 10 名则贡献了 24%。

这些超级城市将最有可能代表中国，参与未来世界城市文明的角逐。从太空俯瞰，这些城市是中国大地上最闪耀的景象。

就这样，竞争塑造了城市，推动了如火如荼的城市崛起。若放眼整个中国，随着国家实力越发强大，一种神奇的力量越发强劲，即规模效应，它将使中国形成全球独一无二的国家优势。

---

1. 根据住房和城乡建设部发布的《2019 年城市建设统计年鉴》，2019 年城市建成区面积为 60312.45 平方千米。

肆 规模

20 世纪 90 年代，为应对亚洲金融危机，拉动内需，发展经济，中国开始大规模推动基础设施建设，一个个举世瞩目的大型工程在此后的 20 年间依次登场。其中包括跨越 17 个省级行政区、向东部 160 多个城市输送天然气的“西气东输”工程，跨越上千千米、从长江流域向华北调水的“南水北调”工程，搬迁 100 多万移民、总库容达 393 亿立方米的长江三峡水利枢纽工程……

作为世界上开建大型工程数量最多的国家，中国并非偏爱大型工程，而是巨大规模的市场可以从大型工程中获得足够的回报和溢出效应，从而形成正反馈，这就是中国成为“基建狂魔”的根源。

以“西气东输”工程为例，其管网每年的管输能力高达 1236 亿立方米，可以让大约 4 亿人从中受益。而“南水北调”工程则向沿途 253 个县级以上城市供水，大大缓解了北方的缺水问题。因为有了“南水”，北京甚至可以直接让之前的供水主力密云水库“休养生息”。

截至 2020 年年底，全国 220 千伏以上的输电线路长达约 78 万千米，足足能绕赤道 18 圈，位列世界第一；16.1 万千米的高速公路位列世界第一；3.8 万千米长的高铁网络位列世界第一；5169 万千米的光缆线路位列世界第一；931 万个移动通信基站位列世界第一。整个中国被密布的基础设施连接起来。[1]

---

1. 数据源自交通运输部《2020 年交通运输行业发展统计公报》、工业和信息化部《2020 年通信业统计公报》、国家能源局《2020 年全国电力工业统计数据》和国家统计局《中国统计年鉴 2020》。

右页上图　珠峰大本营 5G 基站 / 摄影　李瑞伟 · 中国移动西藏公司

在海拔 5300 米的珠峰大本营已实现了通过 5G 连通世界。截至 2020 年年底，我国已开通的 5G 基站数量超过 71.8 万个，实现所有地级以上城市 5G 网络全覆盖，建成目前世界上最大的 5G 网络。

右页下图　苏通 GIL 综合管廊长江常熟江底段 / 摄影　邵小峰

苏通 GIL（气体绝缘金属封闭输电线路）综合管廊工程，是国家电网公司淮南一南京一上海 1000 千伏交流特高压输变电工程重要组成部分，起点在常熟，终点在南通，是目前世界上电压等级最高、输送容量最大、技术水平最高的超长距离 GIL 创新工程。巨大的能源需求，为这些建设成本大、技术含量高的跨区域资源调配工程创造了条件。

建设中的雄安站 / 摄影 周昫光

雄安站位于雄安新区，总建筑面积为 47.5 万平方米，是亚洲最大的高铁站，也是京津冀地区重要的客运枢纽。这一高铁站从开工建设到投入使用，仅用了 2 年时间。雄安站的建设将使京津冀经济圈联系更紧密，提高雄安新区对全国的辐射能力。

建工

这种庞大的基建规模加强了中国各地的紧密联系，形成了一个涵盖 14 亿人的、欧美印日都无法企及的“洲际规模”统一市场。

这种规模的市场，可以支撑起比其他国家更为发达的网购电商规模，我国 2020 年全年的快递业务量高达 833.6 亿件 [1]。这样的市场也可以支撑中国发展重大战略产业，例如大飞机产业。大飞机产业资本密集，研发周期长，长期由美国和欧洲主导。据预测，中国未来 20 年将购买超过 8000 架新飞机，这足以支撑中国成为大飞机产业的新玩家。

这就是中国无与伦比的规模效应，全球独一无二的国家优势。

---

1. 数据源自国家邮政局公布的《2020 年邮政行业运行情况》。

左图　国产大飞机 C919 亮相 / 摄影　陈肖

2015 年 11 月 2 日，我国具有自主知识产权的中型喷气式民用飞机 C919 首架机在浦东基地正式总装下线，它的亮相标志着我国成为大飞机产业的新玩家。

伍 致敬

回望 1949 年，70 余年弹指一挥间，中国终于终结了衰落。十亿级人口的工业化进程，灿若群星的城市崛起，无与伦比的规模效应，让我们逐渐接近一个梦想，一个中国人从 1840 年起就没有停止过追求并愿为之抛头颅、洒热血的梦想——中华民族的伟大复兴。

这是一代代中国人的梦想！

当 1911 年，喻培伦、方声洞、陈更新、林觉民等黄花岗起义烈士在清军的枪炮下牺牲时，他们的梦想是民族复兴。

当 1921 年，毛泽东、何叔衡、董必武、陈潭秋等各地共产主义小组的代表在浙江嘉兴南湖的游船上开会时，他们的梦想是民族复兴。

当 1949 年新中国成立，钱学森、李四光、邓稼先、华罗庚等 2500 多名旅居海外的专家学者放弃海外优渥的条件，陆续回到祖国的怀抱时，他们的梦想是民族复兴。

右图　嘉兴南湖湖心岛 / 摄影　袁培德

上海“一大”会址和嘉兴南湖红船，是中国共产党的诞生地，是中国共产党梦想起航的地方。100 年前，中共“一大”最后一天在嘉兴南湖红船上召开，通过了中国共产党的第一个纲领和决议。中国共产党庄严诞生，中华民族的命运由此改写。

青海海晏县金银滩原子城 / 摄影　陈肖

金银滩草原是一片美丽又神秘的地方，这里有我国的第一个核武器研制、试验和生产基地——金银滩原子城，这是孕育出我国的第一颗原子弹和氢弹的地方。在研制“两弹”过程中，一大批留学海外的优秀科学家纷纷响应祖国召唤，投身祖国核事业，在金银滩隐姓埋名、夜以继日、无私奉献。

海上石油工人正在检查钻杆防喷器 / 摄影 赵亮 · 中国海油

2014 年 9 月 15 日，深水钻井平台“奋进”号在南海西部陵水海域，钻获我国首个自营深水大气田“深海一号”气田。

2018 年 6 月 9 日，武汉地铁 7 号线三阳路越江隧道，工人正在检修越江盾构机内部核心结构 / 摄影 黄蕾

工人正在清洗深圳南山区保利剧院外墙 / 摄影 龚强

白鹤滩水电站的建设者摆出“祖国万岁”的字样 / 摄影 黄正平

70 余年
我们经历过挫折
终于走在了正确的道路上
终于在逆境中实现了崛起

致敬改变自己命运的中国人
致敬一代代中国人
披荆斩棘创造出来的奇迹

参考文献

100 年：建设改变中国

[1] 项海帆，潘洪萱，张圣城，范立础 . 中国桥梁史纲 [M]. 上海：同济大学出版社，2013.
[2] [美] 马立博 . 中国环境史 [M]. 关永强，高丽洁，译 . 北京：中国人民大学出版社，2015.
[3] 黄镇东，李彦武 . 中国公路峡谷大桥 [M]. 北京：人民交通出版社，2017.
[4] 赵济，王静爱，朱华晟 . 中国地理 [M]. 北京：高等教育出版社，2020.
[5] 陈良江，文望青 . 中国铁路桥梁（1980—2020）[M]. 北京：中国铁道出版社，2020.
[6] 朱教君，郑晓 . 关于三北防护林体系建设的思考与展望——基于 40 年建设综合评估结果 [J]. 生态学杂志，2019，38(05)：1600—1610.
[7] 潘家华 . 新中国 70 年生态环境建设发展的艰难历程与辉煌成就 [J]. 中国环境管理，2019，11(04)：19—26.
[8] 徐新良 . 中国人口空间分布公里网格数据集 [DS/OL]. 中国科学院资源环境科学数据注册与出版系统 (http://www.resdc.cn/DOI/).2017. DOI：10.12078/2017121101.
[9] 国家发展改革委 . 国家公路网规划（2013—2030）[Z].2013-06-20.
[10] 国家发展改革委，中国民用航空局 . 全国民用运输机场布局规划 [Z/OL].(2017-02-13).http://www.ndrc.gov.cn/xxgk/zcfb/ghwb/201703/t20170315_962231.html.
[11] 国家发展改革委 . 长江干线过江通道布局规划（2020—2035）[Z].2020-03-31.
[12] 中国民航 . 航路图 [Z/OL].(2021-01).http://ga.aischina.com.
[13] 杜秀荣，唐建军 . 中国地图集 [M]. 北京：中国地图出版社，2011.
[14] 国家统计局 . 经济社会发展统计图表：第七次全国人口普查超大、特大城市人口基本情况 [EB/OL]. 2021-09-16. http://www.qstheory.cn/dukan/qs/2021-09/16/c_1127863567.htm.

第一部分 连接

1.1 铁路：铁骨中国的炼成

[1] 铁道部档案史志中心 . 新中国铁路五十年（1949—1999）[M]. 北京：中国铁道出版社，1999.
[2]《中国铁路建设史》编委会 . 中国铁路建设史 [M]. 北京：中国铁道出版社，2003.
[3]《中国铁路桥梁史》编委会 . 中国铁路桥梁史 [M]. 北京：中国铁道出版社，2009.
[4] 杜秀荣，唐建军 . 中国地图集 [M]. 北京：中国地图出版社，2011.
[5] 中国铁道博物馆 . 中国铁道博物馆正阳门馆：中国铁路发展史掠影 [M]. 北京：中国铁道出版社，2012.
[6] 周莹 . 铁路春运之殇——不足与不公现象管窥 [M]. 上海：上海人民出版社，2014.
[7] 高铁见闻 . 大国速度：中国高铁崛起之路 [M]. 长沙：湖南科学技术出版社，2017.
[8] 国家发展改革委，交通运输部，中国铁路总公司 . 中长期铁路网规划 [Z].2016-7-13.
[9] 国家发展改革委 . 铁路“十三五”发展规划 [Z].2017-11-20.

1.2 桥梁：进击的中国跨度

[1] 戴公连，宋旭明 . 漫话桥梁 [M]. 北京：中国铁道出版社，2009.
[2] 项海帆，肖汝诚，等 . 桥梁概念设计 [M]. 北京：人民交通出版社，2011.
[3]《桥梁》杂志社 . 中国桥梁年鉴 2010[M]. 北京：人民交通出版社，2011.
[4] 茅以升 . 桥梁史话 [M]. 北京：北京出版社，2012.

[5] 项海帆，潘洪萱，张圣城，等. 中国桥梁史纲（新版）[M]. 上海：同济大学出版社，2013.
[6] 万明坤，项海帆，秦顺全，等. 桥梁漫笔 [M]. 北京：中国铁道出版社，2015.
[7] 唐颖，陶路，王龙，等. 山区大跨度悬索桥主缆架设技术 [J]. 建筑工程技术与设计，2015(19)：795—796.

1.3 隧道：中国人的穿山之路

[1]《中国铁路隧道史》编委会. 中国铁路隧道史 [M]. 北京：中国铁道出版社，2004.
[2] 王效良，景诗庭. 漫话隧道 [M]. 北京：中国铁道出版社，2009.
[3] 吕康成. 特殊隧道工程 [M]. 北京：人民交通出版社，2013.
[4] 朱永全，宋玉香. 隧道工程（第三版）[M]. 北京：中国铁道出版社，2015.
[5] 陈馈，等. 中国隧道 [M]. 南京：译林出版社，2018.
[6]《中国公路学报》编辑部. 中国隧道工程学术研究综述 · 2015[J]. 中国公路学报，2015，28(05)：1—65.
[7] 田四明，巩江峰. 截至 2020 年底中国铁路隧道情况统计 [J]. 隧道建设，2021，41(02)：308—325.
[8] 交通运输部.2020 年交通运输行业发展统计公报 [EB/OL].2021-05-19.http://xxgk.mot.gov.cn/2020/jigou/zhghs/202105/t20210517_3593412.html.

1.4 进藏之路：此路只应天上有

[1]《西藏公路交通史》编委会. 西藏公路交通史 [M]. 北京：人民交通出版社，1999.
[2] 西藏自治区交通厅. 西藏公路交通指南 [M]. 北京：人民交通出版社，2004.
[3] 王治华，等. 青、甘、川、滇进藏公路、铁路沿线地区地质环境遥感调查 [M]. 北京：地质出版社，2004.
[4] 西藏自治区地方志编纂委员会. 西藏自治区志：公路交通志 [M]. 北京：中国藏学出版社，2007.
[5]《青藏公路五十年》编撰委员会. 青藏公路五十年 [M]. 西宁：青海人民出版社，2008.
[6] 中国科学院高寒区地表过程与环境监测研究网络综合中心. 冰川、雪被、冻土和泥石流分布图 [CM/OL].(2014-06-09). http://www.horn.ac.cn/wwwroot/HORN/upload/Image/xwnr/2014/6/2498779949.jpg.

第二部分 重组

2.1 电力：14 亿人全民通电

[1] 中国电业史志编辑委员会. 中国电力工业志 [M]. 北京：当代中国出版社，1998.
[2] 濮洪九，陆延昌，路耀华，等. 中国电力与煤炭 [M]. 北京：煤炭工业出版社，2004.
[3] 黄晞. 中国近现代电力技术发展史 [M]. 济南：山东教育出版社，2006.
[4]《中国水力发电史》编辑委员会. 中国水力发电史 [M]. 北京：中国电力出版社，2007.
[5] 王静爱，左伟. 中国地理图集 [M]. 北京：中国地图出版社，2010.
[6] 杜秀荣，唐建军. 中国地图集 [M]. 北京：中国地图出版社，2011.
[7] 贡力，孙文. 水利工程概论 [M]. 北京：中国铁道出版社，2012.
[8] 钱显毅，沈明辉. 风能及太阳能发电技术 [M]. 北京：北京交通大学出版社，2013.
[9] 赵畹君，曾南超. 中国直流输电发展历程 [M]. 北京：中国电力出版社，2017.
[10]《中国电力年鉴》编辑委员会.2019 中国电力年鉴 [M]. 北京：中国电力出版社.2019.
[11] United Nations，Department of Economic and Social Affairs，Population Division.*World Population Prospects 2019: Methodology of the United Nations population estimates and projections*[R/OL].(2019-12-31).https://www.un.org/development/desa/pd/sites/www.un.org.development.desa.pd/files/files/documents/2020/Jan/un_2019_wpp_methodology.pdf.
[12] 国家核安全局. 中华人民共和国国家核安全局 2019 年报 [R/OL].(2020-06-28).http://henenghangyeht.kechuangfu.com/upload/file/20200628/1593328995637109.pdf.
[13] BP p. l. c. *Statistical Review of World Energy 2020*[R/OL].2020.https://www.bp.com/content/dam/bp/business-sites/en/global/corporate/pdfs/energy-economics/statistical-review/bp-stats-review-2020-full-report.pdf.

[14] 国家发展改革委 . 煤炭物流发展规划 [Z].2013-12-30.
[15] 国家发展改革委，国家能源局 . 电力发展“十三五”规划（2016—2020 年）[Z].2016-12-22.
[16] 国家统计局 . 国家数据 [DB/OL].http://data.stats.gov.cn/.

2.2 煤炭：中国 60% 的能源来源

[1]《中国煤炭志》编纂委员会 . 中国煤炭志：综合卷 [M]. 北京：煤炭工业出版社，1999.
[2] 朱训 . 中国矿业史 [M]. 北京：地质出版社，2010.
[3] 李晓豁 . 露天采矿机械 [M]. 北京：冶金工业出版社，2010.
[4] 徐永圻 . 煤矿开采学（修订本）[M]. 徐州：中国矿业大学出版社，2015.
[5] 宋子岭 . 露天开采工艺（第二版）[M]. 徐州：中国矿业大学出版社，2018.
[6] 日本朝日新闻出版 . 显生宙古生代 2[M]. 傅栩，贺璐婷，苏萍，李波，译 . 北京：人民文学出版社，2020.
[7] 田会，白润才，赵浩 . 中国露天采矿的成就及发展趋势 [J]. 露天采矿技术，2019，34(1)：1—9.
[8] 中国煤炭工业协会 .2019 煤炭行业发展年度报告 [R/OL].(2020-05-14).http://www.coalchina.org.cn/index.php?m=content&c=index&a=show&catid=9&id=118819.
[9] Encyclopædia Britannica，Inc. *Britannica Encylopedia*[Z/OL].(2020-11-13).https://www.britannica.com/science/coal-fossil-fuel/World-distribution-of-coal.

2.3 南水北调：超级工程，谈何容易

[1] 文丹 . 南水北调中线工程 [M]. 武汉：长江出版社，2010.
[2] 北京市南水北调工程建设委员会办公室，北京市文物局 . 饮水思源：南水北调中线工程图录 [M]. 北京：北京燕山出版社，2015.
[3] 国务院南水北调工程建设委员会办公室 . 南水北调工程知识百问百答 [M]. 北京：科学普及出版社，2015.
[4]《中国南水北调工程建设年鉴》编纂委员会 . 中国南水北调工程建设年鉴 2017[M]. 北京：中国电力出版社，2017.
[5] 陈志康，谢波，郑光俊 . 南水北调中线一期水源工程丹江口大坝加高设计 [A]. 水利部水利水电规划设计总院、水电水利规划设计总院、中国水电工程顾问集团公司、中国水利水电勘测设计协会 . 大坝安全与新技术应用 [C]. 北京：中国水利水电勘测设计协会，2013.
[6] 国家统计局 . 国家数据 [DB/OL].http://data.stats.gov.cn/.
[7] 联合国粮农组织 . 农业与水信息系统 [DB]. 转引自 https://data.worldbank.org.cn/indicator/ER.H2O.INTR.PC.
[8] 北京市水务局 . 北京市水资源公报 (2019)[EB/OL].(2020-09-18).http://swj.beijing.gov.cn/zwgk/szygb/202009/P020200918627119515926.pdf.
[9] 北京市水务局 . 北京市大中型水库水情日报 [EB/OL].http://nsbd.swj.beijing.gov.cn/dzxsksq.html.
[10] 国务院办公厅 . 南水北调工程总体布局 [Z/OL].(2006-01-02).http://www.gov.cn/ztzl/2006-01/02/content_145297.htm.

2.4 西气东输：一场乾坤大挪移

[1] 李国玉，等 . 中国含油气盆地图集（第二版）[M]. 北京：石油工业出版社，2002.
[2] 陈利顶，郭书海，姜昌亮，等 . 西气东输工程沿线生态系统评价与生态安全 [M]. 北京：科学出版社，2006.
[3] 何利民，高祁 . 油气储运工程施工 [M]. 北京：石油工业出版社，2007.
[4]《西气东输工程志》编委会 . 西气东输工程志 [M]. 北京：石油工业出版社，2012.
[5] 中国地质调查局 . 中国地质调查百项成果 [M]. 北京：地质出版社，2016.
[6] 马新华，等 . 中国天然气地下储气库 [M]. 北京：石油工业出版社，2018.
[7] 国家能源局石油天然气司，国务院发展研究中心资源与环境政策研究所，自然资源部油气资源战略研究中心 . 中国天然气发展报告（2021）[M]. 北京：石油工业出版社，2021.
[8] 戴金星，秦胜飞，胡国艺，等 . 新中国天然气勘探开发 70 年来的重大进展 [J]. 石油勘探与开发，2019，46(06)：1037—1046.
[9] 中国石油天然气集团公司 . 西气东输（2002—2013）企业社会责任专题报告 [R].(2014).
[10] SY/T 6968-2013，油气输送管道工程水平定向钻穿越设计规范 [S].
[11] GB 50423-2013，油气输送管道穿越工程设计规范 [S].
[12] 生态环境部 . 历年中国生态环境状况公报 [EB/OL].［2021-05-21].http://www.mee.gov.cn/hjzl/sthjzk/zghjzkgb/.

[13] 国家发展改革委，国家能源局 . 中长期油气管网规划 [Z/OL].(2017-05-19).http://www.ndrc.gov.cn/xxgk/zcfb/ghwb/201707/W020190905497932558033.pdf.
[14] GAZPROM.Eastern Gas Program[Z/OL].http://www.gazprom.com/projects/east-program.

第三部分 家园

3.1 国土绿化：平凡的生命，伟大的工程

[1] 国家地图集编纂委员会 . 中华人民共和国国家自然地图集 [M]. 北京：中国地图出版社，1999.
[2] 王治国，张云龙，刘徐师，等 . 林业生态工程学 [M]. 北京：中国林业出版社，2000.
[3] 杜秀荣，唐建军 . 中国地图集 [M]. 北京：中国地图出版社，2011.
[4] 国家林业和草原局 . 中国森林资源报告：2014—2018[M]. 北京：中国林业出版社，2019.
[5] 何凡能，葛全胜，戴君虎，等 . 近 300 年来中国森林的变迁 [J]. 地理学报，2007，62(1): 30—40.
[6] Tian L，Wu W，D Zhang，et al. Characteristics of erosion and deposition of straw checkerboard barriers in alpine sandy land[J]. *Environmental Earth Sciences*，2015，74(1): 573—584.
[7] 包岩峰，杨柳，龙超，等 . 中国防沙治沙 60 年回顾与展望 [J]. 中国水土保持科学，2018，016(002): 144—150.
[8] Xu Bin，et al. Characteristics of Turbulent Aeolian Sand Movement Over Straw Checkerboard Barriers and Formation Mechanisms of Their Internal Erosion Form[J].*Journal of Geophysical Research: Atmospheres*，2018，123(13): 6907—6919.
[9] 朱教君，郑晓 . 关于三北防护林体系建设的思考与展望——基于 40 年建设综合评估结果 [J]. 生态学杂志，2019，38(05): 1600—1610.
[10] 周颖，杨秀春，徐斌，等 . 我国防沙治沙政策的演进历程与特征研究 [J]. 干旱区资源与环境，2020，34(01): 125—133.
[11] 李愿会，路秋玲 . 我国旱区造林绿化的战略思考 [J]. 林业资源管理，2020(04): 3—8+51.
[12] 国家林业和草原局. 中国退耕还林还草二十年（1999—2019）[R/OL].(2020-06-30).http://www.forestry.gov.cn/html/tghl/tghl_934/20200630113833040795001/file/20200630114248886864236.pdf.
[13] 国家林业和草原局 . 中国荒漠化和沙化状况公报 [EB/OL].(2015-12-29).http://www.forestry.gov.cn/main/58/content-832363.html.
[14] 生态环境部 .2019 中国生态环境状况公报 [EB/OL].(2020-06-02).http://www.mee.gov.cn/hjzl/sthjzk/zghjzkgb/202006/P020200602509464172096.pdf.
[15] 国家发展改革委，自然资源部 . 全国重要生态系统保护和修复重大工程总体规划（2021—2035 年）[EB/OL].(2020-06-03). https://www.ndrc.gov.cn/xxgk/zcfb/tz/202006/P020200611354032680531.pdf.
[16] 颜长珍，王建华 . 中国 1:10 万沙漠（沙地）分布数据集 [DS/OL]. 国家冰川冻土沙漠科学数据中心，2013.DOI：10.3972/westdc.006.2013.db.CSTR：18406.11.westdc.006.2013.db.
[17] 中国科学院地理科学与资源研究所，中国科学院资源环境科学数据中心资源环境数据云平台 . 中国林业工程空间分布数据 [DS/OL].(2020-10-01). https://www.osgeo.cn/data/w78cf.
[18] 国家林业局 . 旱区造林绿化技术指南 [Z/OL].(2016-08-19). http://www.gov.cn/xinwen/2016-09/07/5106076/files/162556ba0c5643cd90326c1a1815d598.pdf.
[19] 国家林业局 . 旱区造林绿化技术模式选编 [Z/OL]. (2016-08-19). http://www.gov.cn/xinwen/2016-09/07/5106076/files/854483834eb74923a775a3bf0aed4b62.pdf.

3.2 雾霾治理：对流层保卫战

[1] 唐孝炎，张远航，邵敏 . 大气环境化学 [M]. 北京：高等教育出版社，2006.
[2] 郝吉明，马广大，王书肖，等 . 大气污染控制工程（第三版）[M]. 北京：高等教育出版社，2010.
[3] 郝吉明，尹伟伦，岑可法 . 中国大气 PM2.5 污染防治策略与技术途径 [M]. 北京：科学出版社，2016.
[4] 王书肖，程真，赵斌，等 . 长三角区域霾污染特征、来源及调控策略 [M]. 北京：科学出版社，2016.
[5] 郝吉明 . 京津冀大气复合污染防治：联发联控战略及路线图 [M]. 北京：科学出版社，2017.
[6] 国家气候中心 . 中国灾害性天气气候图集 (1961—2015 年)[M]. 北京：气象出版社，2018.
[7] 王珊，修天阳，孙扬，等 .1960—2012 年西安地区雾霾日数与气象因素变化规律分析 [J]. 环境科学学报，2014，34(01): 19—26.

[8] 杨静，殷鹏，曾新颖，等 .2006—2016 年中国室外空气污染的归因死亡分析 [J]. 中华流行病学杂志，2018，39(11)：1449—1453.
[9] 王文兴，柴发合，任阵海，等 . 新中国成立 70 年来我国大气污染防治历程、成就与经验 [J]. 环境科学研究，2019，32(10)：1621—1635.
[10] 生态环境部 . 历年生态环境统计年报 [EB/OL].[2020-12-14].http://www.mee.gov.cn/hjzl/sthjzk/sthjtjnb/.
[11] 生态环境部 . 历年中国生态环境状况公报 [EB/OL]. [2021-05-21].http://www.mee.gov.cn/hjzl/sthjzk/zghjzkgb/.

3.3 国家公园：大熊猫最后的栖息地

[1] 李俊清，等 . 大熊猫栖息地研究 [M]. 北京：高等教育出版社，2012.
[2] 肖燚，朱春全，欧阳志云，等 . 岷山生物多样性保护优先区与自然保护区规划 [M]. 北京：中国林业出版社，2012.
[3] 四川省林业厅 . 四川的大熊猫：四川省第四次大熊猫调查报告 [M]. 成都：四川科学技术出版社，2015.
[4] 史志翯 . 甘肃省第四次大熊猫调查报告 [M]. 兰州：甘肃科学技术出版社，2016.
[5] 周灵国 . 秦岭大熊猫：陕西省第四次大熊猫调查报告 [M]. 西安：陕西科学技术出版社，2017.
[6] 胡锦矗，张泽钧，魏辅文 . 中国大熊猫保护区发展历史、现状及前瞻 [J]. 兽类学报，2011，31(01)：10—14.
[7] 范志勇 . WWF 大熊猫保护研究报告 [R/OL].(2016-7-21). http://webadmin.wwfchina.org/storage/content/press/publication/2016/WWF大熊猫保护研究报告 - 上册印刷单页文件 20160720.pdf，http://webadmin.wwfchina.org/storage/content/press/publication/2016/WWF大熊猫保护研究报告 - 下册印刷单页文件 20160720.pdf.
[8] 国家林业和草原局（国家公园管理局）. 大熊猫国家公园总体规划（征求意见稿）[Z/OL].(2019-10-17).http://www.forestry.gov.cn/html/main/main_4461/20191017111923948546698/file/20191017112033510119113.pdf.

3.4 大坝：十万“勇士”的诞生

[1] 潘家铮 . 千秋功罪话水坝 [M]. 北京：清华大学出版社，2000.
[2] 贾金生 . 中国大坝建设 60 年 [M]. 北京：中国水利水电出版社，2013.
[3] 水利部建设与管理司 . 中国高坝大库 TOP100[M]. 北京：中国水利水电出版社，2013.
[4] 王瑞芳 . 当代中国水利史 [M]. 北京：中国社会科学出版社，2014.
[5] 郭秦渭，韩春秀，裴利剑 . 水工建筑物 [M]. 重庆：重庆大学出版社，2014.
[6] SL 252-2017，水利水电工程等级划分及洪水标准 [S].
[7] 水利部，国家统计局 . 第一次全国水利普查公报 [EB/OL].(2013-03-21).http://www.mwr.gov.cn/sj/tjgb/dycqgslpcgb/201701/t20170122_790650.html.
[8] 水利部 .2018 年全国水利发展统计公报 [EB/OL].(2019-12-10).http://www.mwr.gov.cn/sj/tjgb/slfztjgb/201912/t20191210_1374268.html.
[9] 水利部 .2020 年全国大型水库大坝安全责任人名单 [EB/OL].(2020-03-31).http://www.gov.cn/xinwen/2020-03/31/content_5497386.htm.
[10] 国家能源局综合司 .2020 年全国注册登记和备案水电站大坝运行单位和主管单位安全责任人名单 [EB/OL].(2020-04-22).http://zfxxgk.nea.gov.cn/139021136_15882325111591n.pdf.

3.5 长江防洪：看得见、看不见的防线

[1] 水利部长江水利委员会 . 长江防洪地图集 [M]. 北京：科学出版社，2001.
[2] 水利部长江水利委员会 . 长江流域蓄滞洪区图集 [M]. 北京：科学出版社，2007.
[3] 仲志余 . 长江防洪 [M]. 武汉：长江出版社，2007.
[4] 陆孝平，富曾慈 . 中国主要江河水系要览 [M]. 北京：中国水利水电出版社，2010.
[5]《中国河湖大典》编纂委员会 . 中国河湖大典：长江卷 [M]. 北京：中国水利水电出版社，2010.
[6] 汪应国，李劲松 . 惊心动魄：98 荆江分洪大转移 [J]. 当代经济，1998(09)：35—42.
[7] 郭铁女，余启辉 . 长江防洪体系与总体布局规划研究 [J]. 人民长江，2013(10)：23—27.
[8] 贺秋华，余德清，王伦澈，李长安，余姝辰，邹娟 . 近 400 多年下荆江河段古河道演变过程及特征 [J]. 地球科学，2020，45(06)：1928—1936.
[9] 国家防汛抗旱总指挥部 . 长江防御洪水方案 [EB/OL].(2015-10-22).http://www.cjw.gov.cn/xwzx/ztjjx/zjfyhsfa/zlnr/17947.html.

第四部分 梦想

4.1 火箭：中国人的飞天之路

[1]《世界航天运载器大全》编委会．世界航天运载器大全 [M]. 北京：中国宇航出版社，1996.
[2] 李成智．中国航天技术发展史稿 [M]. 济南：山东教育出版社，2006.
[3] 陈闽慷，茹家欣．神箭凌霄：长征系列火箭的发展历程 [M]. 上海：上海科技教育出版社，2007.
[4] 中国运载火箭技术研究院．天穹神箭：长征火箭开辟通天之路 [M]. 北京：中国宇航出版社，2008.
[5] 冉隆燧．航天工程设计实践 [M]. 北京：中国宇航出版社，2013.
[6] 刘家騑，李晓敏，郭桂萍．航天技术概论 [M]. 北京：北京航空航天大学出版社，2014.
[7] 中国航天科技集团．特大喜讯丨我国运载能力最大火箭长征五号首飞成功，跻身全球最强火箭行列！ [Z/OL].(2016-11-03).https://mp.weixin.qq.com/s/qgpT-yiCwa8IGSntqIAVwQ.
[8] 中国运载火箭技术研究院．火箭型谱 [Z/OL].http://www.calt.com/n482/n498/index.html.

4.2 神舟：一个国家的记忆

[1] 邸乃庸．梦圆天路：纵览中国载人航天工程 [M]. 北京：中国宇航出版社，2011.
[2] 戚发轫，李颐黎．巡天神舟：揭秘载人航天器 [M]. 北京：中国宇航出版社，2011.
[3] 黄春平．通天神箭：解读载人运载火箭 [M]. 北京：中国宇航出版社，2011.
[4] 周凤广，徐克俊．戈壁天港：走进载人航天发射场 [M]. 北京：中国宇航出版社，2011.
[5] 郭荣伟．九天揽月：中国太空战略发展研究 [M]. 北京：国防大学出版社，2014.
[6] 徐江华．航空航天概论 [M]. 北京：北京航空航天大学出版社，2015.
[7] 陈煜．中国生活记忆：追梦进程中的百姓民生 [M]. 北京：中国轻工业出版社，2016.
[8] 陈善广．载人航天技术 [M]. 北京：中国宇航出版社，2018.
[9] 陈晓明．中国时刻 [M]. 济南：山东画报出版社，2018.
[10] 周建平．我国空间站工程总体构想 [J]. 载人航天，2013(02)：1—10.
[11] 新华网．天宫一号与神舟八号空间交会对接 [Z/OL].http://www.xinhuanet.com/mil/zt/tiangong1/.
[12] 中国载人航天．首页 [Z/OL].http://www.cmse.gov.cn/.

4.3 北斗：排星布阵 20 年

[1] 王金锋．空中指南：中国成功发射系列导航卫星 [M]. 长春：吉林出版集团有限责任公司，2009.
[2] 黄丁发，张勤，张小红，等．卫星导航定位原理 [M]. 武汉：武汉大学出版社，2015.
[3] 田建波，陈刚．北斗导航定位技术及其应用 [M]. 武汉：中国地质大学出版社，2017.
[4] 袁树友．北斗应用 100 例 [M]. 北京：解放军出版社，2017.
[5] 谢军，王海红，李鹏，等．卫星导航技术 [M]. 北京：北京理工大学出版社，2018.
[6] 刘天雄．卫星导航系统概论 [M]. 北京：中国宇航出版社，2018.
[7] 中国卫星导航系统管理办公室．北斗卫星导航系统发展报告(4.0 版)[R/OL].(2019-12-27).http://www.beidou.gov.cn/zt/xwfbh/bdshxttgqqfw/gdxw5/201912/P020191227406782200071.pdf.
[8] 中国卫星导航系统管理办公室．北斗卫星导航系统公开服务性能规范(1.0 版)[Z/OL].(2013-12-27).http://www.beidou.gov.cn/zt/zcfg/201710/P020171202709828404659.pdf.
[9] 中央电视台．开讲啦：北斗卫星导航系统总设计师杨长风 [Z/OL].(2017-09-24).http://tv.cctv.com/2017/09/24/VIDEPVnDdaecPREeJFtfS24U170924.shtml.
[10] 中国卫星导航系统管理办公室．北斗卫星导航系统公开服务性能规范(2.0 版)[Z/OL].(2018-12-27).http://www.beidou.gov.cn/zt/xwfbh/bdshjbxtjc/gdxw4/201812/P020181227418920163239.pdf.
[11] 中国卫星导航系统管理办公室．北斗卫星导航系统应用案例 [Z/OL].(2018-12-27).http://www.beidou.gov.cn/xt/gfxz/201812/P020181227583462913294.pdf.

什么是新中国?

[1] 史正富 . 超常增长：1979—2049 年的中国经济 [M]. 上海：上海人民出版社，2013.
[2] 陆铭著 . 大国大城 [M]. 上海：上海人民出版社，2016.
[3] 周黎安 . 转型中的地方政府 [M]. 上海：格致出版社，上海人民出版社，2017.
[4] 林毅夫 . 解读中国经济 [M]. 北京：北京大学出版社，2018.
[5] 倪鹏飞 . 中国城市竞争力报告 No.16[M]. 北京：中国社会科学出版社，2018.
[6] 王小鲁 . 改革之路：我们的四十年 [M]. 北京：社会科学文献出版社，2019.
[7] 王佳宁 . 抚脉历程——改革开放 40 周年大事记(1978—1982)[J]. 改革，2016(10):28—44.
[8] 金灿荣，张昆鹏 ."新时代"背景下未来十年世界趋势分析与中国的战略选择 [J]. 东北亚论坛，2018，27(01):3—17+127.
[9] 郭朝先 . 改革开放 40 年中国工业发展主要成就与基本经验 [J]. 北京工业大学学报（社会科学版），2018，18(06):5—15.
[10] 金灿荣 . 如何深入理解"世界正面临百年未有之大变局"[J]. 领导科学论坛，2019(014):66—77.
[11] 孙霄兵，徐玉玲 . 中国基础教育 70 年：成就与政策 [J]. 课程·教材·教法，2019，39(2):4—10.
[12] 马云 . 共和国农村扫盲教育研究 [D]. 上海：华东师范大学教科院教育学系，2006.
[13] 国家统计局 . 新中国成立 70 周年经济社会发展成就系列报告 [R].(2019-08).
[14] 世界银行 . 世界银行公开数据 [DB/OL].http://data.worldbank.org.cn/.
[15] 中华人民共和国国史网 . 大事年表 [Z/OL].http://www.hprc.org.cn/gsgl/dsnb/.